Aucun guide de voyage n'est parfait. Des erreurs, des coquilles se sont certainement glissées dans celui-ci, malgré toutes nos vérifications. Les informations pratiques, adresses, numéros de téléphone, heures d'ouverture, peuvent avoir été modifiés ; certains établissements cités peuvent avoir disparu. Nous serions très reconnaissants à nos lecteurs de nous faire part de leurs commentaires, de nous suggérer des corrections ou des compléments qui pourront être intégrés dans la prochaine édition.

Insight Guide, Tunisia
© Apa Publications GmbH & Co Verlag KG, 1991
© Éditions Gallimard, 1993, pour la traduction française.

1ᵉʳ dépôt légal : février 1993
Dépôt légal : juin 2000
N° d'édition : 96355
ISBN : 2-07-056758-3

Imprimé à Singapour

BIBLIOTHÈQUE DU VOYAGEUR

LE GRAND GUIDE DE LA TUNISIE

Traduit de l'anglais et adapté
par Kim Tran et Andrée Barthès

GALLIMARD

CEUX QUI
ONT FAIT CE GUIDE

Stannard

C'est lors d'une croisière sur le Nil, entre Assouan et Le Caire, organisée à l'occasion d'un voyage professionnel, que **Dorothy Stannard**, journaliste londonienne responsable de ce projet, fut frappée pour la première fois par les charmes de la culture arabe. Trois mois plus tard, elle était de retour en Égypte pour visiter nombre d'endroits oubliés par les circuits touristiques traditionnels et elle fut alors totalement séduite. Ce fut le début d'une longue «histoire d'amour». D'Égypte, elle gagna peu à peu le Maghreb plus à l'ouest, ce qui devait aboutir à la publication du *Grand Guide du Maroc*.

Pour ce guide, écrit en collaboration avec de nombreux auteurs, Dorothy Stannard a choisi la Tunisie, pays finalement assez méconnu que beaucoup de touristes néophytes imaginent voisin du Maroc alors qu'il apparaît comme un petit mouchoir de poche coincé entre les larges bandes de territoires algérien et libyen. Malgré sa petite taille, la Tunisie a bien plus à offrir que ce que suggèrent les brochures de bien des agences de voyages. A cette journaliste londonienne, on doit la rédaction de douze chapitres et les informations pratiques.

Les photographies ont été prises par **David Beatty** qui, avant de se spécialiser dans les reportages sur les voyages et les problèmes écologiques, a aidé à la réalisation de films documentaires. Cette expérience se révéla un atout majeur lorsque, pour illustrer ce guide, il dut parcourir la Tunisie à cheval pendant deux mois. Il y eut de fréquents accrochages avec les autorités tunisiennes. Les photographies de David Beatty, qui vit actuellement à Bath, l'une des plus belles villes anglaises, ont été publiées dans plusieurs guides de la collection ainsi que dans la presse (*Time*, *World Magazine*, *Illustrated London News*).

Carter

Rowlinson Carter, journaliste et grand voyageur, auteur de films documentaires et historien, connaît la Tunisie *« sur le bout des doigts »*. Il était donc le plus à même de rendre compte du passé tumultueux de ce pays depuis la fondation de Carthage jusqu'au renversement de Habib Bourguiba. **Robert Hartford**, écrivain, spécialisé dans les voyages, l'archéologie et la musique, a parcouru «de long en large» l'Afrique et le Moyen-Orient. Il a même traversé le Sahara dans les deux sens et voyagé jusqu'aux sources du Nil. Il est l'auteur d'ouvrages qui traitent de sujets aussi divers que le

Cremona

Hartford

Chote

festival de Bayreuth ou la civilisation de l'Égypte ancienne. Il a rédigé le chapitre sur la région du Tell, cette région de hauts plateaux où se trouvent les principaux vestiges des époques punique et romaine. Il connaissait déjà l'endroit, mais jamais auparavant il ne l'avait découvert au début du printemps où *«tout est délicieusement et étonnamment verdoyant»*.

Julian Cremona, chargé de cours en biologie et photographe installé à Southampton, s'est intéressé à la faune et à la flore, aux oasis du sud et aux expéditions dans le désert. Il profite de ses longues périodes de congés accordées par l'université pour organiser des excursions en Afrique du Nord à bord de véhicules tous terrains. Il écrit et publie ses clichés dans les revues spécialisées sur la nature. Il est aussi l'auteur de plusieurs guides sur l'Afrique du Nord et l'Europe.

Brett

Robert Chote, journaliste à l'*Independent*, a écrit en collaboration avec Julian Cremona un guide sur l'Afrique du Nord. Pour ce *Grand Guide de la Tunisie*, il a rédigé la plupart des chapitres relatifs à la région du Sahel. Il s'est attardé plus spécifiquement sur les stations de Sousse et de Port el-Kantaoui ainsi que sur la cité sacrée de Kairouan.

Michael Brett, qui enseigne l'histoire de l'Afrique du Nord à l'Institut des études orientales et africaines de l'université de Londres, a rédigé le chapitre consacré à l'architecture. Lorsque, dans les années 1960, on lui demanda d'étudier l'histoire du continent africain et de l'enseigner dans une université du Ghana, il devint très attentif aux influences qui se sont exercées sur le Maghreb, qu'elles soient africaines, méditerranéennes ou issues du Moyen-Orient. Il prépare un ouvrage sur la dynastie fatimide.

E. Lennox Manton, spécialiste d'archéologie romaine, auteur d'un livre sur le sujet, membre du Royal College of Surgeons d'Édimbourg, a rédigé le chapitre sur les mosaïques romaines.

Ruth Davis, chargée de cours en «ethno-musicologie» à l'université de Cambridge et directrice des études musicales au Corpus Christi College, s'est intéressée au *malouf*.

Nous tenons également à remercier **Saïd M'samri** qui a accompagné la responsable de ce projet dans ses nombreux déplacements afin d'établir les différents itinéraires. Merci aussi à **Jill Anderson** et **Lyle Lawson** pour leur aide.

Ce *Grand Guide de la Tunisie* a été traduit en français par **Kim Tran**.

TABLE

T A B L E

TABLE

BIENVENUE EN TUNISIE

Un chapelain anglais qui voyagea en Afrique du Nord au XVIIIe siècle a écrit un jour: «*Les Tunisiens sont le peuple le plus civilisé des rivages méditerranéens; car au lieu de piller leurs voisins, ils s'adonnent au commerce, ce qui les amène à cultiver l'amitié des chrétiens.*» Depuis, nombreux sont les écrivains et les artistes qui ont également été séduits par le plus oriental des trois pays du Maghreb: Gustave Flaubert, Guy de Maupassant, Georges Duhamel, le peintre Paul Klee, André Gide.

Aujourd'hui encore, après l'expérience de la colonisation, les Tunisiens ont conservé leur pragmatisme. La Tunisie réserve chaque année un accueil de qualité à 4 millions de touristes tout en maintenant un équilibre politique. Elle a abrité le quartier général de l'O.L.P. (Organisation de libération de la Palestine), aujourd'hui installée à Gaza, ainsi que la Ligue arabe, actuellement au Caire, lors des accords de Camp David.

Cette politique ambivalente a, semble-t-il et de manière paradoxale, favorisé la stabilité du pays. Décrite par un historien comme «*une habitude plus qu'un concept politique*», elle caractérise l'histoire de la Tunisie depuis des siècles. Dans les périodes de faiblesse et d'hésitation, elle a certes facilité la colonisation du pays par les Français — qui devint officielle le 12 mai 1881, date de la signature du traité du Bardo, le bey régnant, Muhammad al-Saduq, n'opposant qu'un simulacre de résistance —, mais par une tactique mûrement réfléchie, elle devait précipiter le départ de ces mêmes Français en 1956.

Selon un commentateur, le Néo-Destour, parti qui mena la Tunisie à l'indépendance, «*a deux visages: il se veut occidentalisé et démocratique aux yeux des Occidentaux, islamique et xénophobe face à ses propres troupes*». Lorsque Habib Bourguiba devint le premier président du pays en 1957, il réussit à se présenter aux électeurs comme un héros nationaliste, tout en gardant des relations amicales avec ses vieux adversaires, les Français.

Cette politique du «compromis» a été favorisée par l'homogénéité de la population (composée à 99 % de musulmans sunnites et à 97 % d'Arabes). Les révoltes tribales n'ont jamais été aussi violentes que dans le reste du Maghreb — sauf dans les montagnes de la Kroumirie — et cela même lorsqu'un bey leva des impôts punitifs au milieu du XIXe siècle. En Tunisie, les Berbères (3 % de la population), peuple indigène de l'Afrique du Nord, ne purent, du fait de l'absence de régions montagneuses importantes, s'y retirer lors des invasions des Arabes ou d'autres peuplades. Ils se mêlèrent aux nouveaux arrivants et, bien qu'on dise souvent que les paysannes aux vêtements bariolés, parées de bijoux d'argent et de tatouages, sont des femmes berbères, il est bien possible que leurs ancêtres aient été arabes. La distinction ne se fait pas entre Berbères et Arabes, mais plutôt entre population urbaine (60 % des tunisiens) et population rurale. La langue berbère, restée bien vivante dans les villes marocaines et algériennes, a presque disparu en Tunisie, et ne se parle plus que dans les contrées les plus reculées du pays.

Pages précédentes: porte d'un hammam; barques au crépuscule; le chott el-Djérid; vestiges de Carthage; terrasse carrelée à Kairouan; jour de marché à Douz. Ci-contre, derrière le voile.

La façon dont la Tunisie a su se tourner vers le tourisme traduit bien la souplesse et l'art du compromis de son peuple. Comme beaucoup de toutes jeunes républiques, à la suite de l'indépendance, la Tunisie s'est mise à rechercher de nouvelles sources de revenus. Le pays eut l'intelligence de mettre en valeur ses doubles origines: méditerranéennes (carthaginoise, romaine, andalouse) et arabes. Talonnant de près l'Espagne, l'Italie et la Grèce, les Tunisiens comprirent le potentiel de richesses de leurs plages de sable et s'empressèrent d'ériger un cordon de blancs hôtels le long des côtes. Souvent bien avant ses voisins, le pays devina qu'il y avait peut-être une manière plus lucrative d'exploiter son sable que de faire du ciment!

En même temps, le gouvernement tunisien était bien conscient du danger qu'il y avait à bafouer certaines valeurs islamiques traditionnelles en favorisant le tourisme. Dès le début, les touristes furent séparés de la Tunisie à proprement parler par les murs blancs et les jardins touffus des «zones touristiques», nom donné aux ensembles hôteliers. Les activités touristiques restent concentrées sur une zone très prospère: la côte est; s'y trouvent aussi les luxueuses villas et les centres d'affaires. A une trentaine de kilomètres de là, vers l'intérieur des terres, le pays offre un visage radicalement différent — c'est la Tunisie traditionnelle, agricole et souvent pauvre.

Même dans ce pays de compromis, un tel clivage ne peut pas ne pas provoquer de réactions. En 1987, des membres du Mouvement intégriste posèrent quelques bombes artisanales dans des parcs de stationnement d'hôtels. Il n'y eut pas de victimes, mais l'affaire révéla l'existence d'influences réprimées et inquiétantes. Jusqu'où, commença-t-on à se demander, peut-on obtenir la modération tunisienne par la contrainte? La réponse réside peut-être dans la volonté majoritaire d'éviter l'affrontement, afin de préserver une culture diverse héritée d'ancêtres venus de tous les horizons.

Certes, le gouvernement n'y était pas allé de main morte pour restaurer le consensus. Bourguiba avait su adroitement faire taire les divergences qui étaient apparues après la proclamation de l'indépendance. L'opposition, sous toutes ses formes, avait été étouffée par la force et les masses soumises à une propagande active. Bourguiba avait ainsi pu mener à bien ses projets et conserver *« le meilleur de l'Occident »*.

Sa destitution brutale, en novembre 1987, n'a cependant pas donné lieu à une avalanche de manifestations et de grèves, comme les autorités le craignaient. Les revendications les plus virulentes émanent des intégristes qui prônent une réforme de l'ensemble du monde musulman. Mais, en Tunisie, même ces derniers ne souhaitent pas abolir l'une des premières lois instaurées par Bourguiba: l'interdiction de la polygamie. Tous les vendeurs de jasmin en témoignent: si un homme porte cette fleur au-dessus de l'oreille droite, c'est qu'il a une femme; s'il la porte au-dessus de l'oreille gauche, il est célibataire et à la recherche d'une épouse. Aucun autre cas de figure n'est prévu.

DES ORIGINES AUX PHÉNICIENS

En Tunisie comme dans le reste du Maghreb, les premiers hominidés apparurent dès le début du quaternaire, au paléolithique inférieur. Cette période se divise en trois époques.

La plus ancienne, dite de *pebble culture* — expression anglaise signifiant «civilisation des galets»; entre 1,8 million d'années et 500 000 ans — dont il est presque certain qu'elle fut représentée en Tunisie, est une des premières industries humaines connues. Sa principale caractéristique était la fabrication de galets rendus tranchants par enlèvement d'éclats sur une ou deux faces.

On sait en revanche avec certitude que l'homme existait aux périodes suivantes: l'abbevillien (entre 1 million d'années et 300 000 ans), caractérisé par une industrie de silex bifaces grossièrement façonnés, et l'acheuléen (entre 600 000 et 80 000 ans), caractérisé par de grands bifaces épais, ovales, des grattoirs et des burins.

Les premiers hommes

L'homme à proprement parler, l'*Homo sapiens*, apparut environ au IXe millénaire av. J.-C., avec une peuplade encore très primitive, appelée les hommes de Mechta el-Arbi. Une seconde civilisation, dite capsienne (de Capsa, nom antique de Gafsa, site autour duquel des vestiges de cette civilisation ont été découverts), émergea environ 3 000 ans plus tard. Ces hommes, probablement de type négroïde, étaient des nomades qui vivaient de la chasse et de la cueillette.

Au IVe millénaire av. J.-C., début de la période néolithique, des populations originaires du Sahara et d'Égypte vinrent s'installer en Tunisie: il s'agissait des Protolibyens qui, en se mêlant aux Capsiens, formèrent une ethnie nouvelle dont descendent les Berbères (le terme «barbare», qui a été employé pour la première fois par des écrivains latins, désigne l'ensemble des tribus que les Grecs nommaient Libyens, Gara-

Pages précédentes: les Tunisiens portent leur cœur sur l'oreille; Seitla. A gauche, mort de la reine Elissa (Didon) d'après «l'Énéide»; à droite, Tanit, déesse phénicienne.

mantes, Numides, Nubiens, Gétules et Nasamons). De ces tribus nomades, on sait peu de chose, sinon ce que nous ont livré leurs sépultures.

On sait d'autre part que les premiers Berbères vivaient de l'élevage et que c'est bien plus tard, avec l'apparition du dromadaire en Afrique du Nord, que le véritable nomadisme prit son essor.

Les Phéniciens

La Tunisie n'«entra» cependant réellement dans l'histoire qu'avec l'arrivée des colons phéniciens. Peuple sémitique, originaire des

rives du golfe Persique, les Phéniciens constituaient vers 1200 av. J.-C. la principale puissance commerciale de la Méditerranée. Ils avaient, au cours du IIIe millénaire, fondé les trois villes de Tyr, de Byblos et de Sidon.

Pour se protéger des projets expansionnistes de l'Assyrie, les Phéniciens fondèrent aussi très tôt de nombreux ports le long du littoral maghrébin, ainsi fut fondée Utique, en 1101 av. J.-C. Maîtres de la Méditerranée, les Phéniciens étaient alors tout-puissants: ni les Grecs, qui devaient faire face aux invasions doriennes, ni les Assyriens ne constituaient une réelle menace. Utique n'était ainsi qu'un comptoir commercial parmi tant d'autres.

La fondation de Carthage

C'est la construction de Carthage qui marqua véritablement la colonisation de la Tunisie. La légende veut que la ville ait été fondée vers 820 av. J.-C. par la reine Elissa de Tyr (les Romains la connaissaient sous le nom de Didon), fuyant son royaume convoité par son frère Pygmalion. En arrivant sur ce rivage africain, elle demanda à la population de lui donner *« autant de terre que pouvait en contenir la peau d'un bœuf »*. La reine découpa la peau en fines lamelles et cette ruse lui permit d'obtenir un espace assez grand pour fonder la ville de *Qart Hadasht* (Ville neuve).

Virgile (poète latin, mort en 19 av. J.-C.) a raconté l'histoire de cette reine, de ses amours malheureuses et de sa mort, dans *l'Énéide*, œuvre immédiatement considérée comme la plus importante de la latinité. Elissa, pour échapper à un mariage dont elle ne voulait pas, monta sur un bûcher et se poignarda. Après sa mort, elle fut honorée comme une déesse.

D'autre part, Au cours de ce récit, le héros Énée, qui dérive sur la mer après la chute de Troie, est recueilli par la reine de Carthage, Elissa (Didon). Cette scène transpose en réalité une émigration massive des Tyriens devant la progression de leurs puissants voisins assyriens.

L'essor de Carthage

A la suite de la destruction de Tyr par Alexandre le Grand (332 av. J.-C.), Carthage hérita de la civilisation phénicienne et acquit de ce fait un monopole dans le domaine du commerce maritime en Méditerranée occidentale.

Progressivement, en effet, la cité réunit sous sa tutelle les colonies phéniciennes et étendit ses domaines, s'installant au VIIe siècle av. J.-C. dans le sud de l'Espagne, en Sardaigne, en Corse, aux Baléares et en Sicile. Mais, très tôt, les Carthaginois se heurtèrent à leurs rivaux grecs établis sur les rivages septentrionaux de la Méditerranée. En 480 av. J.-C., Carthage, qui avait tenté de s'emparer de toute la Sicile, fut vaincue à Himère par la coalition de deux cités grecques, Syracuse et Agrigente.

Au Ve siècle, son expansion freinée, Carthage sembla se replier sur elle-même et consolida sa mainmise sur ses territoires nord-africains — les Carthaginois arrivèrent à soumettre les populations numides de l'arrière-pays — tout en développant un fructueux commerce de cuivre et d'étain avec l'Espagne et d'or avec le Soudan. Les Carthaginois ont entretenu, en outre, des relations régulières avec l'Étrurie et l'Afrique noire.

L'héritage carthaginois

La ville et sa civilisation prospérèrent, mais l'histoire en reste relativement mal connue. Ironie du sort, les Phéniciens, qui ont mis au point la première écriture alphabétique (inventée au XIVe siècle av. J.-C.), qui est à la base de toutes les écritures alphabétiques postérieures, n'ont laissé aucun témoignage écrit sur eux-mêmes et sur leurs réalisations. Les témoignages dont nous disposons viennent des Grecs et des Romains, lesquels n'étaient guère bien disposés envers Carthage.

Selon Plutarque (écrivain grec, v. 50-125), réputé pour ses peintures pittoresques des hommes et des événements historiques ou légendaires, les Phéniciens *« étaient un peuple maussade et plein d'amertume, soumis à ses maîtres, tyrannique envers ses sujets, abject lorsqu'il avait peur, féroce lorsqu'on le provoquait, inflexible dans ses résolutions et si austère qu'il n'aimait ni l'humour ni la gentillesse ».*

Quant à l'organisation politique, le pouvoir était semble-t-il entre les mains d'une oligarchie. Les Puniques étaient privilégiés par rapport aux populations de l'arrière-pays berbère. Organisés en corporation, ils élisaient une assemblée dont les pouvoirs étaient nettement moindres que ceux du sénat, qui se composait de membres de l'aristocratie. Le sénat nommait un suffète (qui possédait le pouvoir exécutif et le commandement des armées), puis deux à partir du IIIe siècle av. J.-C. Il semble que les pouvoirs dont les dirigeants disposaient aient été limités, et des conflits éclatèrent. La ville fut aussi le théâtre de soulèvements populaires.

nouveautés dans le domaine agricole (l'olivier et la vigne, notamment), ainsi que de grands marchands et armateurs. Au Ve siècle, Carthage était la ville la plus peuplée (400 000 habitants) et la plus riche de la Méditerranée. Il faut aussi noter que les Carthaginois étaient particulièrement brillants dans le domaine de la construction navale et dans l'art de la navigation, naturellement.

Enfin, même leurs critiques les plus acharnés reconnaissaient aux Phéniciens leur habileté en affaires ; et c'est d'ailleurs leur prospérité économique qui excita des jalousies fatales.

Souvent, on n'a retenu de la civilisation punique que la tradition cruelle des sacrifices d'enfants, offerts en holocauste afin d'apaiser les dieux en temps de troubles, de guerre ou d'épidémie. Mais on oublie que de telles pratiques ne sont pas propres à la civilisation punique.

D'autre part, les Phéniciens furent aussi d'excellents agriculteurs qui surent mettre leurs terres en valeur (technique de la culture en terrasses) et introduisirent d'importantes

A gauche, certaines installations carthaginoises sont remarquablement conservées ; ci-dessus, « le Déclin de l'empire carthaginois », tableau du peintre britannique Turner.

Rome entre en scène

Si Carthage était, à cette époque, une grande cité du monde antique, Rome était une cité encore assez modeste. En effet, Rome prit son essor plus lentement que Carthage mais, après avoir éclipsé les Grecs, elle rattrapa peu à peu les Phéniciens.

La Méditerranée n'était pas assez vaste pour les deux rivaux qui, de plus, se faisaient face à l'endroit même où la mer était la plus étroite, séparés par la Sicile tant convoitée. La guerre était donc inévitable. C'est le problème de la possession de Messine, occupée par des mercenaires révoltés, qui déclencha le conflit.

DES CARTHAGINOIS AUX BYZANTINS

La première guerre punique éclata en 264 av. J.-C. et dura plus de vingt ans. Elle fut marquée par une succession de petits combats navals autour des côtes de Sicile, mais Carthage, puissance maritime, et Rome, puissance continentale, ne purent jamais s'affronter au cours d'un combat décisif.

Cependant, les Romains s'étant emparés d'un vaisseau ennemi s'en inspirèrent pour améliorer leur flotte, et un vaste programme de construction navale fut entrepris tandis qu'était mis au point une nouvelle technique d'abordage. Ainsi, à la bataille des îles Égates, en 241 av. J.-C., Rome battit une escadre punique sur mer, ce qui décida Carthage à négocier et marqua la fin de la première guerre punique.

Hannibal

L'énorme tribut de guerre exigé par Rome, que Carthage s'engagea à payer pendant dix ans, vida les coffres de la ville, qui se trouva incapable de payer la solde des mercenaires dont était constituée la majeure partie de son armée. Ceux-ci se soulevèrent en 241 av. J.-C. et se lancèrent dans une longue et cruelle guerre de rébellion appelée « la guerre sans trêve ».

Le général Hamilcar Barca parvint à la mater en 237 av. J.-C. A la suite de sa victoire, jalousé par les sénateurs carthaginois, il s'installa en Espagne, où il sut se tailler un empire. A son fils Hannibal, alors âgé de neuf ans, il fit jurer de se venger de Rome, cause de tous les malheurs de Carthage. Seize ans plus tard, Hannibal prit le commandement de l'armée de son père en Espagne.

Hannibal choisit la voie terrestre et, franchissant les Alpes, attaqua Rome là où elle ne s'y attendait pas, par le nord, et remporta la bataille de Cannes (en 216 av. J.-C.), au cours de laquelle 45 000 Romains furent tués. Pour l'anecdote, au cours de ce périple célèbre, un seul des éléphants de l'armée d'Hannibal survécut (au départ de l'expédi-

A gauche, Hannibal traversant les Alpes; à droite, colonne décorée d'une villa romaine de Carthage.

tion, l'armée d'Hannibal comptait de 40 000 à 60 000 hommes, 12 000 cavaliers et 37 éléphants de combat).

La stratégie d'Hannibal lui valut au début des victoires éclatantes, mais son armée s'enlisa près de quinze ans en Italie, cédant aux délices de Capoue, sans jamais mettre le siège devant Rome. Celle-ci fit appel à un jeune général, Scipion l'Africain, qui décida d'ignorer Hannibal et de porter la guerre en Espagne et en Afrique, le contraignant à quitter l'Italie pour regagner Carthage.

La dernière bataille de la deuxième guerre punique eut lieu à Zama, en 202 av. J.-C. Les Carthaginois vaincus se virent forcés de brû-

ler leur flotte et de payer un tribut colossal. En outre, humiliation suprême, leur territoire fut désormais réduit à l'est de l'actuelle Tunisie, et il leur fut interdit de déclarer la guerre sans l'autorisation de Rome.

Hannibal, fuyant pour ne pas être livré à l'ennemi, se réfugia secrètement dans l'actuelle Izmir, chez le roi de Bithynie, dans une région de la Méditerranée orientale qui n'était pas assujettie à Rome. Un État voisin, vassal de Rome, déclara la guerre à la Bithynie, qui eut alors recours aux compétences militaires d'Hannibal, lequel remporta la victoire.

Mais ainsi, les Romains apprirent sa présence et décidèrent de le traquer sans merci.

Débusqué, il aurait dit à ses serviteurs: «*Il est temps de délivrer les Romains de la terreur que leur inspire un vieillard dont ils n'osent même pas attendre la mort*». Et cet homme qui, pour certains, fut «*le plus grand guerrier que la terre ait porté*», s'empoisonna pour échapper aux Romains.

Carthage, dont le territoire s'était considérablement réduit après le traité de paix, s'efforça d'exploiter ses ressources agricoles. Une cinquantaine d'années après la bataille de Zama, son économie s'étant rétablie, Carthage viola le traité, décida de déclarer la guerre au roi numide Massinissa qui, allié de Rome, ne cessait d'empiéter en toute impu-

des récits de témoins oculaires des massacres qui furent alors perpétrés. Trois longues rues, bordées de chaque côté par des maisons de six étages, menaient du forum à la colline qui dominait la cité. Les soldats romains prirent ces maisons d'assaut, y mirent le feu et forcèrent leurs défenseurs à se jeter par les fenêtres pour qu'ils viennent s'empaler sur leurs lances. Polybe, qui n'hésite pas à décrire avec minutie les atrocités auxquelles il assista, rapporte que les survivants furent traînés à l'aide de crochets et jetés sur les monceaux de cadavres.

Après dix jours de tueries, le général Hasdrubal implora la clémence de

nité sur le territoire carthaginois. Rome bondit sur l'occasion pour porter le coup de grâce.

La chute de Carthage

Le Sénat, qui n'avait pas oublié les paroles de Caton le Censeur («*Delenda est Carthago — Il faut détruire Carthage*»), somma alors les Carthaginois d'abandonner leur cité. Devant leur refus, les Romains entamèrent un siège qui dura trois ans.

Selon l'historien grec Strabon, la ville comptait 700 000 habitants au début du siège, mais ils n'étaient plus que 50 000 lorsque Carthage tomba, en 146 av. J.-C. On possède

l'adversaire: il paraît que ses propres hommes, pleins de mépris pour sa couardise, se retournèrent contre lui. Sa femme, ses enfants et près d'un millier de désespérés se réfugièrent dans le temple qui surmontait la colline, l'incendièrent et se précipitèrent dans le brasier plutôt que de se rendre.

La Carthage punique prospère n'existait plus. En effet, les Romains firent raser la ville et mêler du sel à la terre afin de la rendre infertile à jamais. Des tribus numides utilisèrent le territoire comme terrain de pacage. Pourtant, Carthage devait plus tard renaître de ses cendres et, paradoxalement, ce sont les Romains eux-mêmes qui la reconstruisirent.

La province d'Afrique

Rome se contenta au départ d'un territoire côtier, délimité par un fossé qui allait de Tabarka à Sfax, et qui devint la province romaine d'Afrique, le reste étant laissé à Massinissa, roi de Numidie. Celui-ci, qui n'avait pourtant pas la citoyenneté romaine, se vit accorder des honneurs inaccoutumés et vécut jusqu'à un âge fort avancé.

Le royaume de Massinissa, qui longeait la frontière de l'actuelle Algérie, devait jouer un rôle de tampon entre la province romaine et les populations indigènes toujours prêtes à se soulever. Les rois berbères, néanmoins,

cité, mais il ne vécut pas assez longtemps pour voir ses projets se réaliser. D'aucuns virent dans son assassinat une manifestation divine de la malédiction qui pesait sur Carthage.

Son successeur, Auguste, fit néanmoins reconstruire la ville: en deux siècles, elle devint la troisième cité de l'Empire romain.

La résurrection de Carthage

Toutes les capacités architecturales de Rome furent utilisées pour la reconstruction de Carthage. Les ouvriers, surveillés par l'armée, nivelèrent certaines parties du site

s'opposèrent toujours aux desseins de Rome en Afrique et prêtèrent main-forte à Pompée, alors gouverneur de l'Afrique, lors de la guerre civile contre Jules César. Bien qu'ayant également le soutien de Caton d'Utique, descendant du célèbre orateur, Pompée dut finalement trouver refuge à Alexandrie, où il fut assassiné.

Avec la reddition de Caton, qui s'était caché à Utique, César était désormais maître du monde. L'histoire veut qu'il ait, à la suite d'un rêve, formé le projet de reconstruire la

Mosaïques romaines: à gauche, Ulysse résistant aux chants des sirènes; ci-dessus, le couronnement de Vénus par deux centaures.

et, ce faisant, entassèrent une couche de terre protectrice sur les ruines de l'ancienne ville, ce qui devait se révéler précieux pour les archéologues.

En 1858, un archéologue français, qui effectuait des fouilles sur la colline de Byrsa, découvrit une couche de cendres de plus d'un mètre d'épaisseur, ce qui tendrait à confirmer les récits de l'époque, selon lesquels Carthage aurait brûlé pendant dix-sept jours. Ces cendres contenaient des fragments de maçonnerie, de métal tordu, de verre fondu et d'os humains calcinés.

Les Romains bâtirent un nouveau forum, des temples, des palais, des thermes, des théâtres, des maisons à plusieurs étages et des places de marché. Une route reliait Carthage à une autre cité punique plus ancienne encore, Utique. On a retrouvé le long de cette voie des édifices sans doute destinés à la surveillance et à décourager les brigands. La cité était alimentée en eau par l'aqueduc de Zaghouan, long de 145 kilomètres, dont on voit des vestiges aux alentours de Tunis.

Les Romains limitèrent au début leurs ambitions à la région carthaginoise, mais les besoins croissants en blé, et la nécessité de maintenir une présence militaire parmi des tribus rebelles, les conduisirent à pousser toujours plus loin les frontières de l'Afrique

volontiers comme un homme à la peau noire, mais d'autres sources, notamment un texte syrien du VIe siècle, démentent ce fait.

Sans doute fut-il, avec son épouse, l'un des premiers étrangers à visiter la Grèce. En 1984, un éminent historien eut ainsi la surprise de découvrir une tablette de pierre dans un jardin de Skiathos, sur laquelle était gravée une inscription en latin commémorant leur visite. Septime Sévère vécut également longtemps en Angleterre, où il était chargé de surveiller l'avancement des travaux de la muraille d'Hadrien. Il mourut à York, laissant l'Empire romain aux mains de ses fils, malheureusement incapables.

proconsulaire. L'expansion colonisatrice s'accéléra avec l'accession au pouvoir, en 193, de l'empereur Septime Sévère, originaire de Leptis Magna, en Tripolitaine (l'actuelle Libye), l'une des trois provinces de l'Afrique et fondateur de la dynastie des Sévères (193-235), sous le règne de laquelle la Tunisie fut très prospère.

L'empereur africain

Septime Sévère a la réputation d'avoir été un empereur juste, mais on a trop souvent oublié de parler de ses réalisations pour s'arrêter sur certains détails de sa vie. Ainsi, les livres d'histoire africains le décrivent

Les rebelles africains

Les visiteurs de la petite bourgade d'El Djem, l'antique Thysdrus, qui s'y rendent en général pour admirer le magnifique amphithéâtre romain, ignorent souvent qu'elle fut le siège d'une rébellion.

Las de l'empereur sanguinaire Maximin, qui succéda à la dynastie des Sévères, et qui, semble-t-il, aurait été un monstre tant par le physique (il mesurait deux mètres cinquante) que dans les actes (il faisait coudre vivants ses détracteurs dans des carcasses évidées de bêtes sauvages), le peuple se réunit à Thysdrus afin de destituer Maximin et de nommer empereur le proconsul Gordien Ier, assisté de son fils. De ce vieillard de quatre-vingts ans, on sait qu'il avait la plus grande peine à rester éveillé: «*Il n'aimait rien tant que dormir et s'assoupissait même à table en compagnie de ses amis, sans la moindre gêne.*»

Quant à son fils, dans son ouvrage classique en cinq volumes *Histoire de la décadence et de la chute de l'Empire romain*, l'historien britannique Edward Gibbon dit de lui qu'il avait «*vingt-deux concubines et une bibliothèque de 62 000 ouvrages, ce qui atteste l'éclectisme de ses goûts; et, au vu de ce qu'il a laissé derrière lui, il semble qu'il faisait usage des unes et des autres*».

«*par une foule indisciplinée et sans expérience militaire; car les Carthaginois avaient connu une période de paix totale et passaient leur temps à s'adonner aux fêtes et aux réjouissances*».

Les défenseurs de la ville furent mis en déroute; la plupart, dit-on, ne tombèrent pas sous les coups de l'ennemi, mais périrent dans la cohue des fuyards. Le fils de Gordien Ier fut tué au combat; Gordien Ier lui-même se suicida.

L'Afrique du Nord en général, et plus particulièrement l'actuelle Tunisie, devint le grenier à blé de l'Empire romain. Par flottes entières, le blé ainsi que l'huile d'olive, utili-

Les rebelles de Thysdrus, en proclamant Gordien empereur et Carthage capitale de l'Empire romain, proclamait virtuellement l'indépendance. Mais l'impopularité de Maximin était telle que le sénat non seulement approuva cette décision, mais convia les Gordiens à prendre la tête de l'Empire.

Ils ne portèrent la pourpre que vingt-deux jours. Les troupes restées loyales à Maximin, «*armées jusqu'aux dents et aguerries à la suite de leurs luttes contre les Barbares*», fondirent sur Carthage qui n'était défendue que

Mosaïques représentant des scènes de chasse et de pêche et qui témoignent des richesses naturelles des colonies africaines de Rome.

sée comme combustible et aussi en cuisine, étaient débarqués dans les ports italiens. Carthage rivalisait par son luxe et sa richesse avec Rome.

Ces provinces aux ressources principalement agricoles surent tirer parti d'une main-d'œuvre d'esclaves peu coûteuse; Pline l'Ancien se plaignait que «*la moitié de l'Afrique*» appartenait à six hommes qui faisaient la ruine de l'Italie. L'empereur fou Caligula fit d'ailleurs assassiner ces propriétaires et confisquer leurs terres. Juvénal, en revanche, prônait le respect envers ces colons industrieux qui permettaient à Rome «*de jouir sans crainte des plaisirs du cirque et du théâtre*».

Le déclin et la chute

Sans doute la civilisation romaine, pour avoir privilégié les plaisirs, s'était-elle affaiblie. Mais on dira à sa décharge que les Vandales, le peuple qui a finalement vaincu les Romains, n'étaient pas un modèle de vertu. Contre l'avis de saint Augustin, le légat romain Boniface commit l'erreur de vouloir conclure, en 429, une alliance avec cette tribu germanique qui, chassée par les Wisigoths, s'était aventurée jusqu'en Espagne.

Leurs colonies étant de plus en plus menacées par les Wisigoths, les Vandales prirent donc la mer au port espagnol de Tarifa et

débarquèrent (ils étaient 80 000) avec tous leurs biens. Boniface dut alors s'enfuir à Hippone auprès de saint Augustin. Les Vandales le poursuivirent et, après un siège de quatorze mois, Hippone tomba.

Le chef des Vandales avait pour nom Genséric. Petit, laid, boiteux et taciturne, il ne reculait *« devant aucun moyen infâme, devant aucune torture, pour faire avouer à ses captifs où ils cachaient leur fortune »*. Après la prise de Hippone, il s'attaqua à Carthage, dont il disait avec dégoût qu'elle était *« une cité infestée de larves efféminées, qui s'habillaient et se comportaient publiquement comme des femmes »*. Il s'appropria toutes les richesses de la ville, confisqua les

terres et distribua les titres de noblesse à ses fils. En 455, Genséric franchit la mer et, durant quatorze jours, mit Rome à sac, revenant à Carthage avec un butin dans lequel figuraient le toit en or du temple de Jupiter, des réceptacles sacrés qui provenaient du temple de Salomon à Jérusalem, mais aussi l'impératrice Eudoxie et ses deux filles!

Le règne de terreur des Vandales dura un siècle. Des traces de leur occupation, il ne subsiste guère que les nez cassés des statues, qu'ils se contentaient de mutiler. De leur langue, il ne serait resté qu'un seul mot en berbère… le verbe boire. Mais ils démolirent aussi les beaux aqueducs romains, ruinèrent l'agriculture du pays et les terres que des villes comme Dougga et El Djem avaient su rendre fertiles.

Cependant, la douceur de la vie africaine semble avoir tempéré les ardeurs guerrières des Vandales, qui n'opposèrent guère de résistance lorsqu'enfin ils se virent défiés par Justinien. Bulgare de naissance, celui-ci était devenu empereur de Constantinople, capitale de l'Empire romain d'Orient, la future Istanbul. Il avait activement cherché (avec succès), trente-huit années durant, à agrandir son empire qui comprenait dorénavant 64 provinces et pas moins de 935 cités.

Les Byzantins

Justinien caressait depuis longtemps le rêve d'annexer l'ancien empire africain. En 533, son armée commandée par un illustre général, Bélisaire, passa à l'attaque. Au bout d'un an de combats, le roi vandale Geliser, arrière-petit-fils de Genséric, s'enfuit, fut fait prisonnier puis ramené à Carthage. Les Vandales disparurent alors de la scène tunisienne aussi soudainement qu'ils y avaient fait irruption.

Justinien ordonna la reconstruction des villes romaines et fit bâtir des forteresses afin de parer à la menace des tribus berbères de l'intérieur et de se protéger contre d'éventuelles invasions par la mer. Il subsiste de nos jours un grand nombre de constructions byzantines. Néanmoins, cet empire ne devait pas durer plus longtemps que celui des Vandales, à peine un siècle. En 648, les Byzantins devaient à leur tour être vaincus à Sufetula, l'actuelle Sbeïtla, par les Arabes.

A gauche, statue au nez tranché, l'empreinte des Vandales; à droite, l'invasion vandale.

LA CONQUÊTE ARABE

L'expansion extraordinaire de l'islam qui, un siècle après la mort du Prophète, était parvenu aux frontières de l'Inde et, par l'Afrique du Nord, aux abords de la France, a laissé dans l'imagerie populaire des visions de cavaliers à la peau brune, jaillis au galop du désert, le Coran dans une main et le cimeterre dans l'autre. Ils étaient invincibles parce que mourir sur un champ de bataille constituait, pour eux, un sort enviable, puisqu'ils pensaient ainsi accéder directement au paradis.

L'invasion arabe et l'arrivée de l'islam ont certainement eu sur la Tunisie un impact bien plus grand que toutes les invasions précédentes mais, pour citer un historien contemporain, Jamil M. Abun-Nasr, « *l'influence profonde et durable de l'islam dans cette région n'est pas réellement le fait des conquérants arabes* ». A une exception près, les califes musulmans se souciaient peu de convertir à leur religion les peuples non arabes qu'ils gouvernaient. Le prosélytisme était l'œuvre de sectes hérétiques qui, ne pouvant prêcher dans leur propre patrie, s'en allaient convertir à l'étranger.

Les Berbères, tout comme les Hellènes avant eux, savaient rapidement tirer parti de tout ce qui pouvait leur être utile chez leurs maîtres politiques et militaires. Ils avaient l'art d'exploiter les faiblesses et surent déceler ces schismes graves qui déchiraient l'islam.

Les grandes divisions portaient sur la légitimité des familles descendantes du Prophète, mort sans descendant mâle, et sur le droit de succession héréditaire des califes, chefs religieux de l'islam, mais aussi sur simples injustices morales : alors qu'en péchant, le musulman se trouvait privé des droits du véritable croyant (théorie sujette à discussion), il aurait en revanche été impensable de songer à destituer un calife dégénéré — et il y en eut.

En Tunisie, des polémiques complexes se rapportent aux dynasties, comme celle des Omeyyades, branche cadette descendant du Prophète, ou aux familles régnantes comme celle des Aghlabides, aux sectes, tel le kharidjisme, ou aux doctrines, comme le malékisme. Elles recouvrent, plus que des rivalités de souverains ou de théologiens, des luttes pour le pouvoir qui ont revêtu bien des formes : domination militaire ou religieuse au sein des gouvernements ; tensions entre le califat et une aristocratie arabe bien implantée en Tunisie et qui véhiculait des idées neuves ; différences de doctrines, certains prônant l'égalité entre tous les musulmans, d'autres se considérant comme naturellement supérieurs au plus pieux des Berbères. Ce dernier point devait rapidement donner naissance à une querelle.

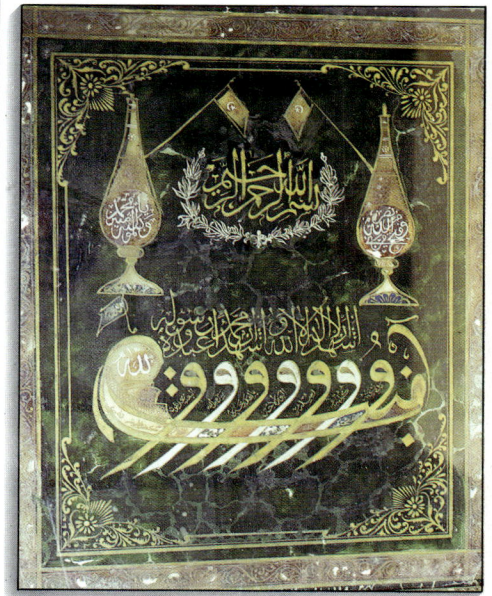

La conquête

La conquête arabe du Maghreb, qui englobait les territoires actuels de la Libye, de l'Algérie, du Maroc et de la Tunisie, débuta par une série de raids menés par des chefs militaires qui avaient conquis l'Égypte au nom de l'islam. Mais la conquête à proprement parler ne commença qu'avec l'avènement de la dynastie des Omeyyades, aux ambitions impériales, qui devait conduire à l'affrontement avec les Byzantins pour s'assurer la suprématie en Méditerranée.

En 670, une armée arabe pénétra en Tunisie, avec pour objectif la sujétion du pays. Arrivant par la voie terrestre, elle

A gauche, cavalier en habit d'un autre temps ; à droite, la calligraphie arabe est souvent un témoignage de la foi musulmane.

contourna les forteresses byzantines en longeant la côte.

Puissance terrestre, les Arabes se trouvaient désavantagés face à des places fortes qui pouvaient être ravitaillées et obtenir des renforts par la mer. Il leur fallait donc avant tout établir une base qui forcerait l'ennemi à les affronter sur un terrain où leur cavalerie pourrait donner le meilleur d'elle-même. Ils fondèrent donc une cité, Kairouan (en 670), à partir de laquelle ils pouvaient s'attaquer aux poches de résistance chrétiennes et berbères de cette province, qu'ils appelaient désormais l'Ifriqiya, déformation de son nom latin Africa.

Les Arabes prirent Carthage et vainquirent une force alliée byzantine et berbère près de Bizerte. La résistance la plus acharnée leur fut opposée, contre toute attente, par un royaume berbère gouverné par une femme, El-Kahina, «la Prêtresse», qui remporta deux batailles contre les Arabes avant de tomber à El-Djem.

La disparition d'El-Kahina marqua la fin de la résistance berbère à la conquête arabe. Son vainqueur, Ibn el-Nomane, dut encore chasser les Byzantins qui avaient entre-temps repris Carthage. Pour empêcher ce genre d'événement de se reproduire, il décida de fonder un port militaire important, celui de la vieille cité punique étant trop étriqué.

Le lac de Tunis pouvait se prêter à ce genre de projet, mais il était séparé de la mer par un isthme. On fit venir des ouvriers chrétiens coptes d'Égypte qui percèrent l'isthme, érigèrent des ateliers et construisirent des navires. La nouvelle ville prit le nom d'un village voisin que les Romains appelaient Thunès, et qui devint Tunis.

Les Berbères réagirent à la conquête arabe avec leur opportunisme, semble-t-il, coutumier. Beaucoup s'enrôlèrent dans l'armée conquérante, mais ils étaient moins bien payés que les soldats arabes. Un officier arabe qui avait eu le malheur d'ordonner à ses gardes du corps berbères de se tatouer leur nom sur un bras, et le sien sur l'autre, y laissa la vie. L'oppression la plus sévère à laquelle les Berbères étaient soumis consistait cependant en une sorte d'impôt humain: les califes prélevaient un cinquième de ce tribut; l'un d'entre eux aurait ainsi obtenu 20 000 captifs au cours de son règne. Le calife Hicham (724-743) avait même précisé toutes les qualités physiques qu'il attendait des femmes berbères qu'on lui livrerait.

Les Aghlabides

Après plusieurs générations, l'aristocratie arabe en vint elle aussi à s'irriter de l'ingérence du califat dans les affaires locales. Les érudits de Kairouan étaient assez éloignés de Bagdad pour pouvoir développer une pensée originale, et la vie dissolue des califes n'était pas sans susciter de sérieuses critiques de leur part.

En 797, une rébellion, apparemment sans importance, éclata à Tunis, mais acquit une tout autre ampleur lorsqu'elle se propagea jusqu'à Kairouan. Le gouverneur mandaté par le califat ne put restaurer l'ordre. Un chef local, Ibrahim ibn al-Aghlab, à la tête d'une armée bien disciplinée, en profita pour intervenir. Il obtint du calife de Bagdad, Haroun al-Rachid (celui des *Mille et Une Nuits*), l'Ifriqiya en fief héréditaire. Certes, il avait aussi offert au calife de lui payer un tribut annuel de 40 000 dinars, et ce dernier, qui avait jusqu'alors été obligé de verser à la province des subventions bien supérieures, n'avait pas refusé.

Ibrahim ibn al-Aghlab et ses descendants, les Aghlabides, régnèrent au nom des califes sur l'Afrique du Nord jusqu'en 909. Le drapeau des califes fut conservé et leur nom continua d'être mentionné dans les prières du vendredi, mais les Aghlabides, qui avaient pris le titre d'émirs, étaient en réalité entièrement autonomes.

L'âge d'or

Les Tunisiens considèrent l'époque aghlabide comme leur âge d'or, au cours duquel furent construites la Grande Mosquée de Kairouan et celle de Tunis et, le long de la côte, afin de prévenir les représailles des Européens, de nombreux et superbes monastères fortifiés, les ribats. Les Aghlabides firent prospérer l'économie, en particulier l'agriculture qui avait beaucoup souffert des destructions van-

Ces grandioses projets de construction et ces exploits militaires n'empêchèrent toutefois pas le mécontentement croissant des officiers supérieurs arabes et des religieux de Kairouan. Méfiant, Ibrahim ibn al-Aghlab quitta sa résidence de Kairouan pour s'installer dans une place forte voisine. Il s'entoura de troupes sûres et d'une garde composée d'esclaves noirs et d'Européens achetés aux marchands napolitains et vénitiens.

L'hostilité des cercles religieux naquit du mépris avec lequel étaient traités les Berbères convertis à l'islam. Le mouvement sunnite (tendance «orthodoxe» de l'islam) et la doctrine malékite, développée à Kairouan,

dales et que les Byzantins n'avaient restauré qu'en partie.

Le commerce transsaharien avec le Soudan devint florissant, fournissant or et esclaves. La prospérité entraîna le développement de l'artisanat: tissage, orfèvrerie, maroquinerie, travail du bois. Les succès militaires remportés à l'étranger avaient pour but d'accroître le prestige des émirs aghlabides. Les expéditions, lancées à partir de la Sicile, atteignirent leur paroxysme avec le pillage de la basilique Saint-Pierre de Rome en 846.

Aquarelles du XIXe siècle représentant la ville de Kairouan.

prônèrent l'égalité de tous les musulmans, quelle que soit leur race, et jetèrent les bases de l'opposition kharidjite à la domination des Arabes et des califes dans le Maghreb. Cette secte islamique fut fondée en 657 et proclamait entre autres que, indépendamment de tout lien parental avec le Prophète, tout croyant pouvait accéder à la dignité de calife. Cette doctrine égalitaire séduisit naturellement les petits commerçants et les paysans dont les droits étaient bafoués, causant une scission profonde entre les élites et le petit peuple.

Le dernier émir aghlabide, Ibrahim II, sembla au début remplacer avantageusement Mohammed II, «*frivole et extravagant*», roi à treize ans, qui partageait son temps entre la chasse aux grues et *«une vie d'agréable dissolution»* (il tomba raide mort à vingt-quatre ans).

Son successeur était au contraire dévoué à la justice, avec une sincérité qui, malheureusement, tourna au fanatisme. Décidé à défendre les petites gens, il fit massacrer sans discernement les riches et les puissants. On cite l'histoire d'un riche Arabe du cap Bon qui fut amené à Kairouan sans aucun motif et crucifié. Sans doute l'émir se rendit-il compte que l'aristocratie arabe finirait par réagir; aussi fit-il renforcer son armée d'esclaves noirs et construire une autre rési-

Allah III, à quitter le pouvoir en 909. Le chef de la rébellion chiite, 'Ubayd Allah (surnommé al-Mahdi, qui signifie «combattant pour la foi envoyé par dieu»), se prétendait descendant de Fatima, la fille du Prophète, et disait être le *mahdi*, une sorte de messie. Il fonda la dynastie des Fatimides.

Sur la route du Caire

'Ubayd Allah avait des projets ambitieux: il voulait conquérir l'Égypte et aller jusqu'à Bagdad chasser les califes usurpateurs. A la suite d'une expédition manquée qui le mena jusqu'à Alexandrie, il fonda une nouvelle

dence fortifiée à Reqqada, à 8 km de Kairouan. Ibrahim II abdiqua en 902 sous les pressions exercées par le calife. Son successeur fut assassiné un an après par son propre fils qui, non content de ce meurtre, tua également son frère pour être sûr de monter sur le trône. Ces abus jouèrent en faveur des ismaéliens, austère secte de tendance chiite fondée en 750 (qui constitua bientôt la plus importante communauté au sein du chiisme), qui reprochait depuis longtemps aux Aghlabides le relâchement de leurs mœurs, notamment concernant la consommation de boissons alcoolisées.

Les chiites fomentèrent une rébellion qui força le dernier des Aghlabides, Ziyadat

capitale à Mahdia, à l'emplacement d'un ancien port.

Tous les pèlerins en route vers La Mecque furent dorénavant contraints de s'arrêter à Mahdia et de s'acquitter d'une taxe substantielle pour jouir de ce privilège. Écrasés par les impôts destinés à financer les folles ambitions militaires du gouvernement, le peuple, aiguillonné par les sunnites persécutés, se souleva. Les Fatimides, bien défendus, matèrent les insurrections. En 969, ils purent enfin réaliser leur rêve de conquête de l'Égypte: ils transférèrent leur capitale dans leur cité nouvellement fondée, Le Caire, où ils devaient régner jusqu'en 1171 avant d'être détrônés par le sultan Saladin.

Les Fatimides, désormais établis en Égypte, laissèrent à la famille des Zirides le soin d'administrer le pays. Petit à petit, l'Ifriqiya s'émancipa et la rupture avec les Fatimides fut prononcée. Ceux-ci, par vengeance, eurent alors recours à des tribus nomades de pillards, les Béni Hilal et les Solaïm, qui sillonnaient l'Égypte depuis le VIIIᵉ siècle. Dotés de titres de propriété établis d'avance, 50 000 hommes s'abattirent alors sur le pays, qu'ils dévastèrent.

Les invasions hilaliennes eurent pour effet la diffusion de la langue arabe, qui se répandit dans les campagnes. En fait, ces invasions favorisèrent l'arabisation en général de la nier émir ziride depuis longtemps sans pouvoir), de Gabès, de Sfax et de l'île de Djerba. Le renouveau vint de l'ouest en 1159, avec la dynastie marocaine des Almohades renforcée par des tribus berbères qui pacifièrent toute l'Afrique du Nord et établirent un gouverneur en Tunisie, d'où ils avaient chassé les Normands.

Au XIIIᵉ siècle, le gouverneur mis en place par les Almohades, Abou Zakariyya, proclama l'indépendance, se fit nommer émir et fonda la dynastie hafside. Son fils Abou Abd Allah, portant le surnom honorifique d'al-Mustansir, fut reconnu par La Mecque et accéda au titre de calife.

population autochtone. La langue berbère disparut presque totalement ; peut-être l'émergence d'une langue commune contribua-t-elle au moins à combler le fossé entre les deux peuples.

La Tunisie livrée au chaos, ne possédant plus de gouvernement central, dut encore subir de nombreuses invasions et les pillages se succédèrent : Génois, Pisans et Amalfitains attaquèrent Tunis et le port de Madhia. Les Normands de Sicile, eux, entre 1134 et 1148, s'emparèrent de Mahdia (résidence du der-

A gauche, la Zitouna à Tunis ; ci-dessus, tombe de Sidi ben Aissa, fondateur d'une secte soufie.

Sous son règne, le commerce avec l'Europe et le Soudan prospéra ; al-Mustansir transforma Tunis, sa capitale, se fit bâtir un splendide palais et créa le parc d'Abou Fihr. On dit que ses terrains de chasse près de Bizerte étaient sans égal. Al-Mustansir sut ouvrir le pays à l'étranger : les marchands vénitiens, pisans et génois reçurent la permission de s'installer pour commercer dans les ports hafsides.

Les chrétiens

Le pays paraissait si civilisé et gouverné avec tant de sagesse que le pape Innocent IV exclut même toute possibilité de croisade.

Mais le roi de France Louis IX, le futur Saint Louis, peut-être autant pour des raisons commerciales que religieuses (le bruit courait que l'émir était désireux de se convertir), débarqua à Carthage le 18 juillet 1270 avec ses croisés (ce fut la septième et dernière croisade). Les marchands français qui avaient été autorisés à s'installer à Tunis, soutenus par le frère du roi, Charles d'Anjou, s'étaient en effet plaints que l'émir refusait d'honorer des dettes très importantes que leur devait un collecteur d'impôts, exécuté pour corruption.

Tunis fut assiégée pendant un mois et al-Mustansir était sur le point de battre en retraite à Kairouan lorsque Saint Louis mourut, victime de la peste. Son frère Charles d'Anjou arriva avec des renforts le même jour mais, trouvant l'émir prêt à faire la paix, il ordonna l'arrêt des hostilités. Le traité contraignit l'émir à payer un lourd tribut, mais la dynastie hafside se maintint, tant bien que mal, jusqu'à la fin du XVe siècle.

Les chrétiens n'abandonnèrent jamais l'espoir de parvenir à convertir la Tunisie, et les Hafsides n'hésitèrent pas à exploiter cette illusion. L'un d'entre eux, qui cherchait à obtenir le soutien de Jacques II d'Aragon, lui laissa entendre qu'il était presque prêt à franchir le pas, lui rappelant que sa mère était une esclave chrétienne; il alla jusqu'à faire la confidence au commandant de la milice chrétienne à Tunis. En 1313, un célèbre missionnaire franciscain fut dépêché sur place pour régler l'affaire et passa deux ans à attendre un appel qui ne vint jamais.

Par ailleurs, la reconquête de l'Espagne par les armées chrétiennes devait influer profondément sur le destin de l'État hafside.

Les immigrants andalous

En envahissant la Tunisie, les Vandales venus d'Espagne n'avaient fait eux-mêmes que fuir devant les Wisigoths. Ceux-ci s'étaient installés et avaient établi leur capitale à Tolède.

En 711, une armée berbère menée par Tariq Ben Ziyad attaqua les Wisigoths et prit Tolède, mais le chef berbère commit l'erreur de demander des renforts à son supérieur arabe, Ibn Nusayr. Ce dernier, qui arriva avec 18 000 hommes, vit tout de suite le profit qu'il pouvait tirer de la situation. Les Berbères furent mis à l'écart et perdirent ainsi tous les bénéfices de leur victoire en Espagne.

Les conquérants arabes jouissaient de la même autonomie, vis-à-vis du califat, que les Aghlabides en Tunisie. Les familles arabes circulaient fréquemment entre le Maghreb et l'Andalousie. Ils décourageaient l'installation des Berbères dans le pays, mais les engageaient volontiers comme soldats. Les populations indigènes furent soit assimilées à la culture arabo-islamique, soit autorisées à conserver leur foi chrétienne ou juive, moyennant paiement d'un tribut. Mais les rôles s'inversèrent dans la seconde moitié du XVe siècle lorsque les Espagnols entreprirent peu à peu la reconquête de leur pays. Les musulmans vaincus pouvaient conserver leurs biens et continuer à pratiquer leur religion, mais ils étaient encouragés à partir.

La plupart choisirent l'Afrique du Nord, surtout le Maroc et la Tunisie. L'émigration se fit à un rythme assez lent — environ 100 000 personnes en trois siècles et demi. La conversion au christianisme de ceux qui avaient choisi de rester ne rencontra guère de succès. Aussi, en 1499, une politique de conversion forcée fut mise en œuvre. 80 000 musulmans et juifs andalous quittèrent alors le pays au cours de l'année 1609.

Les Andalous apportèrent avec eux un précieux savoir-faire, grâce aux fermiers qui s'établirent dans la péninsule du cap Bon et aux artisans installés dans les ghettos des villes. Ils se spécialisèrent dans la fabrication de chapeaux de feutre, de chéchias et de nombreux autres produits destinés à l'exportation. Les Andalous veillèrent aussi à préserver leur identité.

L'archevêque qui avait préconisé la conversion des païens pressa la reine Isabelle d'Espagne de fonder un empire au Maghreb. Le roi Ferdinand avait cependant des vues sur l'Italie. Les incursions des Espagnols en Afrique du Nord se limitèrent à l'établissement de postes de garnison côtiers, l'intérieur des terres étant laissé à l'administration de chefs indigènes. Ces postes, qu'on appelait les *presidios*, n'étaient pas très importants, mais ils empiétaient sur le monde musulman qui, inquiet, se tourna alors vers la puissance dominante voisine, les Turcs ottomans. Dans un premier temps, le pays fit appel aux pirates turcs puis, pendant trois siècles, la Tunisie vécut sous la domination des Ottomans.

Illustration représentant l'expulsion des juifs et des musulmans d'Espagne.

LES TURCS

Dans sa lutte contre les Espagnols pour obtenir la maîtrise de la Méditerranée, l'Empire ottoman avait déjà fort à faire, mais il devait néanmoins être entraîné dans les conflits du Maghreb, par l'intermédiaire de deux renégats d'origine sicilienne, les frères Barberousse: Arudj et Khayr al-Din (le surnom de Barberousse ne s'applique en général qu'au second de ces frères). Pirates, ceux-ci opéraient à partir du port de La Goulette, à Tunis, en vertu d'un accord passé avec les Hafsides auxquels ils versaient une part de leur butin. La piraterie s'avéra lucrative et, en 1510, les Barberousse furent autorisés à fonder une autre base sur l'île de Djerba.

La mort de l'aîné des Barberousse, tué lors d'une querelle à Alger, laissa le champ libre à Khayr al-Din. Celui-ci, qui n'était pas assez puissant pour affronter les chrétiens, conclut une alliance avec le sultan ottoman Selim Ier, qui lui envoya une troupe de 2 000 janissaires et de l'artillerie. Khayr al-Din s'empara d'Alger, qu'il gouverna durant huit ans et aménagea un port qu'il transforma en formidable base navale. Impressionné, le sultan lui offrit le titre d'amiral de la flotte ottomane et le chargea de conquérir Tunis.

Barberousse remporta un succès bien plus éclatant. Il vainquit les Hafsides, ses anciens alliés, près de Kairouan, se rendant ainsi maître de toute la Tunisie. Mais Charles Quint, roi d'Espagne, débarqua à Tunis en 1535, avec une flotte de 400 vaisseaux et 30 000 hommes. Trahi par ses esclaves chrétiens, Barberousse dut s'enfuir en toute hâte à Constantinople. Espérant que les Espagnols les récompenseraient pour les avoir soutenus, les esclaves ouvrirent les portes de la ville à Charles Quint: mal leur en prit. Près de 70 000 habitants, hommes, femmes et enfants, furent massacrés, et Tunis fut mise à sac.

La politique méditerranéenne reposait sur d'innombrables traités secrets, et sans doute les principaux intéressés ne la comprenaient-

Pages précédentes: le Tourbet el-Bey, à Tunis, mausolée de la dynastie husaynide qui gouverna le pays de 1705 à 1956. A gauche, porte du Dar Othman, un palais de Tunis; à droite, les frères Barberousse.

ils pas eux-mêmes. François Ier avait ainsi conclu un accord avec les Turcs contre l'Espagne, si bien que Barberousse se trouvait plus ou moins secondé par la marine française.

Charles Quint, inquiet de ces rapprochements, proposa au pirate de se rallier à sa cause, lui offrant un royaume qui se serait étendu d'Alger à Tripoli et aurait englobé toute la Tunisie. Toutefois, les négociations n'aboutirent pas, *«en raison du manque de confiance mutuelle des deux parties»*. Un traité entre Charles Quint et François Ier finit par évincer Barberousse, qui mourut deux ans plus tard.

HORUSCE und HAREADEN BARBAROSSA
Könige von Tunis und Algiers und ober See Admirälen

Les Hafsides affaiblis n'avaient pu qu'assister, impuissants, à ces bouleversements. A la suite de l'éphémère conquête de Tunis par Barberousse, le sultan Moulay Hassan avait demandé l'aide des Espagnols. Charles Quint l'avait alors rétabli dans ses droits, dans un pays à demi ruiné et en proie aux rébellions.

Ce sultanat dépendant de la protection chrétienne ne pouvait que déplaire aux Turcs ottomans, que leur défaite navale à Lépante (1571), face à don Juan d'Autriche qui commandait les flottes chrétiennes, avait laissés humiliés et furieux.

Les Espagnols n'avaient certes pas été les seuls à participer à cette bataille, mais tout le ressentiment des Turcs se tourna contre eux. Ils équipèrent une nouvelle flotte et, choisissant une fois de plus les possessions espagnoles en Tunisie pour objectif, ils prirent le contôle du pays en 1574 et devinrent dès lors les seuls maîtres du Maghreb oriental.

Les deys et les beys

Les Ottomans surent gouverner efficacement la Tunisie et la faire prospérer. Il n'y eut probablement jamais plus de 8 000 Turcs en Tunisie, et encore la moitié étaient-ils des janissaires, soldats de nationalités diverses, enlevés dès l'enfance à leurs parents dans le

fonda la dynastie mouradite, qui devait se maintenir pendant trois quarts de siècle à la tête du pays.

Les beys continuèrent, en principe, à obéir à Istanbul, mais ils gouvernaient le pays comme bon leur semblait, l'Empire ottoman étant en effet victime de nombreuses crises, tant économiques que politiques. En même temps, le commerce entre la Tunisie et les pays européens retrouva un dynamisme remarquable.

Au début du XVIIIᵉ siècle, la famille mouradite fut renversée, son représentant assassiné, et elle fut supplantée par une nouvelle dynastie, celle des Husaynides, qui devait se

but de former une élite de combattants que ne viendrait distraire aucune loyauté envers une famille, des amis ou une tribu.

L'administration était confiée à des mamelouks, équivalents civils des janissaires. Capturés eux aussi dès l'enfance, ils étaient le plus souvent d'origine grecque ou balkanique.

Le pays était dirigé par un pacha nommé par Istanbul. Il avait sous ses ordres des beys, chargés de l'administration et des finances, et des deys, commandants des troupes. Le véritable pouvoir fut cependant peu à peu exercé par les beys : l'un d'entre eux, Mourad, d'origine corse, finit par obtenir la transmission héréditaire de ses charges et

maintenir au pouvoir jusqu'en 1957, malgré des troubles fréquents avec l'Algérie. Le fondateur de cette dynastie, Husayn ibn Ali, qui apparut sur la scène politique en 1705, mit en place des institutions administratives centralisées et d'une grande efficacité. Par ailleurs, sous le règne des Husaynides, l'économie prospéra, notamment grâce au commerce des produits agricoles dont les beys avaient le monopole, mais aussi grâce à la piraterie, et le pays bénéficia d'une quasi-indépendance vis-à-vis du sultanat.

Ci-dessus, l'ancien bagne de La Goulette ; à droite, Khayr al-Din, plus connu sous le nom de Barberousse.

LES PIRATES BARBARESQUES

La côte barbaresque eut elle aussi ses corsaires, encore qu'ils n'aient été en rien comparables à l'image traditionnelle du pirate à la jambe de bois, amateur de rhum, un perroquet perché sur l'épaule.

Les pirates avaient toujours sévi en Méditerranée; depuis les origines de la civilisation occidentale, la guerre de courses constituait la principale activité économique des îles grecques. Elle ne devait cesser que lorsque la France se rendit maîtresse de l'Afrique du Nord au XIXe siècle. Entre-temps, surtout à partir de 1529, lorsque Barberousse s'empara d'Alger, la piraterie connut un essor formidable, les flottes des pirates rivalisant en puissance avec les flottes européennes. Le commerce méditerranéen devint avant tout une affaire de prises d'otages qu'on rançonnait: il n'était pas rare qu'en une seule année les pirates fassent 30 000 captifs. A Tunis, ces prisonniers étaient détenus au bagne de La Goulette, qui se visite encore.

L'histoire européenne a surtout retenu de cette période la lutte des «valeureux» chevaliers de Malte contre les «féroces» musulmans. La réalité est quelque peu différente, bien qu'il y ait eu à la source de ces affrontements des conflits religieux exacerbés par les croisades et l'expulsion des Maures d'Espagne.

Les musulmans qui avaient envahi l'Espagne n'étaient pas des Arabes, mais des Berbères tunisiens. A la suite de leur expulsion, après des siècles d'occupation, ils s'en retournèrent sur leur terre ancestrale, où la situation économique n'était pas brillante. Les ports de Tunisie et toute la côte barbaresque accueillaient nombre de marins désœuvrés. Les beys régnants représentaient un Empire ottoman la plupart du temps en guerre avec un des États européens fragmentés qui, comme la cité-État de Venise, tentaient de se tailler des empires commerciaux aux dépens des Turcs. Dans de telles circonstances, la piraterie paraissait une voie toute tracée pour les exilés andalous.

La course était si lucrative que les beys, qui prélevaient une partie du butin, se montraient fort accommodants avec les pirates. Ainsi, lorsque les corsaires qui pillaient les galions espagnols chargés de l'or du Nouveau Monde franchirent le détroit de Gibraltar, ils furent accueillis à bras ouverts par les beys, qui insistèrent néanmoins pour qu'ils se convertissent à l'islam. Les nouvelles recrues ne semblent pas s'être formalisées outre mesure de la première partie des rites initiatiques, qui consistait à faire le tour de Tunis dans une charrette arborant un portrait du Christ placé à l'envers. L'obligation de circoncision, en revanche, n'était pas du goût de tous. Le bey de Tunis était si désireux de s'assurer des services du baronnet anglais sir Henry Mainwaring, diplômé de l'université, peut-être le plus vaillant corsaire de son temps, qu'il lui offrit de lui épargner cette dernière obligation. Sir Henry déclina néanmoins la proposition du bey.

L'élégant sir Henry était toutefois une exception. Le portrait qui nous est resté d'un autre pirate, le capitaine Ward, est plus typique: âgé d'environ cinquante-cinq ans, presque chauve, de rares cheveux blancs entourant une trogne basanée, «il parlait peu, jurait tout le temps. Il était ivre du matin au soir, dépensier et brave, il dormait la plupart du temps. C'était un imbécile». Les hommes de troupe étaient pires encore. «Ils circulaient toujours armés et ivres dans la ville», rapporte un observateur français avec sévérité. «Ils couchent avec les femmes maures; toutes les débauches, toutes les extravagances leur sont permises.» Mais, reconnaît-il, leurs services étaient fort estimés. «Les profits énormes que les Anglais rapportent au pays, la libéralité avec laquelle ils dépensent leur fortune à toutes sortes de débauches avant de retourner à la guerre (c'est ainsi qu'ils appellent leurs actions de pillages), les font chérir des janissaires plus que tous autres.»

La convoitise de l'Europe

La prospérité tunisienne avait excité les appétits de conquête de l'Europe au XIXe siècle. Les actes de piraterie, qui étaient toujours nombreux après les guerres napoléoniennes, avaient poussé les Européens à s'unir et à agir.

En 1819, un corps expéditionnaire franco-anglais débarqua à Tunis afin d'exiger du bey qu'il renonce à ces activités. En 1826 et 1827, les victoires navales remportées par les Anglais et les Français mirent un terme aux activités de piraterie et privèrent ainsi les beys de leur principale source de revenus.

L'autonomie des beys se trouva encore diminuée lorsque les consuls reçurent le droit de tenir le rôle de juge dans les procès mettant en cause des Européens, droits dont ils abusèrent, ce qui donna lieu à des querelles interminables. A cela s'ajoutèrent des scandales financiers qui impliquèrent des membres du gouvernement au plus haut niveau.

Le bey Ahmad (dont la mère était une esclave chrétienne) tenta désespérément, et parfois de façon pathétique, de donner à la régence des «allures européennes», pensant que l'accession de la Tunisie au monde de la haute diplomatie la protégerait des visées françaises, italiennes et britanniques.

Il prit pour modèle Napoléon Ier et n'épargna rien pour faire changer l'armée, jusqu'alors refuge d'une classe privilégiée, et la moderniser à l'«européenne». La conscription toucha même les nomades, qui connaissaient bien le combat en zones désertiques et montagneuses, mais que l'instruction militaire traditionnelle laissait désemparés. Le bey tenta d'imposer l'uniforme européen mais l'équipement militaire restait de faible qualité et désuet. Selon un observateur français, un dixième seulement des fusils fonctionnaient correctement «et sans danger».

Pendant la guerre de Crimée, en 1854-1856, la Tunisie accepta même d'envoyer un corps expéditionnaire de 6 600 hommes, équipés de 722 chevaux et de 12 canons, se battre aux côtés des Turcs ottomans. Du sort de ces hommes, que le bey avait exhortés, au nom de Dieu «à préserver leur honneur sans tache», on ne sait pas grand-chose, car les témoignages divergent.

Selon un consul des États-Unis, qui ne cite pas ses sources, les troupes tunisiennes qui défendaient les redoutes de Balaklava auraient tourné les talons devant les Russes sans tirer un seul coup de feu; selon d'autres observateurs, ils se seraient au contraire conduits bravement mais, d'après un commentateur français, «4 000 d'entre eux seraient morts en Turquie» sans avoir combattu. En effet, l'infortuné corps expéditionnaire fut saigné à blanc et fut sans doute décimé «sans gloire, de misère et de maladie, dans les camps de la mer Noire».

Cependant la situation ne s'arrangeait guère. Le train de vie des beys ne diminuait pas, mais les revenus du pays, eux, ne cessaient de diminuer. Ainsi, les banques françaises et britanniques prêtèrent-elles d'importantes sommes d'argent. Puis ce sont bientôt les produits manufacturés européens qui envahirent le marché tunisien.

Progressivement, les puissances occidentale s'emparèrent, de manière indirecte mais radicale, du pays, car les beys, victimes de leur endettement, durent accepter les exigences des créanciers. Cependant, il fallut attendre 1878, à l'occasion de la tenue du congrès de Berlin, pour que la situation se précise, et que bientôt soit officialisé le contrôle de la Tunisie par la France.

A gauche, le bey Ahmad; à droite, les plafonds du musée du Bardo.

DU PROTECTORAT À LA RÉPUBLIQUE

Le bey Ahmad, gouverneur compétent et bien intentionné, ne vécut pas assez longtemps pour accueillir les rescapés de la guerre de Crimée. La dynastie des beys se maintint péniblement un siècle encore, mais l'état désastreux des finances entraîna la chute du dernier bey, Muhammad. La France, qui avait établi de nombreuses relations commerciales avec le pays, se retrouva avec des titres désormais sans valeur et décida alors d'intervenir.

Au congrès de Berlin (1878), les grandes puissances s'attelèrent au démantèlement de l'Empire ottoman, la Turquie étant alors considérée comme «l'homme malade» de l'Europe. La Grande-Bretagne consentit à céder à la France la suprématie en Tunisie moyennant des compensations à Chypre. Bismarck donna lui aussi son accord, dans l'espoir que la cession de la Tunisie à la France atténuerait la douleur liée à la perte toute récente de l'Alsace-Lorraine. L'Italie dut, elle, se contenter de la Tripolitaine, ancienne province de la Libye.

La France voulut faire signer au bey un projet d'accord établissant le protectorat français et l'occupation des points stratégiques. Devant son refus, il ne resta plus à la France qu'à chercher un prétexte pour agir, qui ne tarda pas à se présenter sous la forme d'une incursion de Kroumirs tunisiens en Algérie, pays sous contrôle français depuis 1830. Le bey offrit un dédommagement et proposa de traiter lui-même avec les rebelles, mais les Français refusèrent.

Une force de cavalerie basée en Algérie franchit la frontière et gagna la capitale de la Tunisie. Quelques jours plus tard, la flotte française occupa Bizerte. D'autres troupes entrèrent après dans Tunis et, le 12 mai 1881, le bey Muhammad al-Saduq signa le traité du Bardo par lequel, certes, il conservait la régence, mais qui ne lui garantissait pas beaucoup d'autres pouvoirs.

Pages précédentes: les débuts du tourisme à Nefta. A gauche, l'avenue de France en 1905; à droite, le cardinal Lavigerie, administrateur apostolique de la Tunisie à partir de 1884.

Un Anglais, Herbert Vivian, qui visita la Tunisie quelques années plus tard, voulut voir ce qu'était devenu le bey. Vivian n'avait jamais pardonné à Napoléon Iᵉʳ, et l'administration tunisienne de 1899 était, selon lui, *«aussi corrompue que celle de la République française».* Quant au bey de Tunis, Ali ibn Husayn, *«l'image qui vient à l'esprit est celle d'un volcan éteint. On pourrait passer des jours et des jours dans la régence sans se convaincre de son existence... Si par hasard on s'aventure aux abords de la gare italienne de Tunis, un lundi matin, on pourra assister à l'arrivée d'un vieux monsieur de noble allure; il monte rapidement dans une diligence*

branlante et d'allure moyenâgeuse, dont la porte arbore un écusson orné d'un drapeau, et part au triple galop pour Dar el-Bey, aussi vite que les deux mules blanches de son équipage peuvent l'y conduire».

D'autres observateurs, même anglais, se montrèrent néanmoins plus élogieux sur les réalisations françaises en Tunisie. *«Ils ont construit des milliers de kilomètres de routes et de voies ferrées, des ports et toutes sortes d'ouvrages d'art»,* écrivait ainsi W. Basil Worsfold dans une de ses *Études sur l'administration coloniale.* Il paraissait dans l'ensemble optimiste à propos de l'avenir de l'Afrique du Nord française. *«La France... a décidé que si l'Afrique mineure réintègre le monde civilisé, cela sera dû aux efforts des Européens et non des populations indigènes. Elle a contribué de toutes ses forces à la construction de cette jeune nation. »*

Au cours de la Première Guerre mondiale, 63 000 soldats tunisiens se battirent pour la France. La guerre des tranchées fut aussi meurtrière pour ces combattants que l'avait été, pour leurs prédécesseurs, la terrible campagne de Crimée (1854-1855): il y eut dans leurs rangs plus de 10 000 tués ou portés disparus.

À la fin de la guerre, la politique d'auto-détermination prônée par le président Wilson fut accueillie avec enthousiasme en

demander des conseils à des professeurs d'université français.

L'homme de la rue — et les pauvres étaient nombreux dans la situation économique troublée de l'après-guerre, notamment dans les villes — ne pouvait trouver son compte dans ce type de politique. C'est à cette époque que Habib Bourguiba entra en scène. Né à Monastir en 1903, il était issu d'une famille assez aisée (bien qu'il se soit attribué, pour des raisons de propagande, une enfance pauvre marquée par les privations) et avait pu suivre des études au prestigieux collège Sadiki de Tunis. Il fréquenta ensuite le lycée Carnot de Tunis, puis il fit

Tunisie, notamment au sein d'un nouveau mouvement issu de la bourgeoisie, celui des Jeunes Tunisiens, dont le nom était inspiré du parti des Jeunes Turcs.

L'agitation nationaliste

Les revendications des Jeunes Tunisiens perturbèrent au départ plus les dirigeants religieux conservateurs que les autorités françaises. De ce mouvement naquit un parti, le Destour, fondé en 1920, qui resta malgré tout très influencé par ses origines élitistes. Peu soucieux des revendications populaires, ce parti s'intéressait principalement à des questions juridiques et allait même jusqu'à

des études de droit à Paris, et revint à Tunis en 1927, très empreint de culture occidentale et accompagné d'une épouse française. Ne pouvant se faire accepter totalement ni de l'élite musulmane traditionnelle, ni des colons français, il se lança dans la politique, décidé à réformer le pays.

Bourguiba sut habilement exploiter l'indignation populaire en se faisant le défenseur de la culture tunisienne privée de moyens d'expression. Dans un article publié en 1929, il plaidait ainsi en faveur du port du voile, qui constituait, écrivait-il, une manifestation de l'identité culturelle tunisienne. Très vite, cependant, il s'engagea sur la voie tracée par le bey Ahmad, prônant l'ouverture de la Tunisie à l'Occident, loin des courants islamistes qui, à la fin de sa longue carrière politique, devaient constituer pour lui la plus grande menace.

La religion lui fournit pourtant un thème majeur de sa doctrine. Il se plaignit de l'incongruité de la tenue à Carthage du congrès eucharistique de 1930 et s'indigna de l'installation d'une statue du cardinal Lavigerie, zélé missionnaire du XIXe siècle, au beau milieu de la médina de Tunis. Le parti Destour, quant à lui, se trouvait divisé sur des questions de pratiques funéraires: les musulmans tunisiens qui avaient adopté la citoyenneté française pouvaient-ils ou non

Bourguiba quitta alors le parti pour former le Néo-Destour, le 2 mars 1934, et fonder un journal, *l'Action tunisienne.*

Le parti fut interdit peu après et demeura illégal durant vingt ans. Bourguiba fut emprisonné deux ans (de 1934 à 1936), en raison d'un affrontement entre ses partisans et ceux du Destour. A la suite des manifestations du 8 avril 1938, déclenchées par le procès du jeune militant Ali Belhouane, Bourguiba fut de nouveau emprisonné, de 1938 à 1942, en France cette fois, où la guerre le surprit. Les revendications tunisiennes se heurtaient à cette époque à l'intransigeance des colons.

être enterrés dans un cimetière musulman? On considérait en effet qu'en agissant ainsi ils avaient parjuré leur foi et ne relevaient plus de la loi islamique. Peut-être la question pouvait-elle être résolue, comme le proposa un juriste malékite conciliant, si l'on obtenait le repentir des pécheurs sur leur lit de mort.

Affaibli par ces controverses, le Destour finit par censurer Bourguiba, qui avait déclaré son soutien à une manifestation à Monastir contre l'inhumation, dans un cimetière musulman, d'un enfant métis naturalisé.

A gauche, manifestation organisée par le Néo-Destour en 1954; ci-dessus, la porte de France à Tunis.

La guerre

La Seconde Guerre mondiale eut de singulières répercussions en Tunisie. Les agents de Mussolini y avaient mené une politique très active, car le dictateur italien avait des visées sur le pays. Les nationalistes tunisiens, eux, ne pouvaient échapper à la surveillance française destinée à limiter leur action, mais la défaite de juin 1940 devait bouleverser le gouvernement du protectorat.

Moncef, dernier descendant d'une lignée de beys presque oubliée, surgit sur la scène politique, s'érigeant en seul champion du nationalisme tunisien. Il courtisa les faveurs tant du Destour que du Néo-Destour,

LA BATAILLE DU DÉSERT

La bataille du désert évoque toujours des images de chars fonçant à travers les sables, le tonnerre des barrages d'artillerie, les escapades d'unités spéciales comme les Rats du désert, des figures comme les généraux Montgomery et Rommel et, dans les rues d'Alexandrie, les vendeurs de bière glacée et les garçonnets marchandant des cartes postales. La Tunisie n'a peut-être pas la même force évocatrice que des lieux tels que Benghazi, El Alamein et Tobrouk, du moins pour ceux qui n'ont pas été les témoins oculaires de cette campagne. Pourtant, c'est en Tunisie que débuta véritablement la campagne allemande en Afrique, que les forces terrestres américaines furent massacrées et que les troupes alliées se rejoignirent pour livrer le dernier assaut sur le sol européen.

Le statut de la Tunisie restait flou au début de la guerre, en particulier après l'effondrement de la France. Le pays était sous protectorat français, mais le pouvoir nominal était toujours détenu par le bey, qui ne voyait pas d'un trop mauvais œil les fascistes. Ceux-ci lui offraient la possibilité de redorer le blason de sa dynastie. L'administrateur français demeurait déchiré entre sa loyauté au gouvernement de Vichy, qui impliquait de collaborer avec l'Allemagne, et le ralliement aux Forces françaises libres, qui se regroupaient alors autour du général de Gaulle. Lorsque les Allemands, mais aussi les Anglais, voulurent établir une tête de pont en Tunisie, les Français sabordèrent la flotte à l'entrée des ports de Bizerte et Tunis, leur barrant ainsi le passage tout en retardant le choix de leur camp.

Les Allemands pénétrèrent en Tunisie par Bizerte, Tunis, Sousse et Sfax. Par hasard, ils aidèrent ainsi les stratèges militaires de Roosevelt qui, en août 1941, ne disposait que d'une semaine pour décider de l'endroit où les troupes américaines pourraient entrer en action contre l'ennemi. La Tunisie paraissait un choix tout indiqué, et Churchill fut enthousiasmé. Désireux d'accélérer l'engagement des États-Unis, il offrit même de faire revêtir l'uniforme américain aux soldats britanniques si cela était nécessaire.

Les Allemands les ayant battus de vitesse à Tunis, les Alliés décidèrent de transférer leurs troupes d'Algérie. Si l'armée britannique parvenait à avancer depuis l'est, les Allemands se retrouveraient acculés en Tunisie. Cette tactique devait porter ses fruits. L'une des grandes difficultés était la nature du terrain, dont les dangers avaient par le passé mis à rude épreuve les armées romaines et d'autres encore. Certes, les montagnes tunisiennes n'atteignent pas des hauteurs importantes, mais elles sont disposées en chaînes parallèles et sont précieuses sur le plan stratégique. Les chars allemands firent de nombreuses victimes américaines lors des combats pour la maîtrise de la passe de Kasserine, au centre de la Tunisie. La campagne de Tunisie consista en une lutte épuisante où l'infanterie ne cessa de combattre pour le contrôle des djebels. La passe de Gabès, étroit corridor bordé d'un côté par la Méditerranée et de l'autre par les étendues saumâtres du chott el-Djérid et les monts de Matmata, constituait le seul accès aux principaux ports tunisiens pour des armées remontant de l'Égypte et de la Libye. L'armée britannique arriva à une période peu propice, lors de l'hiver 1942-1943, et fut forcée de passer l'hiver sur place.

Le 8 avril 1943, les troupes britanniques, qui avaient enfin franchi la passe, rejoignirent à Gabès l'armée américaine qui, depuis les affrontements de Kasserine, avançait vers l'est. Au bout d'un mois, les forces alliées avaient pris Tunis et Bizerte; quelques poches de résistance allemandes subsistaient encore à Zaghouan et au cap Bon. Zaghouan tomba le 11 mai; le lendemain, des troupes indiennes capturèrent le général Jurgen von Arnim. Les forces de l'Axe se rendirent le 13 mai.

harangua les foules et réclama au gouvernement de Vichy une réforme de la Constitution. Moncef Bey, parfois accusé d'être pro-nazi, tout comme le Néo-Destour, ranima la vie politique tunisienne et devint le politicien le plus en vue de l'époque.

Les Alliés entrèrent à Tunis en mai 1943, à la suite d'une rude bataille contre Rommel dans le désert. Une semaine plus tard, Moncef Bey fut déposé par les Forces françaises libres.

Bourguiba, enfermé dans une prison de Marseille, exprima son soutien aux forces de l'Axe. Mais, secrètement, il fit parvenir un message à ses collaborateurs, leur ordonnant

Tunisie. Les problèmes à résoudre étaient déjà nombreux en Algérie. Habib Bourguiba, sans doute déçu, se rendit secrètement en Égypte, où la Ligue arabe venait d'être fondée, mais parcourut aussi le monde, partout où la cause de son pays était susceptible d'être entendue.

La réaction française

La France accepta de négocier et fit quelques concessions. Cependant, la situation tunisienne se compliquait du fait que l'autorité nominale reposait entre les mains du bey et non du gouvernement français.

de faire taire leurs différends politiques et d'aider la France. Les Allemands le firent transférer à Rome, où les Italiens tentèrent vainement d'obtenir son soutien. Finalement, estimant que sa présence en Tunisie risquait de nuire à la France et aux Alliés, ils le libérèrent. Ils se trompèrent cependant: à peine de retour, il dénonça violemment les puissances de l'Axe et appela les Tunisiens à les combattre.

A la fin de la guerre, les Français n'étaient guère disposés à engager des réformes en

A gauche, soldats alliés exhibant des preuves de la retraite précipitée des Allemands; ci-dessus, la précieuse base navale française de Bizerte.

Désespérant de trouver une solution politique, les nationalistes tunisiens suivirent alors l'exemple de leurs voisins algériens. Dès 1952, ils se réfugièrent dans les montagnes et lancèrent des opérations de guérilla contre les colons français. Des colons activistes fondèrent alors la Main rouge, organisation qui traquait les nationalistes, et qui fut notamment responsable de l'assassinat de Ferhat Hached, fondateur du syndicat l'U.G.T.T. Les violences et les victimes furent moindres en Tunisie qu'en Algérie — les *fellaghas* rebelles ne furent jamais plus de 3 000 — mais elles suffirent à convaincre le gouvernement Mendès France, en 1954, de demander au bey (mais non au Néo-Destour, qui fut tenu à l'écart) de former un nouveau gouvernement et d'entamer les négociations en vue de l'indépendance. Les interlocuteurs choisis furent tous des membres du «vieux parti»: le Destour.

Les données changèrent avec la chute du gouvernement Mendès France (son cabinet dut se démettre à la suite d'un débat sur l'Afrique du Nord à l'Assemblée), qui permit à Bourguiba de refaire surface. Il accepta que la France conserve la charge des affaires étrangères, de l'armée, de la police et de l'économie, concessions qui devaient engendrer des rivalités durables avec Ahmed ben Salah et Salah ben Youssef. Il s'avéra

L'indépendance

La France reconnut l'indépendance de la Tunisie le 20 mars 1956. Lamine Bey, alors âgé de soixante-seize ans, dut attendre encore un an avant de voir confirmée la déchéance d'une lignée vieille de plus de deux siècles.

Une assemblée constituante, dominée par les néo-destouriens (à la suite des premières élections organisées en Tunisie le 15 avril 1956), vota à l'unanimité l'abolition du beylicat le 25 juillet 1957 (depuis le début de la colonisation, cette institution ne jouait plus qu'un rôle symbolique) et proclama la

que Habib Bourguiba appartenait plus à une nouvelle aristocratie d'hommes de pouvoir (le fameux «clan de Monastir»), tandis que ses deux collaborateurs restaient fidèles au mouvement syndicaliste, à forte tendance socialiste, et à l'idéal pan-arabe.

Ahmed ben Salah cumula plusieurs fonctions au sein du gouvernement, mais il fut inculpé de haute trahison en 1970 et condamné à dix ans de travaux forcés; il réussit à s'évader au bout de trois ans. Salah ben Youssef, formant une armée rebelle dans le sud de la Tunisie, recourut à la lutte armée et au terrorisme. Il s'enfuit en 1956 et continua sa lutte contre Bourguiba depuis l'étranger. Il fut assassiné à Francfort en août 1961.

république. Habib Bourguiba devint le président de cette nouvelle république.

Des réformes d'inspiration occidentale furent mises en œuvre: enseignement obligatoire, égalité des sexes devant la loi, nouvelle législation économique et sociale... Mais, bientôt, le nouveau président fut confronté à une crise. Ainsi, ayant déclenché la crise de Bizerte, en 1961, parce que les Français refusaient d'évacuer leur base navale, il ne put éviter un affrontement qui coûta la vie à 1 000 Tunisiens. Mais Bourguiba réussit à surmonter les critiques sévères qui lui furent adressées et à souder son parti.

Il est encore trop tôt pour pouvoir juger l'homme Bourguiba et son gouvernement de la Tunisie indépendante. Les Occidentaux ne purent que se montrer méfiants envers le culte de la personnalité qu'il instaura: la rue principale de toutes les villes, cités et bourgades portait — et portent encore — son nom, on trouvait partout des statues et des portraits du président, on entendait sans cesse d'interminables louanges à la gloire d'El Moujahid el-Akbar, le «Combattant suprême», titre qu'il s'était attribué, et ses discours favoris étaient même rediffusés régulièrement à la télévision. Le colossal mausolée doré de Monastir ne fut jamais officiellement terminé, peut-être parce que cela symbolisait trop l'idée de sa fin. Vers la

cès. En diminuant l'influence de la loi islamique, afin que tous les Tunisiens, quelle que soit leur religion, puissent accéder à l'égalité juridique, il suscita le ressentiment de la ligne dure des musulmans. Ceux-ci lui en voulurent aussi d'avoir aboli la polygamie et accordé les mêmes droits à la femme qu'à l'homme en cas de divorce. L'amélioration des services de santé publique et de l'éducation entraînèrent un accroissement de la natalité et le développement d'une jeune génération aux ambitions de plus en plus élevées, que le développement d'une nation sans ressources pétrolières ne peut guère satisfaire.

fin de son règne, alors qu'il était plus que normal de se demander qui serait son successeur, faire acte de candidature aurait équivalu à un véritable suicide politique.

Bourguiba accomplit, malgré tout, beaucoup de choses. Il croyait qu'il avait devant lui une tâche immense — rien de moins qu'une véritable révolution sociale et économique — et il était sans doute persuadé qu'il était seul capable de la mener à bien. Par certains côtés, il fut victime de son propre suc-

A gauche, Habib Bourguiba et sa seconde femme Wasila; ci-dessus, cimetière où sont enterrées les victimes de la «crise de Bizerte», qui a fait 1 000 morts en 1961.

«Bourguiba, octogénaire, possède encore assez de prestige pour empêcher que le système qu'il a construit ne se désintègre complètement, écrivait l'historien Abun Nasr, *mais il a vu le déclin de ce système s'amorcer et sait que ses successeurs ne pourront y mettre un terme.»*

Peu après, on apprit que Bourguiba, qui n'avait pas fait d'apparition publique depuis des mois, avait consenti à se retirer discrètement. Il s'agissait en fait d'une sorte de coup d'État pacifique, mené dans la nuit du 6 novembre 1987 par le Premier ministre Zine el-Abidine Ben Ali qui, ayant réuni sept médecins, fit déclarer Bourguiba sénile. Ben Ali fut nommé président le lendemain.

LA TUNISIE MODERNE

Lorsque Zine el-Abidine ben Ali fut nommé président, le 8 novembre 1987, au lendemain de la destitution de Habib Bourguiba, il promit au pays une nouvelle ère démocratique. Ce sont là sans doute les paroles de la plupart des nouveaux chefs d'État un peu partout dans le monde, mais il ne s'agissait pas, dans le cas de la Tunisie, de parler à la légère. Le pays, qui sortait de trente ans de dictature, était prêt pour la démocratie.

Le changement s'était fait attendre, comme le montraient les signes d'agitation observables dans le pays, mais encore fallait-il réformer avec prudence. L'armée et la police restaient prêtes à intervenir au moindre débordement; quant aux fondamentalistes musulmans, ils demeuraient vigilants.

Les premières réformes

Fin novembre, le gouvernement de Ben Ali avait déjà pris des mesures qui laissaient entrevoir la sincérité du nouveau président. La liberté de la presse fut rétablie; la durée maximale de détention préventive limitée à six mois et celle d'emprisonnement sans autorisation du procureur de la République, à quatre jours. Au mois de mars, 5 000 prisonniers politiques avaient été libérés.

Peu après, le mandat présidentiel à vie, instauré par Habib Bourguiba, fut aboli et remplacé par des élections libres au suffrage universel, organisées tous les cinq ans. Il n'était désormais possible de cumuler que deux mandats, et l'âge limite des candidats fut fixé à soixante-dix ans (Bourguiba en avait quatre-vingt-quatre lorsqu'il fut destitué). Les effets de ces réformes demeuraient en réalité limités par de nombreux garde-fous. Cependant, grâce à un amendement du code électoral, et depuis les élections législatives de 1994, le parlement se compose de plusieurs partis, face à celui, largement majoritaire du Rassemblement constitutionnel démocratique (R.C.D.). Les partis politiques dont les objectifs étaient

Pages précédentes: marionnettes au «repos»; jeune vendeur de jasmin. A gauche, les moins de quinze ans représentent 40 % de la population du pays; à droite, le drapeau national tunisien.

«purement religieux, régionaux ou raciaux» n'étaient pas reconnus et ne pouvaient se présenter aux élections, afin de couper court aux activités du mouvement intégriste En-Nadha (la Renaissance).

Pour tenter d'atténuer les conséquences de ce régime électoral, le président Ben Ali fit des concessions mineures: ainsi, les prières furent de nouveau diffusées à la télévision, il fit baptiser la faculté de théologie du nom d'université Ez-Zeitouna, en hommage à l'ancien statut d'université coranique de la mosquée de la Zitouna à Tunis.

Il n'était pourtant pas aisé de réduire au silence les intégristes, qui jouissaient d'un

pouvoir énorme par l'intermédiaire des mosquées, qui sont le centre de chaque ville et de chaque village. Les imams étaient en contact direct avec le peuple, en particulier les masses pauvres et insatisfaites auxquelles la vie sur terre n'offrait guère de perspectives réjouissantes.

Habib Bourguiba avait bien compris leur rôle, qui ne cessait de les destituer, et le régime du président Ben Ali garda lui aussi un œil vigilant sur les *fatwas* (lors desquelles on consulte le mufti sur un point de droit musulman). Selon En-Nadha, plus de 70 imams furent déposés par le gouvernement en raison de leurs activités politiques. Le nombre de portraits du président dans les lieux publics s'est accru en proportion des difficultés que rencontrait Ben Ali...

La guerre du Golfe

La réaction du président tunisien à la guerre du Golfe, en 1990-1991, mit au grand jour la position délicate du gouvernement. Avant même que le conflit éclate, Ben Ali refusa de s'associer à la coalition alliée en Arabie Saoudite, bien que les États du Golfe (Arabie Saoudite et Koweït), la France et les États-Unis soient les plus généreux financièrement envers la Tunisie. Le roi Hassan II du Maroc fit envoyer 1 700 soldats à la frontière.

avait été le cas en 1986, lorsque Bourguiba s'était abstenu de condamner le bombardement de la Libye par les Américains. Il lui paraissait tout aussi incohérent de condamner subitement Saddam Hussein et de voir en lui un dictateur sanguinaire, alors que, depuis des années, toutes les nations arabes, y compris la Tunisie alors gouvernée par un Bourguiba très anti-iranien, avaient été soumises à une propagande pro-irakienne afin de soutenir l'effort de guerre contre l'Iran. Ben Ali tint bon, interdit la diffusion des reportages français sur la guerre, exprima sa sympathie envers les Irakiens et se contenta de fermer les écoles et les universités en vue

Ben Ali eut la sagesse de ne pas sourciller. Lorsqu'on passa à la phase offensive de l'opération Bouclier du désert, dont le nom de code était Tempête du désert, et que les Alliés commencèrent à bombarder intensément Bagdad, les manifestants pro-irakiens, scandant des slogans tels que « *Mitterrand assassin !* » (la colère des Tunisiens se focalisant sur le rôle de la France) et « *Saddam nous mourrons pour toi !* », défilèrent dans Tunis sans rencontrer d'opposition de la part du gouvernement.

Ben Ali eut l'habileté de comprendre que, s'il se montrait favorable aux « occidentaux infidèles », les fondamentalistes risqueraient de progresser à pas de géant, comme cela

de mater l'agitation civile. Les résultats ne furent toutefois guère probants. Sans compter les perturbations intérieures, les répercussions de la guerre furent fort néfastes pour le pays. Le tourisme, qui représentait un cinquième des revenus extérieurs de la Tunisie et employait 800 000 personnes, fut stoppé net ; quant aux exportations vers l'Irak, d'une valeur de 100 millions de dollars, elles furent suspendues pour une durée indéterminée. Face aux difficultés économiques, le danger était grand de voir de plus en plus de Tunisiens se tourner vers les fondamentalistes.

La réaction de Ben Ali surprit les diplomates occidentaux car, comme Bourguiba, il avait en général suivi une politique étrangère pro-occidentale et modérée. Mais il avait toujours été désireux de renforcer ses liens avec ses voisins arabes, en particulier du Maghreb, en proie à des querelles territoriales incessantes. En 1987, des relations furent rétablies avec la Libye, avec qui la Tunisie n'était pas en très bons termes depuis que, deux ans plus tôt, Kadhafi, accusé de tenter de saper le régime de Bourguiba, avait expulsé 30 000 travailleurs tunisiens.

En signe de leur nouvelle amitié, les deux pays acceptèrent de confier à la Cour internationale de justice le soin de définir les frontières du golfe de Gabès, riche en

Maghreb, sorte de marché commun nord-africain, composée de la Mauritanie, du Maroc, de l'Algérie et de la Tunisie, fut ratifiée à Alger. L'efficacité de cette association reste encore à démontrer. En effet, les membres ne reconnaissant pas leurs monnaies respectives, un Maghrébin qui voyage a tout intérêt à se munir de devises étrangères, dollars ou francs.

Le rétablissement des relations avec la Libye contribua à compenser les diminutions des flux de migration en direction de la France et de l'Italie. La France, qui compte environ 3 millions d'immigrés maghrébins, tend à «fermer» ses frontières. En 1989-1990, l'Italie,

gisements de pétrole, et conclurent un accord d'exploitation commune le 7 novembre 1987. Tunisiens et Libyens furent autorisé à venir vivre et travailler dans l'un ou l'autre pays. Très vite, les Libyens furent nombreux à venir passer leurs vacances en Tunisie et 30 000 Tunisiens trouvèrent un emploi dans les industries de services libyennes.

Le différend avec la Libye étant résolu, Ben Ali joua ensuite le rôle de médiateur entre le Maroc et l'Algérie, divisés par le conflit du Sahara occidental. En 1988, l'Union du Grand

A gauche, exposition en hommage à l'Union du Grand Maghreb; ci-dessus, l'un des nombreux portraits du président Ben Ali.

après avoir accordé une amnistie sous la forme d'un permis de séjour aux immigrés entrés illégalement, fixa des quotas pour les travailleurs étrangers aux pays de l'Union européenne et exigea des visas de tous les visiteurs nord-africains.

Le népotisme au pouvoir

Les possibilités d'emploi à l'étranger diminuant pour les jeunes, l'état du marché du travail tunisien devint une question prépondérante. Le pays, dont la prospérité fragile dépend du tourisme et du prix du pétrole, et qui reste vulnérable aux catastrophes naturelles (sécheresse, sauterelles), souffre en outre du népotisme. Bourguiba fut l'artisan de ce réseau de préférences familiales qui «gangrène» toute l'économie.

Avant l'indépendance, les idéaux égalitaires avaient été invoqués pour expulser l'occupant étranger; mais une fois ce but atteint, le régime renoua avec le règne absolu d'un seul homme. Les prérogatives du président rappelaient par bien des aspects celles des sultans de jadis. Presque tous ses proches conseillers étaient originaires de la même région du Sahel et beaucoup étaient des membres de sa famille. Ben Ali tenta de faire changer les choses, mais rencontra des résistances à l'intérieur du vieux parti,

portations augmentent et l'inflation reste basse (3% en 1999). En outre la Tunisie profite d'une envolée du tourisme : en 1998, on a recensé 5 millions de touristes.

En revanche l'éducation, censée former une nouvelle élite méritocratique, ne forme pas forcément *« des cadres indispensables au développement économique et social »*, selon l'expression du ministère de l'Information. Le nombre d'écoles secondaires a été multiplié par 13 depuis l'indépendance; le nombre de leurs professeurs est 18 fois plus élevé, il existe aujourd'hui six universités que fréquentent 44 000 étudiants, tandis que 12 000 autres font leurs études à l'étranger.

certains craignant de perdre leurs privilèges. Après l'élection de 1989, la composition du nouveau gouvernement était représentative, au moins géographiquement parlant, du pays tout entier et, pour une fois, comptait dans ses rangs de véritables experts.

Les élections de 1999 ont été pluralistes pour la première fois dans l'histoire de la Tunisie indépendante, mais le monopole du pouvoir politique était tel que la réélection de Ben Ali était assurée malgré tout. Le contexte économique du pays est très favorable depuis 1998 et l'accord d'association passé avec l'Union européenne, qui ouvre le pays aux importations, représente une véritable aubaine. Les ex-

Mais les nombreux individus instruits, dont certains ont étudié en Occident, s'ils restent privés de travail, risquent de constituer un péril plutôt qu'un atout, et de se laisser tenter par l'intégrisme. Le gouvernement craint l'influence de l'intégrisme dans les écoles et les universités, d'autant plus que l'Union générale des étudiants de Tunisie reste dominée par ce mouvement. Cette association, à en croire les autorités, exagère délibérément les problèmes d'infrastructure, de logement et de transport afin de gagner l'opinion à sa cause. Trois ans après avoir réhabilité l'université de la Zitouna, Ben Ali y fonda trois instituts supérieurs distincts, chargés de transmettre un enseignement laïc.

La faculté chargée d'enseigner la charia, la loi islamique, fut transférée dans d'autres locaux et isolée. Cette peur explique que c'est en matière de droits de l'homme que le régime est le plus souvent contesté, notamment par Amnesty International. Car il ne faut pas surestimer l'intégrisme tunisien ni le confondre avec les manifestations ordinaires de l'islam ; d'après En-Nadha, c'est ce que fait le gouvernement, notamment lorsque des fonctionnaires, surpris à prier sur leur lieu de travail, sont traités de fanatiques. Or, depuis 1988, ceux-ci sont autorisés à le faire cinq minutes deux fois par jour, entre 15 heures et 17 heures.

émaillées d'invocations telles que « *Bismillah* » (au nom de Dieu), qu'on prononce avant de manger ou de boire, « *Inch'Allah* » (à la volonté de Dieu), chaque fois qu'on exprime une intention ou un projet, et « *Hamdullah* » (Dieu soit loué), qui s'emploie presque tout le temps.

Les fêtes les plus importantes de l'année, comme l'*Aïd es-Seghir* (fin du Ramadan), l'*Aïd el-Kébir* (commémoration du sacrifice d'Abraham, où un agneau fut substitué à son fils), le *Mouled* (anniversaire du Prophète) et l'*Achoura* (fête célébrée dix jours après le nouvel an musulman), sont toutes des fêtes religieuses. Les fêtes familiales plongent leurs

L'Islam dans la vie quotidienne

En dehors de toute politique, l'islam joue un grand rôle dans la vie des Tunisiens dès le plus jeune âge. L'école coranique, sorte de jardin d'enfants où les petits apprennent à réciter le Coran dès quatre ans, est très appréciée des familles, qui considèrent qu'une solide connaissance du Coran constitue le meilleur guide de la vie qui soit. Les musulmans non pratiquants n'oublient jamais leur religion. Les expressions quotidiennes sont souvent

A gauche, les influences occidentales touchent à tous les domaines de la vie, ici le mariage; ci-dessus, une école coranique.

racines dans la religion: circoncision des garçons vers deux ou trois ans, retour d'un parent qui a effectué le *hadj* (pèlerinage à La Mecque). Seule une fraction de jeunes qui subissent l'influence de l'Occident fêtent les anniversaires. L'indépendance est célébrée par diverses fêtes nationales. Le 20 mars 1956 se double de la fête de la Jeunesse, qui symbolise le dynamisme de l'ère introduite par Ben Ali.

La Tunisie, sans être aussi célèbre pour sa culture que l'Égypte ou la Syrie, s'enorgueillit d'être le pays natal d'Ibn Khaldoun (1332-1406), grands historien arabe, le berceau de la musique *malouf* et la patrie de l'écrivain Abou el-Kacem ech-Chabbi (1909-1934).

LA PLACE DES FEMMES

Jusqu'en 1956, la législation tunisienne concernant le statut des femmes se fondait sur la charia, ensemble de lois islamiques tirées du Coran et des hadith (récits des paroles du Prophète, transmis oralement par ses compagnons et transcrits beaucoup plus tard) élaborées au cours du siècle qui a suivi la mort de Mahomet. A l'origine, ce statut se fondait sur le contexte de la vie dans le désert et du rôle des femmes de compenser par la procréation les pertes en guerriers. La loi sacrée en vigueur dans l'Arabie du VIIe siècle pouvait passer pour relativement évoluée: les femmes pouvaient notamment hériter et prétendre à une pension alimentaire.

Avec le temps, toutefois, des interprétations différentes et sélectives du Coran virent le jour. Les théologiens chargés d'établir la législation ne retinrent que ce qui leur convenait et firent en sorte de restreindre le plus possible les libertés des femmes. La tâche était d'autant plus aisée que les textes sacrés dénigrent fort souvent les femmes. *« Celui qui confie ses affaires à une femme ne connaîtra jamais la prospérité »*, a dit le Prophète. Aux maris, il conseille ceci : *« Demande son opinion à ta femme, mais fais le contraire. »* Dans une cour de justice, la parole d'un témoin féminin valait moins que celle d'un homme. En ce qui concerne la polygamie, on trouve certes une trace d'incitation à la modération dans le Coran (*« Des femmes qui te plaisent, épouses-en deux, trois ou quatre, et si tu crains de ne pouvoir leur faire justice, n'en épouse qu'une. »*), mais le Prophète semble avoir fait fi de ce conseil: il eut en tout 14 femmes et, dans les dernières années de sa vie, 10 en même temps. Enfin, pour terminer sur une anecdote, il disait de son petit-fils Hassan ibn Ali, qui avait eu 200 femmes, *« qu'il lui ressemblait au physique et au moral »*.

Il est étonnant que les lois sur les femmes définies par la charia n'aient pas évolué depuis 1 300 ans dans tous les pays islamiques, d'autant que la législation dans d'autres domaines, comme l'usure, activité que les musulmans ne pouvaient pratiquer selon la charia, a été adaptée aux besoins nouveaux.

En Tunisie, c'est un homme qui a fait changer les choses. L'ancien président Habib Bourguiba a fait entrer en vigueur le code sur le statut des femmes en août 1956, à peine cinq mois après l'accès à l'indépendance: cette décision n'était pas seulement audacieuse, elle était révolutionnaire. D'un seul coup, ce code abolissait la polygamie, instaurait une procédure juridique pour le divorce qui, pour la première fois, pouvait être demandé par l'un ou l'autre conjoint, et

fixait enfin un âge minimal pour le mariage, pour lequel le consentement de la future mariée, auparavant considéré comme une simple formalité, était désormais exigé. Le temps était révolu où les hommes pouvaient épouser jusqu'à quatre femmes ou divorcer en se contentant de répéter trois fois une simple phrase de répudiation devant l'*adil*, le juge religieux, ou vendre leurs fillettes pour de l'argent.

En instaurant ce code, Bourguiba tentait de moderniser le pays à pas de géant, ce qui ne fut pas sans susciter la colère des chefs religieux les plus rigoristes. Prévoyant la réaction, le président plaça un imam modéré à la tête de la mosquée de l'université de la

Pages précédentes: les femmes tunisiennes ne sont pas indifférentes à la mode; souk des Bijoutiers à Tunis; mariage traditionnel. A gauche, application du henné sur les mains d'une mariée; à droite, jeune fille en bikini représentative de la jeunesse de la côte est.

Zitouna, nomma l'un de ses parents, Abdelaziz Djait, au poste de mufti de Tunisie, expert religieux chargé des affaires légales, et remania la composition des tribunaux islamiques. Il parvint ainsi à retarder de plusieurs années l'affrontement avec les religieux, lesquels, entre-temps, s'étaient attaqués à d'autres problèmes. La Tunisie fut ainsi le premier État arabe à proscrire la polygamie. A ce jour, seule l'Algérie a suivi son exemple.

D'autres mesures en faveur des femmes ont été prises dans la droite ligne du code instauré par Bourguiba. Le président a encouragé la formation de l'Union nationale

qu'il qualifiait de *«chiffon odieux»*. L'idée avait déjà fait son chemin à l'époque coloniale. *«Il est impensable que la moitié de la population soit soustraite à la vie et dissimulée comme s'il fallait en avoir honte»*, déclara-t-il un jour sans ambages.

La campagne en faveur de l'abandon du voile trouva une avocate fort séduisante en la personne de Wasila Bourguiba, l'élégante (seconde) femme du président, qu'il avait épousée en 1961 après avoir divorcé d'une veuve de guerre française. La seconde madame Bourguiba ne cessait de faire la «une» des quotidiens et des magazines. Elle jouait un rôle prépondérant au sein de

des femmes de Tunisie (U.N.F.T.), qui lutta pour l'émancipation féminine. En 1957, les femmes obtinrent le droit de vote. Vers 1960, l'U.N.F.T. comptait 40 000 membres. L'information des femmes sur leurs nouveaux droits, l'ouverture de crèches, la promotion de l'éducation et du travail des femmes comptent parmi ses principales réalisations. Un programme suivi de maîtrise des naissances fut mis en place en 1961; enfin, l'avortement fut légalisé en 1967.

Menaces voilées

Tout au long de son mandat, Bourguiba tenta de dissuader les femmes de porter le voile,

l'U.N.F.T. et, semble-t-il, exerçait une forte influence sur son mari. Au bout du compte, elle n'échappa pas aux soupçons maladifs du président, dont la trahison était devenue l'obsession principale: il divorça d'avec elle peu avant d'être renversé.

Si la promulgation des nouvelles lois fut rapide, leur mise en œuvre fut beaucoup plus longue, surtout au sein des classes sociales les plus défavorisées. Les femmes issues de ce milieu ne s'empressèrent pas, tant s'en faut, d'exercer leurs nouveaux droits. Quelques années après l'octroi du droit de vote aux femmes, les statistiques démontrèrent que le nombre de femmes inscrites sur les listes électorales avait diminué. Pour les femmes berbères, en particulier, qui ont toujours dû assurer une grande part des travaux agricoles (ce sont ces femmes que l'on voit circuler, ployant sous d'énormes bottes d'*alfa*, dans les plaines de la région de Kasserine), l'ouverture du marché du travail n'avait guère d'intérêt. Néanmoins, le gouvernement affirme que le nombre de femmes travaillant dans les secteurs non agricoles a augmenté de 800 % depuis l'indépendance.

Le résultat est que les Tunisiennes travaillent plus dur que jamais. Elles sont employées dans les usines à des travaux non pénibles et dans le secteur de la tapisserie, auquel cas elles travaillent le plus souvent à prennent en général leur repas de midi à la maison et, en Tunisie, il n'existe pratiquement pas de plats tout préparés ; quant aux appareils électroménagers, ils constituent un luxe.

Le mariage

Le mariage reste le but ultime de toutes les jeunes filles. Une cérémonie de mariage traditionnelle dure jusqu'à quinze jours et consiste en un long prélude de fêtes — hommes et femmes étant séparés — qui s'achève par un banquet. La future mariée est le centre de la fête : maquillée, épilée,

domicile ; les plus instruites sont infirmières, professeurs ou employées de bureau. En plus de cette activité professionnelle, à l'exception des commissions, tâche traditionnellement réservée aux hommes (à l'origine afin d'éviter que les femmes ne sortent de la maison), les travaux domestiques incombent presque toujours aux femmes, bien qu'il soit courant, dans les familles les plus aisées, de faire appel à un employé de maison, homme ou femme.

Les tâches de la vie quotidienne sont d'autant plus nombreuses que les travailleurs

A gauche, à l'abri derrière le voile ; ci-dessus, l'archétype de l'émancipation.

parée de ses plus beaux atours, elle est entourée de femmes qui poussent de joyeuses clameurs. Ses pieds et ses mains sont ornés d'entrelacs méticuleusement tracés au henné par une femme chargée de mettre en valeur sa beauté et de l'informer de ses devoirs conjugaux — instruction qui dure parfois jusqu'à deux mois.

Les mariages sont prétexte à de grandes fêtes en Tunisie, comme d'ailleurs dans tous les pays arabes, mais ils n'ont pas de connotation religieuse. La cérémonie du mariage est une simple démarche civile. L'islam a une vision assez pragmatique du mariage, il est vrai que l'amour conjugal ne doit jamais passer avant l'amour de Dieu.

LE MALOUF

Malouf signifie «habituel» ou «accoutumé». En Tunisie, c'est le nom qu'on donne à la tradition musicale importée par les réfugiés andalous juifs et musulmans, fuyant la reconquête chrétienne de l'Espagne entre le XIIe et le XVe siècle.

Une musique venue d'Espagne

On trouve les premières traces de cette musique au IXe siècle, lorsque le grand musicien Ziryab fut chassé de la cour de Bagdad par son maître et rival, Ishaq al-Mawsili. Ziryab se réfugia à Cordoue où il jeta les bases d'une école de musique arabe aux accents nettement andalous qui prospéra dans le riche contexte artistique et culturel de l'Espagne mauresque.

De nos jours, la musique andalouse est représentée au Maroc, en Algérie, en Tunisie et en Libye par quatre traditions nationales, qui reflètent chacune une évolution différente. En Tunisie, les musiciens tendent à dissimuler les origines andalouses du *malouf*, soutenant que leur musique s'est depuis transformée selon une tradition authentiquement tunisienne. Pendant la lutte pour l'indépendance, le *malouf* devint le symbole de l'identité nationale et, dans ses publications, le ministère des Affaires culturelles l'appelle «l'héritage culturel tunisien».

Le *malouf*, c'est avant tout des chants entrecoupés de morceaux instrumentaux servant d'introductions ou d'interludes. Les textes des chants appartiennent aux formes poétiques dites du *muswashshah* et du *zajal* et font appel tant à l'arabe littéraire qu'à l'arabe dialectal tunisien. Contrairement à la musique, qui s'est perpétuée grâce à la tradition orale, les poèmes étaient consignés dans des recueils spéciaux, les *safaīn*, littéralement «réceptacles». Ils exaltent l'amour romantique, la nature, le plaisir du vin et de l'ivresse.

La musique reflète en général la structure des poèmes, divisés en strophes: chaque vers est chanté sur la même mélodie, mais l'air du refrain, bien que souvent très proche, est différent. Comme dans toute la musique arabe, le *malouf* possède une tradition mélodique très évoluée qui se fonde sur un système d'échelle complexe; outre le ton et le demi-

ton de la musique occidentale, elle comporte un intervalle neutre qui peut être variable.

La plupart des morceaux de musique *malouf* se divisent en treize répertoires appelés *nubat*, représentant chacun un mode mélodique particulier, ou *maqam*. Dans chaque *nuba*, toutes les pièces, sauf l'introduction instrumentale, se fondent sur l'un des cinq modèles rythmiques caractéristiques du *malouf*, qu'on enchaîne selon un ordre établi. Avec ses mélodies répétitives, son architecture rythmique et métrique, son peu de contraste tonique, la *nuba* est plutôt statique qu'animée, méditative plus qu'exploratrice, comparable par ses effets aux motifs

ornementaux souvent répétés des arts plastiques arabes.

La *nuba* se joue rarement en entier; les musiciens ne choisissent qu'une partie d'un répertoire. Une représentation dure une demi-heure tout au plus.

Musique populaire et religieuse

Jusqu'à l'indépendance, la musique *malouf* se jouait surtout dans les villes du nord et du littoral. C'était une tradition authentiquement populaire, qui appartenait au peuple tout entier et non à un groupe social particulier. Elle était principalement diffusée et pratiquée par des confréries soufis, organisations communales religieuses sans classes, dont les cérémonies faisaient appel à la musique et à la danse. Celles-ci devaient aider à atteindre à certains états spirituels pouvant s'achever par des transes. Certaines confréries jouaient la musique *malouf* en plus de leurs répertoires religieux, à titre de distraction, soit en interprétant les textes profanes de façon allégorique, soit en leur substituant des textes sacrés. On jouait le *malouf* après les cérémonies publiques, afin de calmer les participants, et tous frappaient dans leurs mains et chantaient ensemble.

En dehors de ces confréries, la musique *malouf* était jouée par des musiciens profes-

bendir (un tambour), une *darbouka* (tambour en forme de vase), des *nagharat* (paire de petites timbales) ou un *tar* (tambourin); le nombre et le choix des instruments dépendaient des traditions de la confrérie. Dans les milieux plus raffinés, la musique *malouf* était jouée par un chanteur soliste et de petits ensembles instrumentaux, utilisant traditionnellement un *rebab* (violon à deux cordes), un *oud* (luth arabe), des *nagharat* et un *tar*. Au XXᵉ siècle, des instruments du Proche-Orient tels que le *qanoun* (cithare trapézoïdale à cordes pincées) et le *nay* (flûte de bambou) ont fait leur apparition, ainsi que des instruments européens à sonorités fixes

sionnels dans les cafés et lors de fêtes religieuses ou familiales, en particulier les mariages. Ces musiciens étaient toujours juifs ou membres des classes inférieures, car les préceptes islamiques interdisent aux autres musulmans de jouer en public.

Dans les confréries, on n'employait pas les instruments mélodiques; seuls restaient le chant et les percussions. Un ensemble soufi typique se composait ainsi d'un chœur d'hommes qui frappaient dans leurs mains, accompagnés par des instruments tels que le

Pages précédentes: musiciens de Nefta. A gauche, la tradition musicale tunisienne est encore bien vivante; ci-dessus, transe soufie.

comme l'harmonium ou la mandoline. Chaque soliste interprétait les mélodies à sa façon et improvisait des ornementations.

Le malouf moderne

Aujourd'hui, la musique *malouf* est jouée le plus souvent par de grands ensembles instrumentaux et vocaux, qui comprennent en général plusieurs violons, parfois un ou deux violoncelles, une contrebasse et même un accordéon, un choix variable d'instruments arabes traditionnels et des chœurs mixtes.

Le modèle qui inspira ce type de formation est l'association Rachidia (du nom du prince Muhammad el-Rachid Bey), fondée en 1934 à Tunis, la même année que le parti Néo-Destour. Le nouvel ensemble souhaitait préserver et promouvoir la musique tunisienne face à l'influence croissante des musiques égyptiennes et étrangères, popularisées par des vedettes et par la radio.

Par une ironie du sort, l'ensemble Rachidia était inspiré à la fois de l'orchestre symphonique occidental et des groupes égyptiens contemporains, à ceci près que les instruments à sonorités fixes, incapables de produire l'intervalle neutre de l'échelle arabe, en étaient exclus, condition qui n'a pas toujours été respectée par les imitateurs. La musique *malouf* fut transcrite dans la notation occidentale afin d'en standardiser l'interprétation; du coup l'improvisation disparut pratiquement. Enfin, on ajouta un chef d'orchestre chargé de coordonner les musiciens et chanteurs devenus fort nombreux. Subventionnés par l'État, tant avant qu'après l'indépendance, l'ensemble Rachidia devint le porte-parole officiel de la musique *malouf* et le passage obligé des meilleurs musiciens tunisiens. Au lendemain de l'indépendance, les confréries soufis tombèrent en disgrâce. Le gouvernement mit un terme à leurs activités; la promotion de la musique *malouf* fut reprise en main par le ministère des Affaires culturelles. Les musiciens abandonnant leurs confréries, le gouvernement fonda dans tout le pays des clubs amateurs de *malouf* inspirés du Rachidia. La musique était notée par écrit et distribuée aux nouveaux ensembles, se substituant ainsi aux interprétations régionales. Aujourd'hui, un cycle de cours, de festivals et de concours est couronné chaque année par le festival international de *malouf* de la ville de Testour, où les meilleurs groupes tunisiens rivalisent avec des ensembles venus du Maghreb, du Proche-Orient et d'Espagne.

Malgré les efforts du gouvernement pour les décourager et les faire oublier, on peut encore entendre des groupes traditionnels de *malouf*, dans les fêtes telles que les mariages, ou, contre toute attente, dans les hôtels modernes. L'État se montrant plus indulgent envers les soufis, certaines confréries ont repris une partie de leurs activités et ont même recruté de nouveaux membres. A Tunis, certains des plus brillants musiciens continuent à jouer du *malouf* dans le privé, en compagnie de leurs parents et amis, en petits groupes, et à improviser sur des ornementations personnelles.

L'ARCHITECTURE: DES CAVERNES AUX PALAIS

Tout le monde connaît déjà, peut-être sans le savoir, les plus anciennes habitations de Tunisie, les cavernes troglodytiques. C'est en effet le village troglodyte de Matmata, au sud du pays, près d'une région de collines à la limite du désert, qui a servi de décor au film *La Guerre des étoiles*. Il est formé de plusieurs excavations circulaires de près de 9 m de diamètre, dans les parois desquelles ont été creusées des maisons souterraines.

Il serait faux de croire que ce type d'habitat traduit le mode de vie primitif de paysans frustes, ayant peine à tirer leurs revenus d'une terre aride. Bien au contraire, ces cavernes artificielles s'avèrent remarquablement adaptées au climat; leur température reste égale et agréable tout au long des journées torrides et des nuits froides.

Ce type d'habitation est aussi remarquablement bien adapté au relief de ces régions: ainsi, le village de Chenini, où des alvéoles ont été excavées dans la falaise. A Ghoumrassen, la plupart des habitations troglodytiques ont été délaissées au profit de maisons modernes construites au fond d'une vallée, petites demeures cubiques d'accès facile, les habitants n'ayant plus à se méfier des tribus nomades en maraude.

Les luttes entre nomades et sédentaires, entrecoupées de périodes de paix fragile, ont trouvé leur expression architecturale dans les ksour (pluriel de ksar), ou greniers fortifiés, comme on peut encore en voir à ksar Ouled Debbab et à ksar Haddada. Le ksar, à la fois refuge et grenier clos, est constitué de cellules appelées ghorfas, dans lesquelles on engrangeait les récoltes et où on habitait temporairement pour se protéger des nomades. Les ghorfas ne sont jamais isolées et forment de véritables villages groupés autour de cours intérieures.

Rectangulaires, faites de boue et de pierre, les ghorfas sont érigées côte à côte et étagées les unes au-dessus des autres. Elles comprennent deux pièces, l'une donnant sur l'intérieur du ksar, l'autre sur l'extérieur, et un toit

Pages précédentes: ensemble de ghorfas. A gauche, construction en brique à Tozeur; à droite, sur une colline, le village de Tamezret près de Matmata.

voûté. Elles ressemblent tant à des cavernes que les ghorfas de Médenine, qui ont jusqu'à six étages, et auxquelles on accède par des escaliers vertigineux, ont perdu leur fonction première de greniers et sont désormais transformées en habitations.

Toits plats et toits pointus

La voûte en berceau des ghorfas, grossièrement construite au-dessus d'un sol de terre recouvert de nattes, est l'un des principaux éléments de l'architecture tunisienne traditionnelle, au même titre que le toit plat soutenu par des poutres ou le toit pointu à tuiles.

Le pays est ainsi divisé en deux, le premier type étant en usage dans le sud, région sèche, le second se retrouvant jusqu'en Algérie, dans les collines plus humides du nord-ouest. Cette division climatique se double d'une différence culturelle qui ne se limite pas à l'architecture: elle concerne aussi les modes de vie traditionnels, qui varient beaucoup selon les régions.

La «bataille des toits» est aussi historique. Le toit plat domine les médinas jusqu'à Tunis, héritage d'une antique civilisation urbaine arabe; pourtant la capitale a, elle aussi, ses toits pointus, reflets de l'influence marocaine qui s'est fait sentir à partir du XIIIᵉ siècle. Les toits pointus de Sidi-Bou-

Saïd, au bord de la mer, et de Testour, à l'intérieur des terres, sont directement issus de l'Espagne musulmane. Là est la clef de l'énigme. Certes, le choix des toitures a été influencé par les conditions climatiques à l'époque carthaginoise et romaine, mais la bataille a surtout fait rage à l'époque de l'arrivée de l'islam.

Les mosquées

L'islam est omniprésent. En Tunisie, comme dans les autres pays islamiques, son influence dans le domaine de l'architecture n'a pas seulement marqué les mosquées ou les

l'entourent, bien qu'elle fût par ailleurs construite pour asseoir le prestige du califat de Samarra, en Irak, rappellent l'origine militaire de cet édifice. Elle a en fait l'aspect d'une vaste forteresse dominée à une extrémité par une tour. Si on ignore la coupole qui surmonte cette dernière, et qui est un ajout tardif, et si on oublie son nom de minaret, qui évoque bien entendu la prière, on devine aisément, au vu des parapets crénelés et des meurtrières, qu'elle dut en effet avoir un rôle défensif.

Le grande cour de la mosquée, où se réfugiait jadis le peuple, était alimentée en eau par des citernes souterraines reliées à un col-

demeures, toutes privilégiant l'intimité et le repli sur soi, mais aussi la façon dont sont regroupés les édifices.

La plus ancienne et la plus sacrée des mosquées tunisiennes, la Grande Mosquée de Kairouan, fut construite en vue de répondre aux besoins spirituels d'une ville déjà développée. Dans le cas de Tunis, la ville s'étendit, dans un second temps, autour de sa Grande Mosquée.

Kairouan fut fondée en 670 pour servir de base stratégique aux envahisseurs arabes. La construction de la Grande Mosquée fut achevée au IXe siècle, sur un site qu'occupaient plusieurs mosquées plus anciennes, au centre de la ville. Les murs massifs de brique qui

lecteur en marbre situé au centre de cette même cour. Elle était à la fois un lieu de rassemblement, où le *cadi* — le juge — rendait justice, et où les docteurs de la loi instruisaient leurs disciples. L'immense salle de prière aux nombreuses colonnes, face au minaret, est orientée du nord au sud dans le sens de la largeur. La nef s'étend depuis une première coupole qui surmonte l'entrée jusqu'à un deuxième dôme érigé en avant du mihrâb, niche orientée vers La Mecque, et que l'on trouve dans toutes les mosquées.

Toute l'architecture de la mosquée est marquée par ce mélange de puissance et de grâce: les grands murs d'enceinte enferment de délicates colonnades sans fin érigées tout autour de la cour et, dans la salle de prière, de multiples rangées de piliers raccordés entre eux par des arches, souvent construites à partir d'anciennes colonnes romaines. Ces colonnades indépendantes ne sont reliées entre elles que par des poutres peintes supportant tout le poids du grand toit plat. A Tunis comme à Cordoue, dans le sud de l'Espagne, les premières réalisations architecturales arabes sont ainsi faites d'éléments fragiles, protégés et mis en valeur par un extérieur puissant.

Kairouan cessa de jouer le rôle de capitale au XIe siècle. En fait, Il n'y a qu'à Tunis et à Sfax qu'on peut apprécier la mosquée dans

Palais en ruine

Les souverains musulmans de la Tunisie ont laissé peu de palais derrière eux. A Tunis, seul le palais du Bardo, siège de la dynastie husaynide déposée en 1956, qui abrite l'Assemblée nationale et le Musée national, donne encore une impression de grandeur. Les ruines les plus spectaculaires par la taille sont celles du palais de la Mohammedia, sur la route de Tunis à Zaghouan. Mais cet édifice, assez peu élégant, du XIXe siècle est loin de pouvoir rivaliser avec le palais du Mahdi, à Mahdia, qui devint la seconde capitale musulmane de la Tunisie au Xe siècle à l'insti-

son contexte, au cœur de la cité qu'elle «nourrit» spirituellement. Le minaret de la Zitouna, la Grande Mosquée de Tunis, date de la fin du XIXe siècle, mais le reste de l'édifice est contemporain de la mosquée de Kairouan. La Zitouna est entourée par les souks de la cité, cœur de la vie commerciale. La Zitouna, qui devint l'une des grandes universités du monde musulman, a toujours soutenu les intérêts mercantiles qui ont joué un rôle important dans la civilisation islamique, derrière les fastes et les richesses des émirs.

A gauche, le ribat de Sousse; ci-dessus, le Dar Ben Abdallah à Tunis, palais du XVIIIe siècle.

gation de 'Ubayd Allah, fondateur de la dynastie fatimide.

Mahdia, située sur le promontoire du cap Afrique, devait en effet devenir la capitale des musulmans chiites (Kairouan étant celle des musulmans orthodoxes: les sunnites). Un mur d'enceinte massif entourait la cité à l'architecture raffinée, mais les luxueux palais ont tous disparu. La grande porte de la ville, la Skifa el-Kahla, est maintenant équipée de pièces d'artillerie; quant à la mosquée, détruite, elle a été entièrement rebâtie selon les plans originaux. Sanctuaire royal, elle était aussi le bastion chargé de défendre l'endroit le plus vulnérable des remparts. La Grande Mosquée de Sousse, surplombant et protégeant le port, joua au IXe siècle le même rôle défensif. Par ailleurs, Les murs de Sousse recèlent un joyau architectural, un ribat, monastère fortifié jadis gardé par des soldats qui défendaient la côte nord-africaine à la fin du VIIIe siècle. Il s'agit d'une petite forteresse aux lignes simples de forme carrée, érigée sur deux étages. Par ailleurs, L'édifice est flanqué d'un *nador*, ou tour de guet.

Avec son puits central, le ribat répondait à la fois à des objectifs militaires et religieux: une salle de prière se trouve au premier étage, au-dessus du porche d'entrée; quant au dôme qui surmonte le mirhâb, il évoque une tour militaire. Les *mourabitin*, les com-

battants qui l'occupaient, formèrent bientôt une communauté d'ermites qui, désormais, ne livraient plus que des combats spirituels.

A Monastir, le ribat originel fut agrandi et transformé en forteresse militaire au XIe siècle; les autres ribats, le long de la côte, sont tombés en ruines. Néanmoins, les *mourabitin* survécurent et adhérèrent au mysticisme musulman, le soufisme, arrivé d'Orient au XIIe siècle. Le soufisme leur permit de jouer de nouveau un rôle important dans la société. Les zaouïas, cellules dans lesquelles ils s'installèrent, se transformèrent peu à peu en sorte de monastères. En général, les zaouïas étaient édifiées aux abords de la sépulture du fondateur et comprenaient

mosquée, école, réfectoire, lieux d'habitation et d'hébergement. Elles étaient financées par les dons des fidèles. On trouve à Tunis une zaouïa fondée au XVe siècle près du mausolée de Sidi Kacem el-Zilliji, fabricant de tuiles peintes, mais plus prestigieuses sont celles qu'ont laissées les princes qui cherchaient à léguer à la postérité des monuments plus durables que leurs palais. Tunis abonde en zaouïas, mais la plus intéressante à visiter est la zaouïa de Sidi Sahab à Kairouan, reconstruite au XVIIe siècle par le bey de Tunis. On en trouve également beaucoup à Nefta, dans le sud. La plupart du temps, les sépultures des saints, surmontées d'une coupole, se dressent solitaires et sont des lieux où les fidèles viennent prier et faire des offrandes, et dont le rôle est de veiller sur le village et ses habitants. Ces tombes, appelées marabouts (du nom de ces hommes, les *mourabitin*), vont du simple édifice tel que l'on en voit à l'entrée de la vallée de Ghoumrassen, jusqu'aux constructions élaborées de Menzel Temime au cap Bon.

On peut remarquer sur les marabouts la coupole ou koubba, venue d'Orient à la même époque que le mihrâb — à partir du VIIIe siècle — , mais qui ne s'imposa que plus tard, au XVIe siècle. La mosquée de Sidi Mahrez à Tunis, par exemple, est construite dans le style des mosquées à coupoles d'Istanbul. Ailleurs, la coupole cohabite avec des toits de tuiles de tradition maure.

A partir du XVIIe siècle, les styles baroque et rococo venus d'Italie s'imposèrent, comme il est possible de le constater avec le Dar — palais — Ben Abdallah et la mosquée de Hammouda Pacha à Tunis. Son minaret octogonal élancé contraste avec la tour carrée de la Zitouna qui, avec ses grillages en bois, est une copie des minarets d'Algérie, eux-mêmes dérivés de la Koutoubia de Marrakech et de la Giralda de Séville, mais d'un style moins raffiné. Le mélange des styles est porté à son paroxysme avec le palais du Bardo, véritable musée en lui-même. Construit au milieu du XIXe siècle, destiné à être la vitrine de tous les arts et artisanats des provinces tunisiennes, il reste, sur le plan architectural, aussi fascinant que les splendides mosaïques romaines qui y sont exposées.

A gauche, une cour du Bardo à Tunis; à droite, plafond d'un ancien palais de Kairouan.

LA FAUNE ET LA FLORE

Dans le nord, des forêts giboyeuses abritent sangliers et daims; dans le sud, à une journée de voyage, commencent les étendues semi-désertiques, couvertes d'une végétation pauvre et rase, et les chotts encroûtés de sel qui annoncent les oasis et les dunes du Sahara.

La faune du désert

La tombée de la nuit sur le Grand Erg oriental marque le début d'une grande chasse nocturne. Les scarabées du désert, semblables à de minuscules cuirassés, se fraient un chemin dans le sable, laissant derrière eux des traces infimes. Gerboises et gerbilles, petits rongeurs, émergent de leur terrier et guettent avec méfiance la présence possible d'un fennec, renard aux oreilles démesurées et à l'ouïe extrêmement fine. A l'aube, les traces des prédateurs, les restes de cadavres, en disent long sur les événements de la nuit...

Les scarabées du désert, s'ils parviennent à échapper à leurs prédateurs, offrent un étonnant exemple d'adaptation au rude milieu désertique. Ils sont capables de survivre presque deux ans sans se nourrir et leurs élytres abritent des poches d'air qui les protègent de la chaleur. Ces conditions de vie extrême ont nécessité une adaptation de la faune en général: les arachnides de la région (dont les scorpions, le désert tunisien ayant le triste privilège d'accueillir les plus venimeux d'entre eux) sont ainsi capables de résister à la chaleur et à la déshydratation grâce aux épaisses cuticules qui les protègent.

La plupart des animaux du désert sont nocturnes; le jour, ils se cachent afin d'échapper à la canicule et aux vents desséchants.

La flore du désert

Les feuilles de la plupart des plantes sont des épines qui permettent de réduire au minimum les pertes d'eau. Le palmier dattier des oasis est l'arbre du désert par excellence, parce qu'il peut supporter d'être en partie enfoui sous le sable, grâce à son réseau de

Pages précédentes: scarabée du désert. A gauche, gros plan sur une sauterelle; à droite, un insecte prudent enfoui dans le sable.

racines qui va chercher l'eau très profond. Les précipitations sont rares et violentes; soudain en crue, les oueds arrachent souvent la végétation, qui doit être solidement enracinée pour résister, comme le laurier-rose. Ces pluies brèves et violentes sont pour beaucoup d'espèces végétales l'occasion d'entamer le cycle reproductif, qui doit se dérouler dans un laps de temps très court. En une nuit, des graines restées en attente depuis des années peuvent germer, les plateaux nus et arides se couvrent alors de couleurs, éphémère et magnifique printemps.

Dans les régions des chotts, à l'aridité vient s'ajouter le problème de la forte teneur en

sel du terrain. L'eau, sous ce climat, ne s'écoule pas mais s'évapore et laisse à la surface des dépôts minéraux qui forment une croûte saline. Dès lors, beaucoup de plantes de la région, comme la salicorne, sont halophytes, c'est-à-dire qu'elles supportent de très fortes concentrations de sel.

Les sols pauvres ne permettent pas la formation d'une couverture végétale dense: l'alfa ne pousse ainsi qu'en buissons clairsemés. Les plantes se livrent un rude combat pour satisfaire leurs besoins en eau et en sels minéraux. Dans les régions semi-désertiques, on trouve principalement des tamaris, des genêts et une plante appelée chou-fleur. Les petits mammifères comme les gerboises creusent volontiers leurs terriers au pied de ce végétal. En plus de ces espèces régionales, on a introduit des végétaux originaires d'Australie afin d'enrichir le terrain. Les acacias, dont les fleurs jaunes en forme de petites boules rappellent celles des mimosas, favorisent, par exemple, l'enrichissement en azote du sol. L'eucalyptus, dont on dit qu'il aide à combattre les moustiques porteurs de la malaria, a également été acclimaté; dans toute la Tunisie, on peut voir des routes bordées de ces arbres dont l'écorce pèle de façon caractéristique.

Les régions côtières étaient autrefois très boisées. Aujourd'hui, les principales forêts

également dans le désert et les oasis, où ils voisinent avec des libellules qui fréquentent les canaux d'irrigation des palmeraies.

Dans les terrains sableux, on observe parfois de petites dépressions coniques marquant la présence des fourmilions qui y cachent leurs larves. Les proies glissent le long des parois pentues du cône jusqu'au fond où l'insecte les dévore.

Les terrains plus pierreux sont le lieu de prédilection des sauterelles. La couleur terne de leur corps leur permet de se confondre avec le sol, mais l'intérieur des élytres, brillamment coloré, déconcerte les prédateurs tels que la mante religieuse du désert.

sont celles des environs de Tabarka et d'Aïn Draham, dans le nord-ouest. Une végétation basse de maquis (genêts, bruyères arborescentes, myrtes aromatiques) et, au printemps, de nombreuses fleurs, dont des orchidées, alternent avec des forêts de chênes-lièges, de pins d'Alep et de chênes Kermès.

Les insectes

On trouve en Tunisie une grande variété d'insectes. Dans le nord du pays, à la belle saison, les forêts et les prés fleuris abritent de nombreuses espèces de papillons parfois rares, dont le sphinx caille-lait. Il en existe

Reptiles et amphibiens

Il en existe plus de 80 espèces en Tunisie. Il peut paraître insolite de trouver des grenouilles et des crapauds dans des régions semi-désertiques, mais il est probable qu'ils sont arrivés à une époque où le climat et la végétation étaient différents.

Parmi les reptiles, le caméléon est sans doute le plus apprécié, et on en fait souvent un animal familier. Il existe au nord du Sahara une espèce de lézard qui se nourrit de végétaux et d'insectes, qui peut atteindre 50 centimètres et qu'on chasse pour sa chair; une autre espèce, qui peut mesurer jusqu'à un mètre, fréquente les dunes, dans les zones où le sable est ferme, et y chasse d'autres lézards et des petits mammifères. Il existe enfin une espèce de serpent venimeux, la vipère à cornes, qui s'enfouit en général dans le sable pendant la journée, souvent sous les bosquets de tamaris.

Les oiseaux

La Tunisie constitue une étape pour les oiseaux migrateurs. Ils viennent s'ajouter aux espèces domestiques déjà nombreuses.

Le lac Ichkeul, près de Bizerte, reste le refuge privilégié des oiseaux aquatiques de Méditerranée occidentale, avec la Camargue

volent en formant un V. Les autres espèces aquatiques sont les canards à tête blanche, les sarcelles d'hiver et d'été, les canards souchets, les canards pilets et chipeaux.

Les échassiers, aigrettes, hérons, flamants roses, chevaliers gambettes, avocettes, glaréoles à collier, bécasseaux minutes, échasses blanches et barges à queue noire fréquentent les rivages ; dans les roseaux se cachent le blongios nain, espèce de très petit héron, et la discrète poule sultane au plumage chatoyant.

Les environs du lac abritent de très nombreuses autres espèces d'oiseaux, notamment des faucons et des vautours.

et la région de Coto Donana, en Espagne. Ce beau lac, dont les berges se parent en été de glaïeuls et de soucis sauvages, accueille ainsi en hiver près de 150 000 oiseaux, qui viennent se nourrir dans ses eaux peu profondes où ils trouvent en abondance invertébrés et végétaux.

Des colonies entières de canards siffleurs, de fuligules milouins et de foulques noires couvrent la surface de l'eau, tandis que le ciel retentit des clameurs des oies cendrées qui

A gauche, moro-sphinx: petit sphinx court et trapu de la famille des sphingidés; ci-dessus, le lac Ichkeul, refuge des oiseaux migrateurs venus d'Europe.

Avec un peu de chance, il est possible de voir une espèce rare, le rouge-queue de Moussier, au plumage noir, rouge et blanc ; il affectionne les terrains broussailleux du sud du pays et de la région de Dougga. Les régions semi-désertiques, en raison de la rudesse de l'habitat, offrent une variété moins étendue d'oiseaux. Les espèces de prédateurs, notamment les pies-grièches grises ou à tête rousse et les milans prédominent. Mais, très souvent, on ne voit qu'un seul petit oiseau, le cochevis huppé.

Dans les oasis, beaucoup d'oiseaux, notamment le moineau du désert, viennent se nourrir de graines d'alfa. Les oiseaux migrateurs les plus courants sont les pouillots véloces, les guêpiers, les bergeronnettes et les gobe-mouches.

Les mammifères

Il n'est pas facile d'observer les mammifères en Tunisie. Les forêts abritent des sangliers, toujours recherchés par les chasseurs, ainsi que des hérissons, des lièvres, des genettes, des chats sauvages et des renards.

Au sud, le désert est l'habitat du fennec et de petits rongeurs tels que gerbilles et gerboises, qui se cachent pendant la journée. Tout au plus peut-on espérer entrevoir un chacal détalant dans les bois ou, dans le

désert, une gerboise qui s'enfuit, soulevant un petit nuage de sable.

Faune sous-marine

La Tunisie est située au carrefour des bassins occidental et oriental de la Méditerranée. Le pays a une superficie maritime d'environ 164 000 km² et un littoral d'une longueur d'environ 1 250 km.

Les eaux de la côte septentrionale, baptisée côte de Corail, sont agitées et profondes. Au large de ce littoral rocheux et découpé, on pêche toujours le corail ; les amateurs de plongée sous-marine peuvent y observer de nombreuses espèces de porcelaines et de

belles limaces de mer multicolores. Sur cette côte, Tabarka, petit port de pêche de 10 000 habitants, est réputé pour la richesse de ses fonds marins. On peut y voir des sars, des daurades, des dentés, des liches et des cigales. Le long des roches se trouvent des murènes et des poulpes. Aux endroits où l'eau est plus fraîche, évoluent des mérous qui peuvent peser jusqu'à 50 kg.

Il vaut également la peine de signaler qu'à 80 km, au large de Tabarka, l'île de La Galite abrite une colonie de phoques moines (certains mesurent jusqu'à 2 m de long), dont la présence sous cette latitude est surprenante. Cette île est un site classé et protégé.

Contraste étonnant, au sud-ouest, s'étend le littoral sablonneux du golfe de Gabès, aux eaux peu profondes et chaudes (en moyenne 14 °C en février et 24 °C en juillet), qui abritent de nombreuses espèces animales et végétales (anémones de mer, oursins, éponges, etc.). Par ailleurs, douze espèces de thon vivent dans les eaux du golfe de Gabès, mais aussi des rougets et d'importantes quantités de crevettes royales.

On peut aussi signaler que les eaux qui baignent l'île de Djerba accueillent pas moins de 80 poissons différents parmi lesquels des requins-marteaux, des roussettes, des raies, des anguilles et des murènes, des mulets, des rougets, mais aussi des espadons.

Les lacs

Enfin, ce tableau de la faune et de la flore tunisiennes ne serait pas complet si l'on omettait de parler des lacs de la région de Bizerte (évoqués rapidement au cours du passage sur les oiseaux). La superficie du lac de Bizerte, qui communique avec la mer, est de 15 000 km². La conchyliculture y est aujourd'hui la principale activité. On continue néanmoins d'y pêcher principalement des daurades et des soles.

Dans le lac Ichkeul (12 000 ha), qui communique avec le lac de Bizerte, on trouve surtout des anguilles, des soles et des loups. Enfin, les eaux du lac de Ghar el-Melh (3 000 ha), situé à l'extrémité nord-ouest du golfe de Tunis, accueillent le même type de poissons.

A gauche, nacré, papillon caractérisé par ses taches argentées au-dessous de ses ailes ; à droite, flamants roses.

Skikda
Annaba
Tabarka
Menzel Bourguiba
Bizerte
Golfe de Tunis
Kerkouane
Utique
Mateur
Carthage
Ain Draham
Sidi Bou Said
MTS. DE LA MEDJERDA
Béja
Hammam Lif
Kelibia
Lac Fetzara
Kelibia
Guelma
Bou Salem
Testour
Menzel Temime
Ghardimaou
Bulla Regia
Menzel Bouzelfa
Djendouba
Medjez El Bab
Tunis
Constantine
Ain-Hassainja
Mejerda
Dougga
Thuburbo Maius
Korba
Souk-Ahras
O.
El Kef
Thuburbo Maius
1295
Nabeul
Ain Fakroun
El Fahs
Dj. Zaghouan
Hammamet
Ain Beïda
Dahmani
Makhtar
Siliana
O. Siliana
O. Miliane
Golfe de Hammamet
Khenchela
Kalaat-Khasba
Sebkha Kelbia
Sousse
Monastir
Dj. Chélia
2326
Tebessa
1712
Hadjeb El Aïoun
Dj. Trozza
997
O. Zeroud
Mahdia
Ksour-Essaf
Dj. Doukane
Dj. Chambi
Sbeitla
Sebkhet de Sidi El Hani
El Djem
Taberdga
1544
Kasserine
DE TEBESSA
MONTS
Thelepte
Sidi Bouzid
Djebel-Onk
TUNISIE
Sfax
I. Chergui
MTS. DES NEMENTCHAS
Maknassy
ILES KERKENNA
ALGÉRIE
Gafsa
Sebkhet En Noual
I. Gharbi
Tamerza
Betlaoui
926
Dj. Hadifa
579
Skhira
Golfe de Gabès
Chott el Gharsa
Dj. Berda
Nefta
Tozeur
Chott el Fedjaj
El Hamma
Gabes
Houmt Souk
El Qued
Chott el Djerid
Kebili
Matmata
DJERBA
El Faouar
Zarzis
Medenine
Birhet el Bibane
Rass Ajdir
Dj. Djedaria
220
Beni Kheddache
Ben Guerdane
Zuwarah
Ksar Ghilane
Tataouine
Al Watiah
GRAND ERG
Remada
ORIENTAL
Shakshuk
Borj Bouguiba
Kabaw
Bir-Ezzobas
Nalut
LIBYE
Sinâwan

Mer Méditerranée

La Tunisie
80 km/ 50 miles

ITINÉRAIRES

La beauté de ses côtes a valu à la Tunisie sa réputation touristique : les Européens sont tombés amoureux de ses plages, et l'on s'y rend aussi bien pour passer des vacances en famille que pour faire provision de soleil avant de retrouver les rigueurs de l'hiver. Financièrement, la Tunisie reste une destination abordable. Elle attire surtout une clientèle pour qui l'exploration du pays, la plage mise à part, se limite à une partie de golf ou à une séance de plongée sous-marine organisées par leurs hôtels plutôt luxueux.

Les plages, qui s'étirent tout le long de la côte orientale, des criques sablonneuses du cap Bon aux lagons opalins au large de l'île de Djerba, près de la frontière libyenne, ne sont que l'aspect le plus connu du pays. Les visiteurs curieux, pour peu qu'ils s'aventurent hors des sentiers battus, découvriront, bien loin des endroits les plus fréquentés par les touristes, tout ce que la Tunisie a de meilleur à offrir — les rencontres avec ses habitants, ses paysages, son âme.

A 80 km à peine des stations balnéaires se dressent les ruines romaines les plus vastes du monde et pourtant les moins visitées ; un peu plus loin vers le nord s'élèvent les rudes montagnes de Kroumirie et les vallées fertiles de la Medjerda, terrain privilégié pour les randonneurs ; à la même distance, au sud, derrière les palmeraies, s'étendent les vagues de sable du Grand Erg oriental, point de départ d'expéditions transafricaines. Sur des distances relativement moyennes, le pays offre ainsi un contraste extraordinaire de paysages qu'il est possible de parcourir et de découvrir en une semaine environ.

La Tunisie est riche d'un passé historique passionnant : ainsi la cité de Kairouan, qui fut la première capitale du pays et, aux yeux des musulmans orthodoxes, la plus sainte des villes après Jérusalem. Tunis recèle des trésors, avec sa médina du IXe siècle encore à demi tournée vers le Moyen Age, sa cité nouvelle à l'architecture coloniale, qui mêle les styles arabe contemporain et français un peu désuet, le tout marqué d'influences italiennes.

Tunis offre tous les avantages d'une ville moderne : d'excellents restaurants, une grande variété d'hôtels aux architectures diverses, des transports efficaces. Toutefois, ce qui est plutôt rare pour une capitale, le centre de la ville est éclipsé par les faubourgs et les environs : à quelques kilomètres des boulevards bordés d'arbres se dresse le palais du Bardo, qui abrite la plus belle collection de mosaïques romaines hors d'Italie ; plus loin s'élèvent les ruines de l'antique Carthage et, au bord de la mer, le village perché de Sidi-Bou-Saïd, l'un des plus pittoresques de toute la Méditerranée.

Pages précédentes : la ville de Sousse vue du ribat ; le port de Mahdia, principal port de pêche de Tunisie ; le long du chott el-Djérid ; une plage déserte, ou presque...

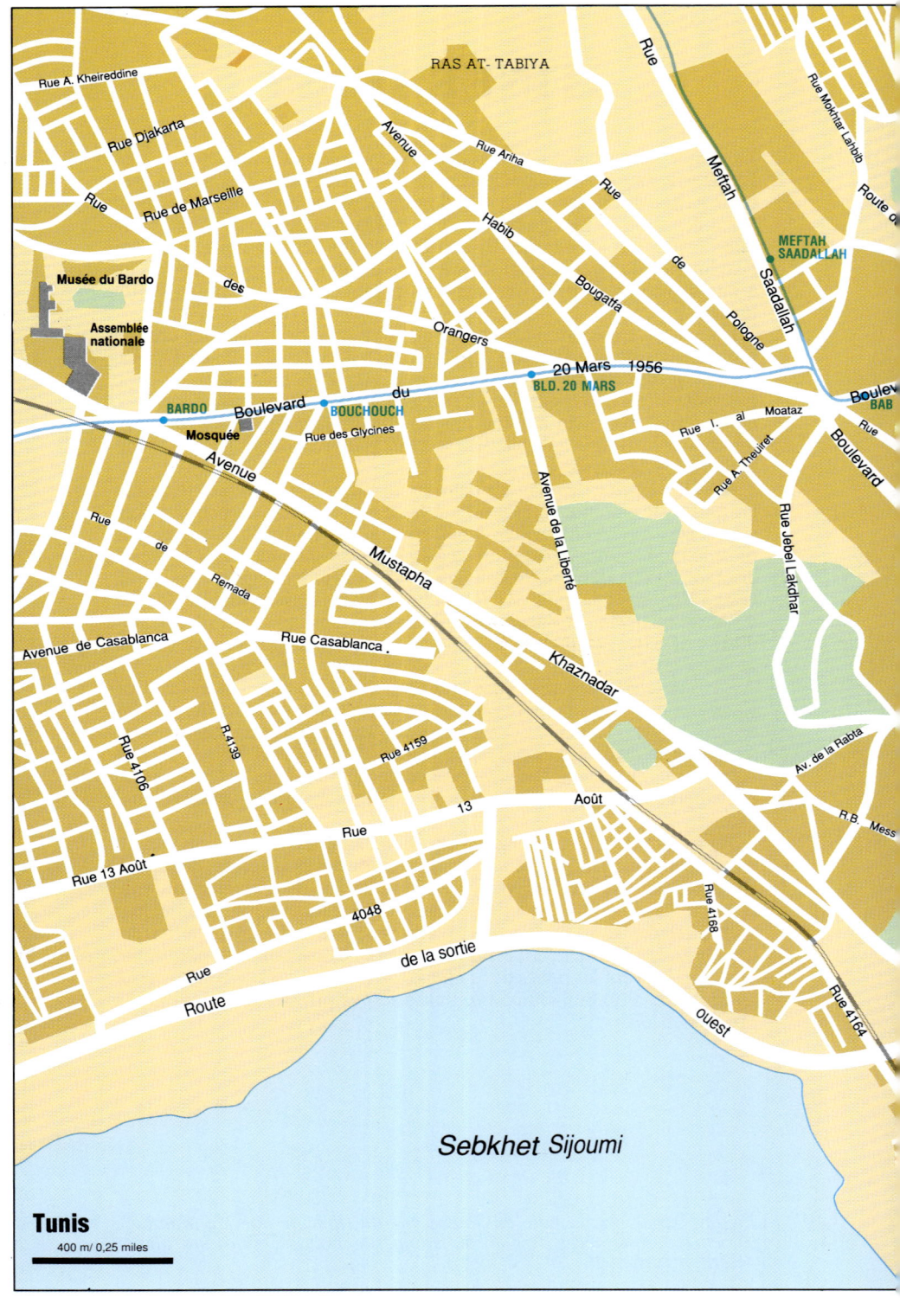

PARC DU BELVÉDÈRE

ZOO

Jeanin

PASTEUR

MONTPLAISIR

MOHAMMED V

Rue d'Irak

LAFAYETTE

Rue de l'Inde

Marché

Avenue Ouled Haffouz

BAB EL KHADRA

Avenue Bechir Sfar

BAB EL KHADRA

RUE DU TRAIN

Avenue de Lyon

Avenue de Madrid

Pl. Palestine

R. Souk bel Khir

Zaouia al Bokria

EL HALFOUINE

Rue H. Errmimi

Rue du Miel

Bab Saadoune

BAB SOUIKA

Mosquée Sidi Mahrez

Avenue de Londres

Pl. de la République

Avenue de Ghana

PALAIS DES CONGRES

PARC HABIB THAMEUR

R. des Djerbiens

Rue Ahmed Bayran

Rue Gandhi

Rue Pierre de Couberin

Avenue Mohammed V

R.S.Brahim

EL HAFSIA

Pl. Bab Carthajana

Rue des Glaciers

Avenue Habib Thameur

Avenue de Paris

R. de la Hafsia

Rue Sidi Mehrez

R. Zarkoun

R. de Tanneurs

Office du tourisme

Gare T.G.M.

1938

Rue Sidi Ben Arous

Pl. de la Victoire

R. Mongi Slim

Djemma Zitouna

Place 7 Novembre

Avenue 7 Novembre

Av. de France

Rue de la Kasbah

Mosquée Hamouda Pacha

Grande Mosquée

R. Tourbet

Marché central

R. d'Allemagne

Rue de Yougoslavie

Avenue

FARHAT HACHED

Farhat Hached

Port de Tunis

du 2 Mars 1934

Mosquée de la Kasbah

Dar el Bey

Mosquée Youssef Dey

Blvd. Bab

Rue el Bey

Rue el Bey

Ave Gamel Abdel Nasser

Rue Charles De Gaulle

PL BARCELONE

Avenue de Carthage

Rue Ali Darghouth

Avenue de la République

BAB MENARA

Mnara

Tourbet el Bey

Musée Dar ben Abdallah

Rue el Djazira

Rue Sidi

Rue el Bey

Gare Barcelone

Rue I. Khaldoun

du Réservoir

Rue Tahar

Municipalité

Avenue Bab Jedid

BAB DJAZIRA

Rue des Teinturiers

R. d'Algérie

Rue Sidi el Bab el Falla

Avenue Moncef Bey

Rue d'Italie

Boulevard du 9 Avril 1938

Rue Ali Riahi

Avenue Ali Trad

MONTFLEURY

Rue Bechir

BAB ALLEOUA

Voie 24

TUNIS

Tunis est une agglomération forte d'environ 1,6 million d'habitants (la ville intra-muros compte environ 870 000 habitants) qui regroupe un cinquième de la population du pays. Elle arrive bien loin devant la deuxième ville du pays, Sfax, et écrase littéralement Sousse, la troisième. La langue de terre qui s'étend de La Goulette à Gammarth est aujourd'hui une riche banlieue; Hammam-Lif, station balnéaire dominée par les collines boisées du Djebel Bou Kornine, au sud, présente un aspect moins harmonieux en raison de l'implantation d'industries.

Naissance d'une capitale

La cité ne joua qu'un rôle mineur au tout début de l'histoire tunisienne. Tunês, petit port cédé aux émigrants phéniciens, passa en 814 av. J.-C. sous la domination de Carthage. Il fallut

Pages précédentes: à l'intérieur d'un café du souk des Chéchias à Tunis. A gauche, le minaret de la Zitouna; ci-dessous, la rue Charles-de-Gaulle.

attendre des siècles après l'invasion arabe pour que se dessinent les grandes lignes de la future capitale: les Aghlabides reconstruisirent la grande mosquée au IXe siècle et, en 1237, la dynastie des Hafsides, désireuse de développer un commerce prometteur avec l'Europe en plein essor, quitta Kairouan, qui avait été fondée plus pour des raisons religieuses que pour l'intérêt du site, et transféra la capitale à Tunis.

Après quelques années de domination hafside, Tunis devint le centre du commerce en Méditerranée. La ville fut agrandie, des souks furent construits autour de la grande mosquée, des remparts érigés. A la suite des vagues de persécutions religieuses en Espagne, qui devaient culminer avec l'Inquisition, les juifs et les musulmans andalous, réputés pour leur culture raffinée, s'enfuirent en Afrique du Nord, notamment à Tunis où ils ajoutèrent une nouvelle composante à une population déjà cosmopolite (des marchands vénitiens, pisans et génois s'étaient établis dans la cité). Ils contribuèrent par ailleurs à faire prospérer l'agriculture, l'architecture, les arts et l'artisanat.

Avec le déclin de la dynastie hafside à la fin du XVe siècle, la Tunisie affaiblie devint une proie facile pour les envahisseurs. Le golfe de Tunis servait de zone tampon entre les deux grandes puissances adverses, Turcs et chrétiens, et la cité fut occupée à plusieurs reprises par les Espagnols. En 1574, la Turquie, qui gouvernait déjà Tripoli et Alger, plaça la Tunisie sous la domination ottomane afin de mettre fin aux incursions chrétiennes et régler au passage quelques vieux comptes.

Confrontée à des difficultés plus pressantes dans les Balkans et en Asie Mineure, la Turquie laissa la Tunisie relativement libre, et sa domination devint rapidement théorique. Toutefois, la culture ottomane exerça une grande influence. A Tunis, beys et deys rivalisaient de munificence et de magnificence. L'architecture turque prédominait dans les mausolées, mosquées, palais et demeures qu'ils bâtirent, et même les édifices plus anciens furent souvent rénovés ou reconstruits dans ce style qui, vers le XVIIe et le XIXe siècle, tendait nettement à s'européaniser. La meilleure illustration en est peut-être le palais du Bardo, reconstruit par Muhammad al-Saduq en 1882, qui allie les style maure, turc et italien.

Les Français arrivèrent en 1881 et s'installèrent en dehors de la vieille ville, entre les murs de la médina et le **lac de Tunis**, plan d'eau intérieur donnant sur le golfe de Tunis qui, à l'époque, selon Alexandre Dumas, pullulait d'oiseaux de toutes espèces, dont des flamants roses.

Contrastant avec les ruelles sinueuses et les impasses de la médina, les rues tracées par les Français sont des avenues et des boulevards bien rectilignes qui partent de l'avenue Habib-Bourguiba et se coupent à angle droit. Tous les bâtiments administratifs furent transférés dans la ville moderne et le rôle de la médina déclina.

Une ville moderne et vivante

La statue équestre de l'ancien président Habib Bourguiba, qui se dressait autrefois sur l'ancienne place de l'Afrique, aujourd'hui **place du 7-Novembre**, est tombée en disgrâce. Déplacée à La Goulette, lieu où Habib Bourguiba arriva d'exil, elle fut remplacée par une horloge, symbole du temps et du travail, après le changement de régime. C'était le reflet d'une exaspération après 31 ans de pouvoir mais, depuis, le souvenir de l'ancien président est toujours empreint de respect et son œuvre totalement reconnue.

Provisoirement appelée avenue du 7-Novembre, l'artère principale de la ville, qui rejoint Bab el-Bahr (porte de la Mer) et la médina, est redevenue l'avenue Habib-Bourguiba.

Les arbres plantés tout le long de l'avenue, sur le terre-plein central, abritent des étals de fleuristes et des kiosques à journaux qui rappellent ceux de Paris, où l'on trouve *Elle* voisinant avec *Jeune Afrique*, et où *le Monde* et *Es-Sabah* sont empilés côte à côte. L'avenue est très marquée par les influences françaises. Les principales banques, les bureaux de Tunis Air, le

L'avenue de Carthage la nuit.

ministère de l'Intérieur, sévèrement gardé, et la haute tour de l'hôtel Africa Méridien côtoient la **cathédrale catholique Saint-Vincent-de-Paul** et l'**ambassade de France**.

Entre ces imposants édifices, toute une foule de commerces, rôtisseries aux odeurs alléchantes, boutiques de sandwiches et pâtisseries désuètes, se sont ménagé une petite place. Il n'y a ni tables ni chaises ; ici on consomme debout, ce qui peut contrarier le visiteur fatigué, mais qui convient tout à fait aux flâneurs du soir dont le principal souci est de voir et d'être vus. De chaque côté de l'avenue, vers le nord et le sud, partent des rues où se trouvent des commerces, hôtels, restaurants et quelques boîtes de nuit discrètes. La vie de la cité moderne se concentre aujourd'hui dans ce quartier qui se substitue à l'ancienne médina.

La médina

La médina de Tunis

Au lendemain de l'indépendance, on tenta de conférer à nouveau une importance au moins symbolique à la **médina**, en installant le bureau du premier ministre et le ministère des Affaires étrangères dans le **Dar el-Bey**, ancien palais beylical, derrière la grande mosquée. D'autres palais et grandes demeures furent transformés en musées ou abritèrent désormais le siège des organismes culturels tunisiens, ce qu'avaient déjà commencé à faire les Français. Le **Dar Ben Abdallah**, au sud de la médina, fut transformé en **musée des Arts et Traditions populaires**. Le **Dar Hussein** est devenu **l'Institut national d'archéologie et d'arts** : il ne se visite pas, mais les employés permettent aux touristes de jeter un coup d'œil dans la cour intérieure.

L'Association de sauvegarde de la médina, chargée de diriger la restauration des quelque 700 monuments historiques de ce quartier, est installée dans le **Dar Lasram**, palais de la fin du XIXe siècle, dans la rue du Tribunal. Après des années d'abandon, la tâche était colossale. Des familles s'étaient installées dans les mausolées et les

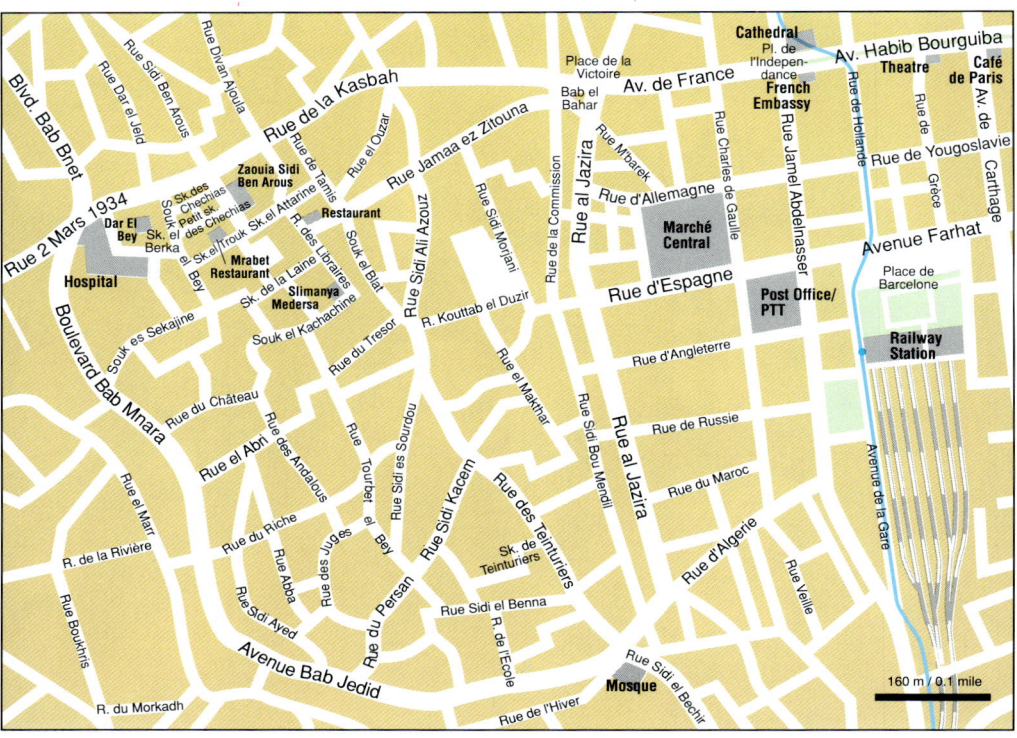

médersas ou en avaient prélevé les pierres magnifiques afin d'embellir leurs propres demeures. Le **musée Sidi-Bou-Khrissan**, rue Ben-Mahmoud, tout près du **souk des Selliers** (souk es-Sarrajine), est exemplaire à cet égard. Dans la cour de ce musée lapidaire, où l'on peut visiter le **mausolée** de la brève dynastie des Khorassanides (XIe siècle), les poulets picorent et le linge de la famille des gardiens sèche sur le fil.

L'association acquiert peu à peu tous les édifices importants sur le plan architectural et les restaure avec un bonheur variable. Une chose, toutefois, reste impossible : la préservation des commerces et des activités médiévales. C'est tout juste si on reconnaît que les rues de la médina sont encore des souks. L'animation est au rendez-vous, mais l'artisanat traditionnel est submergé sous une avalanche d'objets de pacotille.

La visite de la médina de Tunis n'est peut-être pas aussi étonnante et fascinante que celle de Fès. On n'y voit pas de mules chargées de ballots de menthe odorante ou de peaux fraîchement tannées, tandis que leurs propriétaires se fraient un chemin au cri de « *balek !* » (place !). Toutefois, elle mérite d'être visitée.

La visite de la médina

A partir de Bab el-Bahr, aujourd'hui **porte de la Mer**, ancienne porte de ville désaffectée de l'époque hafside, qui se dresse sur la **place de la Victoire** dominée par l'**ambassade du Royaume-Uni**, deux rues débouchent dans la médina : la **rue de la Kasbah** et la **rue Jama ez-Zitouna**.

La visite commence par la **rue des Libraires**, à gauche de la rue Jama ez-Zitouna, juste avant d'arriver à la mosquée. Elle ne possède plus que deux librairies, mais on y trouve trois petites médersas (établissements d'enseignement religieux musulmans) du XVIIIe siècle, dans lesquelles étaient autrefois hébergés les étudiants de la Zitouna. La **médersa du Palmier** (le n° 11, qui a une porte cloutée de couleur jaune), doit son nom au grand palmier qui pousse dans la

Parfumeur du souk el-Attarine.

cour. Elle est particulièrement belle. On peut visiter toutes les cellules qui donnent sur cette cour. Certaines ont été décorées de bureaux, de tableaux noirs et de boîtes de craies, mais cela n'aide guère à se figurer le mobilier d'origine. La **médersa Bachiya**, au n° 27, en face d'un agréable café et la **médersa es-Slimaniya**, qui fait l'angle, ont toutes les deux été construites par Ali Pacha Ier au milieu du XVIIIe siècle.

De l'autre côté de la rue des Libraires, au n° 30, se trouve le **hammam Kacha-chine** (réservé aux hommes), non loin, la **Bibliothèque nationale** de la rue Jama ez-Zitouna, vers laquelle on retourne afin de se diriger vers la grande mosquée: **mosquée de la Zitouna** (*Djama ez-Zitouna*) ou «mosquée de l'Olivier». Elle aurait été édifiée à l'endroit où poussait un olivier géant.

La grande mosquée

L'histoire de la **grande mosquée** a débuté en 732, quand les Omeyyades décidèrent de construire à cet endroit un lieu de prière. Elle fut transformée en mosquée en 864 par les Aghlabides, puis agrandie et remaniée au fil des siècles; ce rythme de construction est d'ailleurs typique des grandes mosquées dans les villes importantes. Les noms des architectes successifs sont inscrits sur les coupoles. La grande mosquée de Tunis arrive au deuxième rang, en âge et en prestige, après celle de Kairouan, même si, aux yeux du profane, elle peut paraître plus ancienne, sa restauration étant moins récente. En fait, au contraire de ce que les travaux de restauration pourraient laisser supposer, la grande mosquée de Kairouan est l'archétype de l'architecture arabe antique: elle est très simple, fonctionnelle et possède de toute évidence un rôle défensif. Les non-musulmans ne peuvent visiter la **salle de prière** de la Zitouna; s'il est possible d'entrevoir de loin l'intérieur de celle de Kairouan, cela est en effet interdit à Tunis, et il faut se contenter d'admirer la cour.

Sous la dynastie hafside (1229-1574), la Zitouna fut un centre d'études isla-

La fabrication des tapis réclame beaucoup de minutie.

THERMES, BAINS ET HAMMAMS

Le point commun à toutes les civilisations qui ont colonisé la Tunisie avant l'occupation française est peut-être l'importance qu'elles ont accordée à l'hygiène. Les Carthaginois sont certes plus réputés pour leurs sacrifices d'enfants, mais sait-on qu'ils possédaient un système sanitaire sophistiqué qui leur venait des Grecs ? On a ainsi retrouvé dans les ruines carthaginoises de Kerkouane, modeste colonie du cap Bon, des salles de bains fort bien conçues dont les vastes baignoires confortables, joliment revêtues d'un ciment imperméable coloré en rouge, rappellent ces baignoires sabot que l'on trouve dans certains hôtels vieillots de Tunis.

Ce sont néanmoins les Romains qui ont élevé l'art du bain au rang de cérémonie sociale. Experts en plomberie, ils consacrèrent beaucoup de temps et d'efforts à perfectionner leurs installations d'alimentation en eau, de chauffage et de drainage, et furent les premiers à exploiter les sources thermales de Korbous, sur les côtes du cap Bon, de Hammam-Bourguiba, près d'Aïn Draham, et de Gafsa et Kebili dans le Djérid. Leurs thermes publics se

transformèrent en complexes de plus en plus raffinés, comprenant des vestiaires, des salles chaudes et froides, des piscines, dont une d'eau glacée, une palestre ou gymnase et, parfois, car il fallait bien satisfaire tous les goûts, on construisait tout près une bibliothèque, voire une maison de tolérance, comme l'atteste le plan des fondations de l'antique Thugga.

Les envahisseurs arabes accordaient eux aussi une grande importance à l'hygiène, car le Coran impose un grand nombre de rites de purification. Il stipule, en effet, que le fidèle doit se laver tous les orifices, les mains, les pieds et les cheveux avant de prier (cinq fois par jour), de lire ou de réciter des versets. Sinon la prière n'a pas de valeur. Les ablutions se font de nos jours dans l'intimité du foyer, mais cela n'a pas toujours été le cas: chaque cour de mosquée comporte ainsi une fontaine. Si, par hasard, le fidèle n'a pas d'eau à sa disposition, il est en droit de mimer les ablutions en utilisant du sable ou une pierre ; on voit ainsi des gens, lors de longs trajets en autobus, caresser une pierre.

L'équivalent arabe des thermes romains est le hammam, ou bain de vapeur, présent dans toutes les médinas tunisiennes, car peu de foyers disposent d'une salle de bains. Le hammam fut perfectionné par les Turcs qui lui ajoutèrent toutes sortes d'accessoires de luxe comme ces socques de bois à hauts talons, les *nahn*, que les femmes raffinées portaient encore il y a peu. Les grandes villes possèdent de nombreux hammams, dont les plus modernes sont signalés par des pancartes en français et en anglais, mais beaucoup restent des endroits discrets qu'on repère à un simple tas de bois empilé à l'extérieur. Dans certains villages, il n'y a qu'un seul hammam, avec des jours spéciaux réservés aux hommes et aux femmes. Comme dans la tradition romaine, le hammam est aussi un lieu de rencontre. Avant un mariage, il est courant que la famille loue le hammam local et y invite ses amis pour prendre un bain commun avant les festivités. Pour les femmes, le hammam est un peu l'équivalent du café.

Lorsqu'on a réussi à pénétrer dans l'enceinte (les hammams réservés aux hommes et situés près des mosquées n'admettent pas toujours les non-musulmans), on se retrouve dans un vestiaire qui mène aux salles faiblement éclairées, baignées de vapeur, aux températures différentes. On donne au client un seau d'eau pour se rincer. Les femmes utilisent en outre toutes sortes d'accessoires, dont une éponge râpeuse, la *loofah* et des préparations à base de henné rouge et de savon noir.

Le hammam des femmes est très animé (la plupart des femmes emmènent avec elles leurs petits enfants), plus austère est celui des hommes. Dans chaque hammam, il est habituel de se faire masser, mais jamais on ne sent ni gêne ni impudeur.

miques réputé. Après l'indépendance, près de 15 000 étudiants, originaires de toutes les régions de Tunisie, y étudiaient, même si l'élite de la capitale préférait le collège Sadiki où leurs enfants recevaient une éducation plus polyvalente. Néanmoins, les imams de la Zitouna continuaient d'exercer une grande influence sur l'opinion publique, ce qui desservit plus d'une fois Bourguiba avec lequel ils étaient en fréquent désaccord. Le président Ben Ali prit soin de leur faire quelques concessions: peu après son arrivée au pouvoir, il rendit à la Zitouna son statut d'université théologique que Bourguiba lui avait retiré lors de la vague de laïcisation des années soixante.

Comme dans toutes les cités arabes fondées au Moyen Age, les rues voisines de la grande mosquée abritaient des souks spécialisés dans les produits de luxe; les artisanats moins «raffinés» et polluants, tels que la teinture et la tannerie, étaient relégués aux confins de la ville. Les familles riches et anciennes s'établissaient toujours aux environs de la grande mosquée et de ses souks, non seulement pour des raisons religieuses et parce que ces quartiers étaient plus animés, mais parce qu'ils étaient en hauteur, l'environnement y était donc plus salubre. Les Andalous, arrivés entre le XIIIe et le XIVe siècle, occupaient les rues situées plus au sud (ainsi la rue des Andalous, au sud-ouest) ou beaucoup plus au nord. A leur arrivée, les Turcs s'approprièrent la plupart des demeures qui entouraient la grande mosquée. Aujourd'hui, les classes aisées ont migré vers la banlieue, mais on peut retrouver des traces de leur ancien habitat. Pour localiser les souks et les palais, il est conseillé de consulter le plan en faïence sur le mur face à la grande mosquée.

Les souks

On s'engage dans le **souk de la Laine**, qui longe le côté est de la mosquée. Ancien marché de la laine, il est fréquemment envahi par les marchands du souk des Orfèvres tout proche, dont l'activité est toujours florissante. De là,

A gauche, femmes se rendant aux bains; ci-dessous, les chéchias étaient parmi les produits tunisiens les plus exportés.

on tourne à gauche dans le **souk des Femmes**, où les femmes viennent acheter le tissu blanc ou crème dont elles font leurs *sifsaris*. On traverse le **souk du Coton** puis le **souk el-Kouafi**, et on pénètre dans le dédale du **souk des Orfèvres**.

Revenant sur ses pas, on reprend le souk el-Kouafi pour tourner à gauche dans le souk el-Leffa, ou **souk des Tapis**. Dans ce quartier est installé un filou dont la réputation n'est plus à faire ! Il attire ses «proies» en leur promettant une vue panoramique depuis le toit en terrasse de son magasin de tapis, mais rares sont ceux qui parviennent à ressortir sans avoir acheté un des articles ostensiblement exposés lorsqu'on redescend de la terrasse. Cependant, il vaut la peine d'essayer.

On trouve sur ce toit (la médina abonde en terrasses aménagées de la sorte) un véritable pastiche de l'histoire tunisienne : des arcades recouvertes de mosaïques diverses ont été mélangées à des fragments de colonnes romaines pour former une sorte de ruine arabo-romaine. Çà et là, quelques jarres sont astucieusement disposées. L'effet est original, sinon authentique, et la vue alentour est superbe.

Du souk el-Leffa on peut s'engager dans le **souk el-Berka**, ancien marché aux esclaves de Tunis, sur lequel on vendait au XVIIe siècle les chrétiens capturés par les pirates barbaresques et qui n'avaient pas pu payer une rançon pour retrouver leur liberté, ainsi que des Noirs du Soudan. Les esclaves étaient parqués dans des enclos avant d'être vendus aux enchères ; on les faisait alors monter sur une estrade qu'on appelait la «cage». Le marché aux esclaves et le bureau du *caïd el-berka*, son administrateur, furent fermés en 1841 par Ahmad Bey, si désireux de s'attirer les faveurs de l'Europe qu'il était prêt à renoncer à l'impôt qu'il prélevait sur ce commerce.

Le souk aboutit à la **mosquée Sidi Youssef** qui date du XVIIe siècle et dont le minaret octogonal témoigne des influences turques. L'édifice domine sur la droite le souk el-Trouk, ou **souk des Turcs**, où travaillaient autrefois les tisserands et les tailleurs turcs. Ce souk recoupe le **souk des Étoffes**, l'un des plus anciens de la médina, jalonné de gracieuses colonnes rouges et vertes.

On continue tout droit dans le prolongement du souk el-Trouk pour entrer dans le souk el-Attarine, ou **souk des Parfumeurs**, qui longe le mur ouest de la mosquée. Dans ce souk, qui remonte au XIIe siècle, on peut encore admirer quelques échoppes originales, peintes en vert et or, encombrées de flacons et de jarres d'encens. De là, on tourne à gauche dans la rue el-Jelloud, puis dans la petite impasse Echmmahia, près du **souk el-Blaghjia**. Ici se trouve la **médersa Echmmahia**, première médersa d'Afrique du Nord, fondée au XIIe siècle et reconstruite en 1647, qui abrite le **Tourbet de la princesse Aziza Othmana**, morte en 1646, réputée pour sa charité et sa générosité. Le principal hôpital de Tunis, près du Dar el-Bey, porte son nom. Ce site était occupé par des particuliers jusqu'à ce que l'Association de sauvegarde de la médina en fasse l'acquisition. Richement décoré, ce mausolée abrite vingt-quatre membres de la famille du bey Othman.

Porte du Dar Othman, palais que fit construire le bey Othman vers 1600.

On peut ensuite tourner à gauche dans la rue de la Kasbah. A l'angle, on aperçoit la **mosquée de Hammouda Pacha**, à la façade de marbre rose caractéristique. Hammouda Pacha el-Mouradi fut le troisième bey de Tunisie. Sa mosquée, construite en 1655, et son **mausolée** se distinguent par l'originalité de leur style : on peut y admirer notamment des arcades aveugles, des motifs géométriques, et remarquer la recherche de symétrie dans la décoration. Le mausolée a inspiré celui de la famille Bourguiba à Monastir.

On prend ensuite à gauche la **rue Sidi-Ben-Arous**, du nom du saint homme qui au XVe siècle introduisit en Tunisie la branche mystique de l'islam, le soufisme. On trouve dans cette rue plusieurs petites zaouïas et mosquées. Dans cette rue débouche le **souk des Chéchias**. Dans ce grand souk ombreux, couvert de voûtes, l'un des plus fascinants de la médina, chaque boutique est composée d'un magasin avec son comptoir en bois et d'un atelier dans lequel on peut voir des artisans occupés à mettre en forme

et à carder les chéchias en laine rouge. Toujours portées de nos jours par les hommes âgés, les chéchias furent les couvre-chefs favoris des classes privilégiées de toute l'Afrique du Nord et du Proche-Orient, et l'un des principaux articles d'exportation de la Tunisie.

Bourguiba essaya de décourager le port de la chéchia, mais en vain. Toutefois l'industrie de la chéchia est peut-être appelée à disparaître, car seuls les vieillards continuent à l'arborer. Au centre du souk se trouve un café qui est le repaire aussi bien des hommes d'affaires que des simples marchands qui viennent y fumer le narguilé, lire les journaux et boire un café turc.

Le souk des Chéchias donne dans le **souk el-Bey**, en face du Dar el-Bey. Derrière le palais et la **place du Gouvernement** à l'ouest, une colline monte jusqu'à la **place de la Kasbah**, jadis site de la Kasbah hafside, aujourd'hui dominée par la maison du « parti » : le Rassemblement constitutionnel démocratique (R.C.D.). La route qui part sur la droite mène à la **place Bab**

La médersa du Palmier.

Souïka. On y voit plusieurs «vestiges» de la lutte pour la décolonisation et des premières années de l'indépendance de la Tunisie. A l'ombre du bâtiment des Nations unies se trouve la **tombe de Ferhat Hached**, chef militant syndicaliste assassiné en 1952 par le groupe terroriste la Main rouge.

L'édifice blanc, aux allures coloniales, qui s'élève derrière les Nations unies est le **collège Sadiki**, fondé en 1875 par Kher el-Din qui, annonçant en cela Bourguiba, pensait que le seul moyen de progresser pour la Tunisie était d'adopter les méthodes et la culture européennes. Plus tard, ce collège devint le passage obligé pour accéder aux postes administratifs et un synonyme de réussite sociale. Les enfants des classes moyennes de toute la Tunisie le fréquentaient. Le collège fut un haut lieu du nationalisme et beaucoup de dirigeants indépendantistes étaient d'anciens élèves du collège, notamment Habib Bourguiba.

Le **musée du 9-Avril**, situé de l'autre côté de la place de la Kasbah, près de la **mosquée de la Kasbah**, datant du XIIIe siècle, rend hommage aux progrès de l'instruction en Tunisie. Son nom commémore le jour des Martyrs, (9 avril 1938), lorsque, à la suite de violentes émeutes nationalistes, la police tira dans la foule, faisant 122 victimes. Le musée, aménagé dans une ancienne prison, retraçait autrefois la carrière de Bourguiba, qui y fut interné par les Français. Toutefois, la visite de ce musée ne s'impose pas.

Les quartiers sud de la médina

Pour visiter ce quartier, la meilleure solution consiste, de la porte de France, à se rendre en taxi jusqu'à la **place Bab al-Jazira**. De là, on s'engage dans la rue des Teinturiers, qui conduit au **musée Dar Ben Abdallah**. Consacré à la vie quotidienne à Tunis au XIXe siècle, il est installé dans un palais du XVIIIe siècle. L'édifice est fortement marqué par l'architecture italienne qui prédominait à l'époque à Tunis. Son entrée donne sur un corridor de pierre qui débouche à son

Le M'rabet, restaurant réputé du souk des Turcs.

tour dans une cour pavée de marbre et bordée de colonnades où se trouve une fontaine d'inspiration italianisante. Les murs sont revêtus de carreaux colorés et surmontés de décors complexes en stuc.

De lourdes portes en bois conduisent dans des pièces en forme de T où sont exposés des costumes, des meubles, des ustensiles domestiques, des jouets, des bijoux et des accessoires pour le bain. Bien que les objets exposés ne soient pas toujours en très bon état, l'exposition donne une idée du confort raffiné de la vie de tous les jours. Quant à ceux qu'un bain turc tenterait, ils trouveront à l'entrée du musée un plan détaillé de la médina indiquant même les hammams.

Du musée, on rejoint à gauche la rue Sidi Kassem, qu'il faut descendre jusqu'au croisement avec la rue Tourbet el-Bey. A l'angle de ces rues est érigé le **Tourbet el-Bey**, mausolée de la dynastie Husaynide, qui a gouverné la Tunisie du XVIIIe siècle à l'indépendance, en 1956. Jusqu'en 1945, les membres de la famille Husaynide étaient enterrés dans ce mausolée construit par Ali Pacha II au XVIIe siècle. Cependant, certaines tombes ont été profanées et d'autres ont disparu, dont celle du fondateur.

À l'autre l'extrémité de la rue Sidi-Kassem, à l'angle de la rue des Teinturiers, se dresse la **mosquée des Teinturiers**, également appelée mosquée el-Djedid (la Nouvelle), dont la construction fut commandée par Husayn ben Ali, fondateur de la dynastie des Husaynides et qui fut achevée en 1726. Elle fut l'un des premiers projets architecturaux ambitieux qui devaient ruiner la ville au XVIIIe siècle.

Dans la première rue à droite, la rue el-M'Bazaa, on peut admirer la plus belle porte de Tunis, celle du **Dar Othman**, palais que le bey Othman de la dynastie hafside, père de la princesse Aziza Othmana, avait fait bâtir à la fin du XVIe siècle.

Les quartiers nord de la médina

A partir des quartiers sud, il est possible de couper directement à travers la médina pour gagner les quartiers nord. Pour

Le café est un lieu où se retrouver.

cela, il faut remonter la rue des Teinturiers puis, sur la droite, la rue Sidi-Ali-Azouz. De là, on poursuit tout droit par le souk el-Grana, puis on tourne à gauche (rue el-Khemira) et à droite (rue Ettoumi) pour rejoindre la **rue de la Hafsia**, aujourd'hui occupée par des boutiques de vêtements d'occasion, autrefois emplacement du ghetto juif. Au début du XIXe siècle, la Hafsia était ceinte de hauts murs et les droits de ses habitants étaient restreints par décret du bey.

La répression s'atténua vers le milieu du XIXe siècle, avec l'afflux de riches marchands juifs maltais et italiens qui s'établirent dans des quartiers plus salubres. En 1857, la loi déclara les juifs égaux en droits après un incident à la suite duquel un juif, qui avait insulté un musulman, fut emprisonné puis décapité, son cadavre étant ensuite offert à la foule. Le bey avait approuvé la sentence, ce qui avait provoqué un tollé sur la scène internationale.

Les conditions de vie de la communauté juive s'améliorèrent sous le protectorat français (au moins jusqu'à la mise en place du régime de Vichy) et ceux qui le pouvaient quittèrent la Hafsia pour s'installer dans la partie nouvelle de la ville. Déclaré insalubre en 1933, le quartier fut peu à peu démoli, bien que des émigrants pauvres aient continué de s'y réfugier. L'Association de sauvegarde de la médina supervise actuellement des travaux de restauration.

Passé la Hafsia, des rues se succèdent (rue du Tribunal, rue Sidi-Brahim et rue el-Gharmatou) où l'on vend caftans et vêtements européens bon marché. On débouche sur la **mosquée Sidi Mahrez**, couronnée d'une coupole et de demi-coupoles blanches, construite entre 1657 et 1692 à l'époque de la domination ottomane. L'architecture intérieure et les décors datent, eux, de 1860 (commandés par Muhammad al-Saduq).

En face de la mosquée se dresse la **zaouïa Sidi Mahrez**, saint patron de Tunis, qui réorganisa la ville au Xe siècle à la suite de son occupation par le chef fanatique d'obédience kharidjite Abou

Les chapeaux de paille : des produits très demandés l'été.

Yazid. On y entre en se frayant un chemin à travers les étals de confiseries; c'est la zaouïa (établissement religieux) la plus animée de la cité, aussi appréciée par les femmes que sa «rivale», celle de Sidi Sahab à Kairouan. Les femmes y viennent nombreuses pour prier devant le tombeau du saint, richement décoré, et boire l'eau bénite du puits situé dans l'antichambre. La zaouïa fut rebâtie en 1862.

La place Bab Souïka marque la limite nord de la médina. La **place Halfaouine**, juste derrière, et à laquelle on accède par la rue du même nom, est bordée de cafés accueillants où il est agréable de faire une petite halte. De là, on remonte le **souk Djedid** et la rue Sidi-Abdessalem jusqu'au boulevard Hédi-Saïdi, d'où un autobus conduit au Bardo. Il est aussi possible, si on vient de la ville moderne, de prendre l'autobus 42 à l'arrêt du jardin Habib-Thameur ou, si on arrive par l'avenue Habib-Bourguiba, l'autobus 3 devant les bureaux de Tunis Air, non loin de l'hôtel Africa Méridien. Un service de tramways part également

Le marché de la rue l'Allemagne.

de la place de Barcelone. Quel que soit le moyen de transport qu'on emprunte, le **Bardo**, l'un des musées archéologiques les plus remarquables du monde, est une étape obligée.

Le Bardo, fastueux musée

Décrit comme la *« résidence de contes de fées »* du bey par Alexandre Dumas, qui l'avait visité en 1846, le **Bardo**, palais beylical, n'a pas toujours été considéré du point de vue de l'architecture comme une réussite après sa rénovation en 1882. Il est aujourd'hui occupé par le **Musée national** et l'**Assemblée nationale** de Tunisie, ce qui n'est pas sans susciter quelques difficultés de voisinage.

Les salles d'exposition sont divisées par époques. C'est le **département punique** qui contient les collections les plus anciennes: on y voit des poteries, des lampes à huile (celles à bec unique sont les plus antiques), des stèles, des masques et des sarcophages, datant du VIIe au IIIe siècle av. J.-C. Beaucoup de ces objets proviennent des tophets, la

MOSAÏQUES

A la suite des ravages perpétrés par les Vandales et du déclin des Byzantins, l'héritage romain d'Afrique du Nord, livré à la merci des éléments et des «pillages» des entrepreneurs arabes, sombra dans l'oubli plus de mille ans. Aux XVIIIe et XIXe siècles, d'intrépides voyageurs solitaires comme l'Écossais James Bruce, qui signala en 1765 l'existence du site de Timgad en Algérie, devaient le redécouvrir.

L'exploration et la réhabilitation systématiques des sites ne commencèrent qu'après l'arrivée des Français. L'archéologie était une science encore relativement jeune, qui devait beaucoup aux travaux novateurs d'Amelia B. Edward, écrivain et journaliste du XIXe siècle qui accomplit de nombreux voyages en Égypte, et qui déclarait: *« Réunir et exposer des objets anciens est une démarche plus que vaine si nous ne tentons pas aussi d'affiner nos connaissances historiques des arts et des industries qui les ont produits, et des techniques employées. »* Les plus belles pièces sont les innombrables mosaïques désormais conservées précieusement au musée du Bardo. Conçues et préparées dans des ateliers,

elles étaient ensuite installées par sections pour constituer, la plupart du temps, des pavements de villas, de temples et d'édifices municipaux.

Certaines étaient importées ou copiées d'après des modèles célèbres, mais beaucoup témoignent d'un style nettement plus original. Elles offrent une image colorée de la vie urbaine et rurale. Les thèmes sont l'agriculture (moissons, labours, chasse, calendrier des plantations), la flore et la faune de l'époque (notamment des éléphants et des lions), les dieux populaires (souvent Dionysos, dieu grec du Vin, avec un gobelet à la main), des tableaux très vivants de spectacles dans les amphithéâtres, des scènes émouvantes de la vie en famille.

Les scènes de pêche et de navigation étaient appréciées tant à l'intérieur des terres que dans les villes côtières, ce qui laisse à penser que les riches propriétaires terriens avaient peut-être investi une partie de leur fortune dans les activités maritimes. L'une des mosaïques du Bardo qui représente 23 types différents de bateaux de pêche a été retrouvée à Medeïna (l'antique Althiburos), à l'ouest de la Tunisie, très loin de la mer.

Les mosaïques comportaient parfois des légendes, généralement des devises un peu pompeuses dans un latin approximatif, mais aussi parfois des traits d'humour. Une mosaïque d'El Djem représente ainsi un groupe de gladiateurs faisant bombance à la veille du combat. Au centre, on peut lire l'inscription *« Silentium dormiant Tauri — Silence, laissez dormir les taureaux. »*

Certaines des plus belles mosaïques provenaient des grandes propriétés qui prospérèrent entre le IIIe et le IIe siècle av. J.-C., lorsque de nombreuses petites fermes furent absorbées par leurs voisines plus riches, et que les maîtres absents revinrent s'établir dans leurs propriétés de campagne afin d'échapper à une imposition considérée comme injuste. Les meilleurs artisans, fuyant eux aussi le percepteur, les suivirent, espérant par ailleurs trouver de nouveaux débouchés.

La mosaïque du «seigneur» Julius, retrouvée à Carthage et exposée au Bardo, constitue un bon exemple de la richesse de l'aristocratie terrienne. Le centre de la mosaïque montre une belle ferme à tourelles dont les quartiers d'habitation sont situés au premier étage (pour des raisons défensives); derrière, on aperçoit des thermes à coupoles.

Le maître trône sur son fauteuil, tandis qu'autour de lui les serviteurs vaquent à leurs occupations, s'occupant des récoltes, soignant les bêtes. La femme du maître, élégamment coiffée, habillée à la dernière mode, reçoit un collier des mains de sa suivante, qui tient un grand coffret à bijoux. On notera comment l'artiste a su saisir à merveille l'expression altière de la maîtresse.

tombes communes dans lesquelles étaient enterrées les cendres des enfants sacrifiés. Par rapport à la richesse des collections de mosaïques romaines, le département punique peut sembler réduit; c'est pourtant grâce à de tels vestiges que les archéologues ont pu reconstituer une image de la société carthaginoise et déterminer les emprunts faits aux civilisations égyptienne et grecque.

Carthage eut à souffrir de la domination économique des Grecs en Méditerranée orientale à partir de 480 av. J.-C. Ainsi, les fouilles ont permis de retrouver un très grand nombre de vases à figures noires de Corinthe et de l'Attique antérieurs à cette période, mais très peu de vases à décor rouge caractéristiques de la période qui suivit. Les amulettes égyptiennes (dont on peut voir quelques exemplaires au musée) semblent également s'être «échappées» de Tunisie après cette époque. Selon les archéologues, la suprématie grecque étrangla le commerce maritime carthaginois, entraînant une véritable récession.

Les collections les plus célèbres du Bardo restent toutefois les **mosaïques romaines et byzantines** retrouvées sur divers sites à travers tout le pays. On trouve des pavements et des murs entiers en mosaïque, certains presque intacts, qui datent du IIe au VIIe siècle. Les thèmes sont souvent des scènes tirées des mythologies grecque et romaine, mais aussi de simples scènes de la vie quotidienne, des fêtes; on trouve également des motifs décoratifs représentant des oiseaux et des animaux. L'importance des scènes agrestes atteste le rôle de grenier à blé joué par l'Afrique du Nord au sein de l'Empire romain.

Parmi les mosaïques les plus célèbres, on peut signaler celle du poète Virgile rédigeant *L'Énéide*, entouré de deux Muses; la mosaïque de Persée et Andromède, datant du IIIe siècle, et celle d'Ulysse, où le héros et ses marins tentent de résister au chant des sirènes. Dans la **salle Chrétienne** sont exposées des mosaïques aux thèmes bibliques, notamment le pavement qui représente Daniel dans la fosse aux lions.

Des mosaïques du Bardo: à gauche, Persée sauvant Andromède menacée par un monstre marin; ci-dessous, Virgile entouré de deux Muses.

La **salle des fouilles sous-marines de Mahdia** contient la cargaison de bronzes et de marbres d'un navire naufragé au Ier siècle J.-C., dont l'épave fut découverte par des pêcheurs d'éponges en 1907, au large de Mahdia. Il fallut six ans pour remonter la totalité de la cargaison. On ne sait pas avec certitude si ce navire appartenait au roi Juba II, grand amateur d'objets d'art, ou à des personnes fortunées ; tout cela témoigne en tout cas de la richesse des cités romaines d'Afrique du Nord.

Le Bardo comprend également un **département arabo-musulman** où l'on peut admirer, entre autres, des exemples d'inscriptions coraniques anciennes, des carreaux de faïence importés d'Iznik, des bijoux, des costumes, des accessoires religieux juifs et des gravures de la Tunisie du XVIe siècle. Derrière le musée archéologique se tient une exposition fort intéressante de costumes et d'objets artisanaux régionaux, mais elle tend souvent à être négligée par les touristes fatigués par la longue visite des immenses collections du palais.

La ville moderne

L'avenue Habib-Bourguiba s'enorgueillit de posséder les plus grands hôtels. L'**Africa Méridien**, érigé en 1960, domine Tunis. Vivement critiqué lors de sa construction, il constitue un repère utile pour le touriste égaré. On y trouve un cinéma, des restaurants et un café, mais le bar de nuit ferme à vingt-trois heures ; il y a cependant une boîte de nuit ouverte jusqu'à quatre heures du matin. A Tunis, les amateurs de bars nocturnes devront se contenter, hormis les boîtes de nuit, des établissements un peu tristes des environs de la gare. De l'autre côté de l'avenue se dresse le grand **hôtel International El-Hanya**, apprécié des Arabes du Golfe ; et à son extrémité, après la place du 7-Novembre, l'**hôtel du Lac** aux ailes en V.

Les rues perpendiculaires à l'avenue abondent en restaurants et en hôtels modestes de l'époque coloniale ; beaucoup offrent un excellent service, un linge impeccable, de grandes salles de bains attenantes à la chambre et des

Un baiser tunisien.

ascenseurs élégamment décorés, le tout baignant dans une demi-pénombre. L'architecture coloniale a, elle aussi, son intérêt. L'**avenue de Paris** est bordée de bâtiments intéressants, comme l'**hôtel Majestic**. L'**ambassade de France**, place de l'Indépendance, entre l'avenue de France et l'avenue Habib-Bourguiba, a été construite en 1862 et la cathédrale Saint-Vincent-de-Paul, de style néo-byzantin, qui lui fait face, en 1882.

Il est aussi conseillé de visiter les **marchés** de la **rue d'Allemagne** et de la **rue d'Espagne** : même lorsque les principaux marchands (boucherie, poissonnerie, fruits et légumes, volailles, épices, olives, fromages, escargots) sont partis, les étals des vendeurs de dattes et de miel restent en place jusqu'au crépuscule.

Escapades

Dans un restaurant de Tunis.

Le **parc du Belvédère** est recommandé à ceux qui souhaitent fuir la chaleur de l'été. Aménagé sur une colline au nord, à 2 km du centre moderne, à l'extrémité de l'avenue de la Liberté (entrée place Pasteur), il englobe le **zoo** de la ville et le **musée d'Art moderne** et offre une vue remarquable. On y accède par les autobus 5, 6, 28 et 38, entre autres. Le week-end, les familles tunisiennes prennent d'assaut les cafés qui bordent son lac.

Une autre excursion consiste à prendre le Tunis-La Goulette-La Marsa (le **T.G.M.**), ligne de chemin de fer qui dessert ces villes en passant par Carthage. La gare n'est pas très loin de la place du 7-Novembre. De là, on peut gagner les environs de Tunis : Sidi-Bou-Saïd, village dont André Gide a dit qu'il semblait sommeiller dans une atmosphère fluide et nacrée, la station balnéaire de La Marsa et les plages, autrefois en vogue, de Gammarth.

Ceux qui souhaitent s'aventurer plus loin, par exemple vers Bizerte au nord ou vers Sousse au sud, prendront le train à la **gare S.N.C.F.T.**, place de Barcelone.

Pour une excursion d'une journée au site romain de **Thuburbo Majus** (la ville la plus proche est El-Fahs), à Zaghouan ou aux plages du cap Bon, le mieux est de prendre l'autobus ou un taxi.

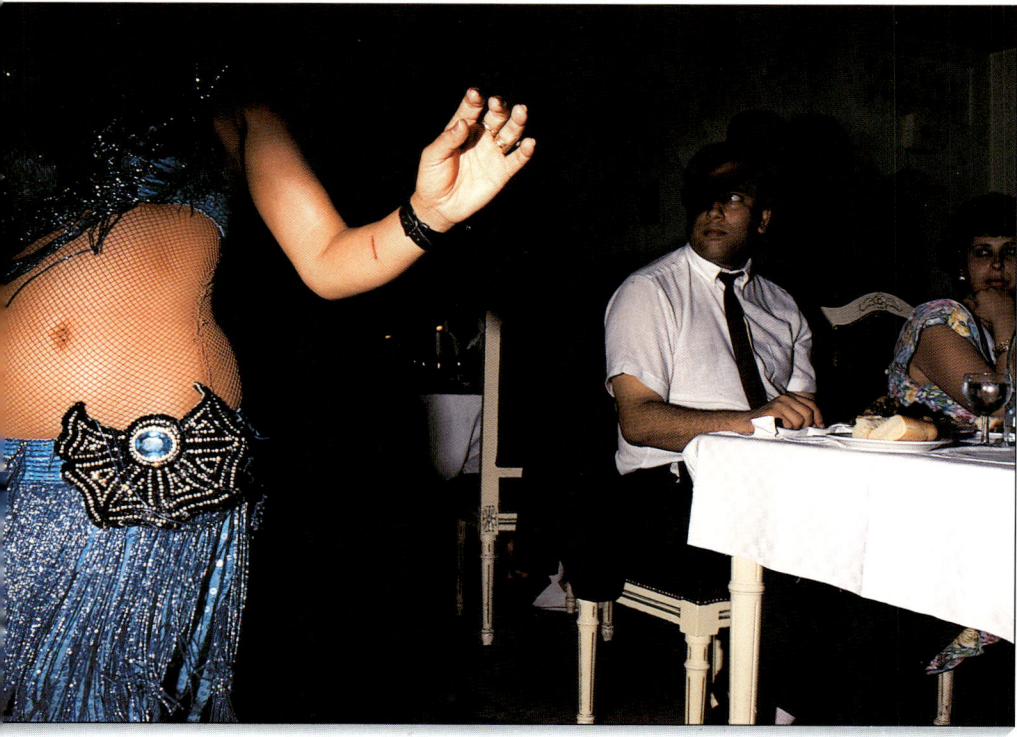

LES ENVIRONS DE TUNIS

Il est un peu déconcertant de voir le nom de Carthage aujourd'hui associé à un aéroport international et à une banlieue de Tunis qui est aussi une station balnéaire; et l'on est toujours surpris de découvrir ces gares de chemin de fer qui ont pour noms Amilcar, Hannibal et Salammbô. Dans son poème épique *L'Énéide* (qui devait doter le tout jeune Empire romain d'une histoire à la mesure de ses ambitions, en lui inventant une parenté avec les héros grecs et troyens), Virgile fait échouer Énée sur les rives de Carthage. Ainsi, il devait parer la cité d'un prestige que ses ruines actuelles ne symbolisent plus guère.

Les origines de Carthage

Carthage (dont le nom vient de Qart Hadasht, la Ville neuve), aurait été fondée, selon la légende, par la reine Elissa (ou Didon, qui se suicida ensuite pour éviter de se marier avec le prince indigène Hiarbas) v. 820 av. J.-C. On sait en fait que ce sont des Tyriens, ou Phéniciens qui, fuyant les attaques de leurs voisins Assyriens, vinrent s'établir dans ce qui n'était alors qu'un de leurs nombreux comptoirs méditerranéens.

Carthage, devenue une cité à l'organisation complexe, étendit alors peu à peu sa sphère d'influence (Sardaigne, Baléares, Sicile, Espagne, Afrique du Nord) et assura le commandement des autres colonies phéniciennes. La ville, qui fut surnommée la «reine des Mers», connut son apogée au début du IIIᵉ siècle av. J.-C. Carthage prospéra principalement grâce à son commerce. La ville pratiquait le troc avec l'Afrique du Nord et le commerce des métaux avec l'Espagne (cuivre, argent, étain).

Éternelle rivale des Grecs, Carthage connut entre le VIᵉ et le Vᵉ siècle av. J.-C., à la suite de revers militaires (défaite de Himère en 480), une période de repli sur elle-même, émaillée de luttes incessantes contre la Grèce, mais cette dernière, déclinante, devait finalement lui laisser la suprématie en Méditerranée.

Rome

Une nouvelle rivale émergea alors au IIIᵉ siècle av. J.-C.: Rome, qui disputait à Carthage le contrôle de la Sicile. Ce fut le début de la première guerre punique (264 av. J.-C.), qui se solda par la défaite des Carthaginois et devait entraîner d'interminables conflits jusqu'à la chute et la cruelle destruction de Carthage en 146 av. J.-C., lors de la troisième guerre punique. Les habitants de la ville résistèrent pendant une semaine aux Romains, mais en vain.

Le site de Carthage ne pouvait cependant pas ne pas intéresser Rome. Vingt-quatre ans après leur victoire, les Romains tentèrent d'y établir une colonie mais, les augures s'avérant défavorables, ils abandonnèrent le projet.

En 46 av. J.-C., après la victoire de Jules César sur les armées de Pompée en Afrique du Nord et la soumission des tribus berbères, la cité fut entièrement rebâtie et placée sous l'autorité de Rome, et devint même le chef-lieu de la province africaine.

Pages précédentes: la riche banlieue de Tunis. A gauche, représentation du dieu Baal; A droite, les lions étaient autrefois très nombreux en Afrique.

Carthage connut alors un essor important et rapide, et au début du IIe siècle la ville comptait 300 000 habitants. Après les cités de Rome et d'Antioche, Carthage était la troisième métropole de l'Empire.

De nombreux envahisseurs

Carthage devait ensuite subir les invasions vandales (en 439 Geiséric s'empara de la ville et en fit la capitale des Vandales), qui ne laissèrent guère d'autres traces de leur passage que des ruines.

Puis vint la domination des Byzantins (sous l'impulsion de Bélisaire), qui durent affronter un siècle durant les attaques des rebelles berbères; enfin, au VIIe siècle, la cité fut conquise par les Arabes qui venaient de Kairouan. Ils se trouvèrent en présence d'une ville dépeuplée et affaiblie, tant par la maladie (la peste) que par les conflits religieux.

Puis la cité se transforma en carrière où l'on venait chercher colonnes et blocs de marbre pour construire les mosquées de Tunisie.

Les ruines de Carthage ne sont pas imposantes. C'est plutôt pour les événements historiques qu'elles évoquent que pour leur beauté architecturale, qu'il faut les visiter. Par ailleurs, beaucoup de villas modernes et d'hôtels se sont «permis» d'empiéter sur le site. Bourguiba avait même un jour déclaré que si la Tunisie devenait une grande puissance pétrolière, il les ferait raser et reconstruirait Carthage.

En 1972, l'Unesco, inquiète de la dégradation du site, lança un programme de sauvetage et d'étude des ruines. Des équipes d'archéologues européens et américains se joignirent aux spécialistes tunisiens pour fouiller les sites, très dispersés, les répertorier et les étudier. On reste partagé sur la réussite de ce projet archéologique. Certes, de très nombreux objets ont été exhumés et sont désormais exposés dans les musées, ce qui est le but premier des fouilles, mais l'archéologie consiste aussi à tirer des enseignements et à communiquer les résultats des

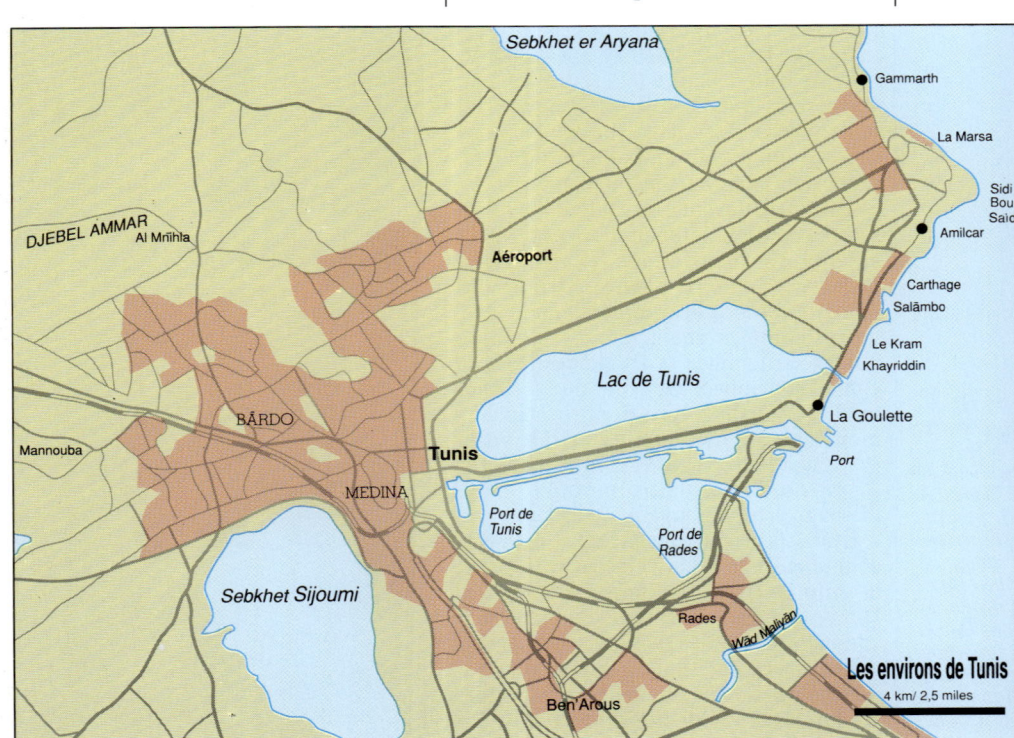

Les environs de Tunis

4 km/ 2,5 miles

recherches; or les travaux et publications sur les fouilles carthaginoises demeurent aux yeux de certains insuffisamment nombreuses.

La visite des sites

Les sites archéologiques sont dispersés le long de la côte, sur 6 ou 7 km. On peut s'y rendre en train par le T.G.M. (départ toutes les 20 mn) ou en voiture, en empruntant la chaussée qui traverse le lac de Tunis en direction de **La Goulette**, port de la capitale. On peut s'arrêter un instant pour visiter l'édifice massif de la **karraka** construite en 1535 par le roi d'Espagne Charles Quint, puis conquise par les Arabes en 1574. C'est ici que les malheureux capturés par les pirates barbaresques étaient détenus avant d'être rançonnés ou vendus sur le marché aux esclaves.

La Goulette est réputée pour ses restaurants spécialisés dans les plats de poisson, mais il convient cependant de choisir avec soin, car les établissements sont très nombreux et la qualité n'est pas toujours en rapport avec le prix. Après La Goulette, la route, qui est très fréquentée, se dirige vers **Le Kram** puis arrive à Carthage.

La visite commence avec les **ports de Carthage** (stations Byrsa ou Salammbô du T.G.M.); les automobilistes doivent tourner à droite et prendre une petite route signalée par la pancarte *« les ports puniques »*. On peut s'étonner que ces deux lagunes de taille modeste, aujourd'hui stagnantes et envahies par la végétation, aient pu servir de ports à une puissance maritime telle que Carthage. La lagune du nord était celle du port militaire; celle du sud était occupée par le port de commerce. Une équipe britannique met en œuvre les fouilles des ports puniques pour le compte de l'Unesco; les travaux sont toujours en cours. Les deux ports sont séparés par un **Musée océanographique** dont la visite ne présente qu'un intérêt limité.

Sur le quai ouest du port de commerce, à l'angle de la rue Hannibal, s'élève le **tophet**, ou **sanctuaire de Tanit et Baal Hammon**, signalé par de jolis

Le souvenir des sacrifices d'enfants…

LES CARTHAGINOIS

De manière assez paradoxale, les Phéniciens, inventeurs de l'alphabet cursif qui révolutionna l'écriture et devait donner naissance à l'alphabet européen moderne, n'ont laissé d'eux aucun témoignage écrit. La destruction totale de Carthage peut, bien sûr, expliquer l'absence de tout document, mais l'influence carthaginoise s'étendait au-delà de la ville et certains de ses comptoirs étaient florissants; or aucun écrit n'a été retrouvé.

Les Carthaginois n'ont pas non plus laissé d'objets représentant des scènes de leur vie quotidienne, comme les mosaïques des Romains ou les vases des Grecs. Ce que nous savons de leur mobilier, de leur façon de se vêtir et même de leur physique est livré par leurs tombeaux. Ce peuple, à l'instar des Égyptiens ou des Vikings, aimait enterrer les morts avec les richesses qu'ils avaient possédé de leur vivant et qui devaient les suivre dans l'autre monde. L'étude des stèles funéraires carthaginoises a également livré quelques indices.

Les connaissances archéologiques restent partielles: on sait beaucoup de choses sur les sacrifices d'enfants et les systèmes sanitaires des Carthaginois, mais presque rien sur leur mode de vie, leur sens de l'humour — les Romains prétendaient qu'ils en étaient dépourvus. En dépit de leurs origines sémitiques, ils auraient eu un physique de type africain. Ils avaient les cheveux très frisés et utilisaient des peignes spéciaux pour se coiffer. Ils attribuaient des propriétés surnaturelles à leur chevelure et l'entretenaient avec grand soin. Selon les périodes, les hommes avaient les cheveux ramenés vers l'avant et maintenus par une amulette, d'autres avaient une raie au milieu, une frange et des boucles de cheveux autour de chaque oreille. Les femmes avaient toujours les cheveux très longs. Lors du siège final de Carthage, leurs cheveux furent coupés et utilisés pour confectionner des frondes.

Les modes vestimentaires varièrent aussi selon les époques. Les costumes hérités de Chypre étaient sans doute peu adaptés au climat africain. Ils comprenaient un chapeau rappelant une mitre d'évêque et quatre types de vêtements superposés, dont le dernier ressemblait aux queues-de-pie modernes, le devant étant ouvert et l'arrière fendu jusqu'au genou. Cet habit était porté par les hommes (dont on sait qu'ils se parfumaient abondamment) et par les femmes. Les femmes se maquillaient en utilisant du rouge à joues et du khôl. Les tatouages étaient courants, et les hommes comme les femmes portaient volontiers des bijoux: boucles d'oreilles, anneaux de nez, bracelets, anneaux de cheville.

Les riches carthaginois vivaient dans des maisons équipées de salle de bains, les plus défavorisés se contentant d'une énorme jarre. Il n'y avait pas de placards, mais des vases plus petits dans lesquels on stockait la nourriture et le linge. Tout comme les Grecs, les Carthaginois frottaient leurs corps à l'aide d'un ustensile en forme de croissant après s'être baignés et enduits d'huile. La plupart des hommes ne se rasaient pas, mais on a tout de même retrouvé des rasoirs dont la forme rappelle des têtes de hache allongées. Caton l'Ancien (à qui on doit l'expression: «Delenda est Carthago») nous a transmis une recette carthaginoise: «Mettez à tremper longuement dans de l'eau une livre de céréales grossièrement concassées ; versez ensuite le mélange dans une auge propre ; ajoutez-y trois livres de fromage frais, une demi-livre de miel et un œuf. Mélangez bien et faites cuire.»

Par ailleurs, la médecine des Carthaginois semble avoir été rudimentaire, d'après ce qu'on sait de leurs pratiques vétérinaires. Lorsque les chevaux souffraient de problèmes de vessie, on prélevait un fragment de sabot, on le râpait en copeaux, on le mêlait à du vin, puis on le leur faisait absorber par les narines. En fait, la médecine restait liée à la superstition, certaines préparations devant être mélangées en présence d'un chien que l'on n'avait pas laissé sortir pendant dix jours.

panneaux en mosaïque. C'est là que s'élevaient les temples de Tanit et de Baal, dieux originaires d'Asie Mineure. Sur ce site furent pratiqués des sacrifices d'enfants (qui furent cependant rapidement remplacés par des animaux) qu'on offrait aux dieux afin de les apaiser. Si les temps étaient troublés, on y amenait les jeunes victimes qu'on étranglait, puis brûlait. On a découvert un nombre considérable d'urnes funéraires et de fosses communes; les stèles qui marquaient l'emplacement ont été retirées et empilées les unes sur les autres.

Une jolie maison d'hôtes, la **résidence Carthage**, avoisine le site. Indifférents aux souvenirs qui hantent le tophet, les propriétaires ont même baptisé leur restaurant, au demeurant cher et surfait, **Le Baal**. Telle est la Carthage moderne, tout en contraste: d'un côté, des quartiers résidentiels, paisibles et verdoyants; de l'autre, les vestiges d'un passé mouvementé.

En face de l'avenue Bourguiba (station du T.G.M.: Dermech) s'élève la **colline de Byrsa**, où se trouvent la

A gauche, une stèle funéraire; ci-dessous, une mosaïque à sa place d'origine.

cathédrale Saint-Louis, dont le style rappelle celle de Tunis, et le **musée national de Carthage**, en cours de restauration, qui possède une remarquable collection d'objets puniques. Le jardin accueille de nombreux vestiges romains: chapiteaux de colonnes, piliers, fragments de statues, sculptures. Il faut prêter une attention particulière aux sarcophages de pierre et, au sud, à côté de la cathédrale, à une excavation qui contient des tombes et des vestiges de villas.

Au pied de la colline, à l'ouest, on distingue les contours d'un **amphithéâtre** presque entièrement en ruine et, un peu au nord, d'énormes **citernes** romaines qui faisaient autrefois partie du système d'adduction d'eau de Carthage. Si on revient vers le rivage, et qu'on dépasse un carrefour dédié à deux compagnies pétrolières internationales, on arrive aux **thermes d'Antonin**, site archéologique qui couvre près de 4 ha. Il ne reste plus que les sous-sols, dans lesquels on peut encore voir les magasins où étaient entreposées les réserves de bois et des fragments de tuyauterie. Les dimensions

de l'édifice attestent l'étendue de l'ancienne cité. Dans le parc, derrière les thermes, on peut admirer une maison qu'on a parfois décrite comme une *schola* et deux basiliques, l'une en ruine, l'autre, celle de **Douimès**, mieux conservée. Tout près des thermes se dresse l'un des **palais présidentiels** de Tunisie (station du T.G.M. : Présidence).

En se dirigeant vers l'intérieur des terres, on peut voir le long de l'avenue du 7-Novembre les **thermes de Gargilius** sur la gauche et, sur la droite, le **théâtre d'Hadrien**, entièrement restauré qui accueille de nos jours, en juillet et en août, un festival d'art moderne.

Derrière le théâtre s'étend le **parc des villas romaines**, dans lequel on a retrouvé des vestiges d'habitations, des colonnes, des statues et des pavements de mosaïque. Ce parc archéologique offre, en outre, une très belle vue sur le **golfe de Tunis**. Enfin, pour ceux qui désirent en voir encore plus, derrière le parc, de part et d'autre de l'artère centrale de la ville, s'élèvent plusieurs **basiliques**.

Sidi-Bou-Saïd

Le village perché de **Sidi-Bou-Saïd** (à 2 km) se dresse à l'extrémité de la route de Carthage. Avec ses maisons étonnantes de blancheur et son site remarquable, il s'agit d'une excursion agréable après la visite parfois un peu fastidieuse des ruines carthaginoises, qu'il semble dominer avec un certain dédain.

Ce côté un peu hautain, on le ressent fortement lorsqu'on se promène dans le village ; on se demande si le voyageur a bien sa place ici, à faire du tourisme, à acheter des souvenirs (souvent de meilleure qualité que ce qu'on trouve ailleurs) et à boire un verre — il s'agit presque d'une étape obligée — à la terrasse du **café des Nattes**. On déambule au hasard des ruelles et des allées qui gardent leurs secrets derrière leurs volets clos ; on se laisse éblouir par la blancheur des murs et par le bleu des portes cloutées et des fenêtres à moucharabieh (balcon fermé par un grillage), avec, çà et là, la mer qu'on entrevoit.

Portes et fenêtres des demeures de Sidi-Bou-Saïd.

Sidi-Bou-Saïd, comme Mdina à Malte et quelques autres villages méditerranéens, semble ignorer les touristes. Les habitants savent se garder des regards indiscrets et considèrent l'arrivée des touristes comme une invasion passagère. Lorsque les touristes sont repartis, le village retrouve sa tranquille existence, et seuls les chats errent dans les rues.

Sidi-Bou-Saïd doit son nom à un saint du XIIIᵉ siècle dont la tombe et la zaouïa furent construites sur le site d'un ancien ribat arabe et d'un phare. La légende veut que Saint Louis, lors du pillage de Carthage, se soit réfugié en ce lieu avec une femme dont il s'était épris. Les Espagnols occupèrent la ville au XVIᵉ siècle, de 1535 à 1574. Leurs successeurs, des musulmans chassés d'Andalousie (dont certains qui pratiquaient la piraterie firent de Sidi Bou Saïd leur protecteur), indignés par les mœurs dissolues des infidèles, interdirent l'accès du village à tous les non-musulmans jusqu'en 1819.

Sidi-Bou-Saïd, qui s'est développé plutôt lentement depuis le début du siècle, est devenu un lieu fréquenté par de nombreux artistes et écrivains européens: André Gide, Georges Bernanos, le peintre Paul Klee. Il n'y a pas d'endroit mieux préservé sur tout le littoral méditerranéen, et il fait bon s'y promener. Il est possible de séjourner à l'**hôtel Sidi-Bou-Saïd**, magnifiquement situé (la terrasse est l'endroit à la mode de la jeunesse moderne tunisoise, où l'on se doit d'être vu le samedi soir) ou dans une maison d'hôtes, mais elles sont chères; il faut veiller à prendre une chambre avec vue sur la baie.

2,5 km plus loin, **La Marsa**, jadis comprise dans **Mégara**, l'ancien faubourg de Carthage, peut paraître décevante après la visite de Sidi-Bou-Saïd. Ce n'est pas un port, bien que ce soit la signification de son nom. Au XVIIᵉ siècle, un écrivain voyageur, John Ogilvy, en donnait cette description: *« Elle est ornée d'un palais royal et d'agréables résidences où les grands de Tunis séjournent l'été... et y tiennent leur cour. »* Certaines résidences d'été des beys existent encore, notamment la **Grande Abdelliya**, près de la

Cour de l'hôtel Dar Saïd.

poste, sur la route de Gammarth, ainsi que la **résidence du consul britannique** sur la route de Tunis.

Le front de mer de La Marsa est bordé de villas de style colonial français, de bars et de restaurants, produits du tourisme estival. Toutefois, maintenant qu'elle est desservie par le T.G.M., confortable et fiable, elle se transforme progressivement en une nouvelle banlieue-dortoir de la capitale.

Par curiosité, on peut aller visiter le **café Saf Saf**, non loin de la gare, sur la place du même nom, près d'une **mosquée** hafside. L'intérêt du café est d'être construit autour d'un ancien puits où, durant la période touristique, un chameau, à qui on met des œillères pour lui éviter d'avoir le vertige, tourne sans fin pour actionner une **noria**.

Gammarth

A la sortie de La Marsa, la route bifurque au carrefour situé près de la **plage Sidi Abdelaziz**. Vers la droite, elle suit la côte et, arrivant à Gammarth

(2 km), longe un impressionnant cordon d'hôtels jusqu'à la **baie des Singes**, ainsi nommée à cause des Européens qui s'y baignaient nus dans les années 1950, pratique bien entendu découragée depuis par le gouvernement.

Ces plages de galets, jonchées de débris et souvent polluées, ne sont guère attirantes, et les amateurs de bains de mer leur préféreront les belles plages du cap Bon.

En prenant à gauche au carrefour, on rejoint le **cimetière militaire français**, situé au sommet du djebel Khaoui, la **montagne Creuse**, ainsi nommée parce que l'on a retrouvé à proximité les multiples cavités d'une ancienne **nécropole**. En face, un peu en contrebas de la route, est installé le **Complexe cinématographique tunisien**; on peut voir du bord de la route quelques colonnes classiques, mais vraies ou fausses, on ne saurait le dire...

La route suit la crête de la colline et s'élève au-dessus du cap Gammarth. La vue sur **Gammarth** est assez belle. Cette station balnéaire huppée, la plus récente et la plus éloignée des banlieues nord de Tunis, peut se targuer d'être la plus élégante, sans toutefois pouvoir rivaliser avec Sidi-Bou-Saïd. On peut y voir notamment une belle **mosquée** moderne à deux coupoles, à minaret carré de style maghrébin, décorée de motifs en filigrane bleu et blanc. Les villas cossues, d'un blanc étonnant, rehaussé par le bleu azur de leurs portes et de leurs grilles, et les arbres soigneusement taillés qui bordent ses avenues, viennent conforter cette impression de richesse. Les légations étrangères, notamment celle d'Espagne, fort bien située, ne s'y sont pas trompées et plusieurs sont venues s'installer ici.

La route de la colline rejoint ensuite la route côtière, qui forme ainsi une boucle que l'on peut emprunter pour revenir à Tunis ou pour poursuivre son chemin le long du littoral (la route se transformant progressivement en une piste qui traverse des dunes bordant une **lagune** d'eau salée, la sebkha er-Riana).

On peut voir en chemin les travaux de construction d'un immense complexe hôtelier bâti loin de tout, cela en dépit de précédents échecs immobiliers.

A gauche, de nombreux habits sont encore faits sur mesure ; à droite, Sidi-Bou-Saïd le soir, vu de la terrasse du café des Nattes.

LE CAP BON

Hammamet est longtemps restée discrète et effacée, traversant sans bruit les époques jusqu'au XXe siècle. On sait que le site fut colonisé au IIe siècle par les Romains qui y fondèrent la ville de **Pupput**, située au carrefour de la route qui mène de Tunis à Sousse et à l'est d'Hammamet, dans l'actuelle zone hôtelière.

Mais Pupput n'était qu'un petit village sans importance et sans autonomie. Au siècle suivant, la ville se développa; un théâtre et un amphithéâtre y furent construits. Elle fut abandonnée vers le Ve siècle, après avoir été occupée par les Byzantins puis par les chrétiens.

La ville actuelle fut reconstruite à proximité du site romain. C'était un petit village de pêcheurs jusqu'au jour où le milliardaire roumain Georges Sébastian y fit bâtir une somptueuse résidence, dans les années 1920. Hammamet devint ainsi l'endroit où se retrouvaient célébrités, artistes et écrivains tels que Mme Schiaparelli, Paul Klee, André Gide et Georges Bernanos, pour n'en citer que quelques-uns. Après la guerre, le tourisme connut un essor formidable. Les principaux hôtels furent construits dans les années 1960. Le danger était grand que le site soit victime de ces aménagements. Cependant, les infrastructures touristiques ont été construites en respectant la tradition architecturale locale et certaines règles d'urbanisme; les hôtels, peu élevés, furent très vite enfouis sous une végétation luxuriante. La majorité des touristes se retrouvent ainsi dans les complexes hôteliers parfaitement équipés. De plus, les entrepreneurs réalisèrent assez tôt que la ville ne pouvait accueillir qu'un nombre limité de bars et de restaurants.

La maison de Georges Sébastian

La visite de cette maison constitue une bonne introduction à la découverte de Hammamet. Cette villa (« *la plus belle maison que je connaisse* » d'après l'architecte américain Franck Lloyd Wright, 1867-1959) vit passer des personnages célèbres, notamment Winston Churchill, Anthony Eden et le général Montgomery durant la Seconde Guerre mondiale.

Aujourd'hui transformée en **Centre culturel international**, elle héberge le Lion's Club local. Une partie du décor et du mobilier d'origine a été conservée. On peut se promener dans ses jardins paisibles et découvrir le **théâtre** en plein air qui y a été construit et qui accueille en été (juillet/août) des manifestations culturelles. Avec un peu de chance, on peut rencontrer un ancien serviteur prêt à faire visiter la villa et ses curiosités — ainsi, entre autres, une table de marbre noir sur la terrasse, les petites chambres d'hôtes, ou la salle de bains avec sa baignoire en marbre gris, équipée de quatre sièges.

La villa elle-même, aux murs d'une étonnante blancheur, est en fait construite en brique. Elle fut conçue par un architecte sicilien de Nabeul. Le milliardaire Sébastian ajouta une touche Art déco aux formes andalouses classiques. La villa fut une telle réussite architectu-

rale qu'elle fut copiée, à Hammamet même, par d'autres propriétaires puis par des hôtels qui essayèrent d'en reproduire le style. Les jardins situés de l'autre côté de la piscine et de la terrasse mènent vers la plage et vers un petit édifice qui ressemble à une **koubba** (sorte de coupole élevé sur la tombe d'un marabout). Georges Sébastian fut certainement séduit par la beauté du paysage et les plages de sable fin.

Hammamet ne possède pas de monuments architecturaux importants, mais la visite des **souks** de la **médina** constitue un but de promenade agréable et conduit, en même temps, au seul édifice historique notable de la ville : une **kasbah** du XVe siècle. Attaquée à maintes reprises au XVIIe siècle par les chrétiens, elle fut prise en 1602 par des chevaliers de Malte déguisés en musulmans qui débarquèrent sans être inquiétés et s'emparèrent de la ville.

L'édifice a été rénové et a perdu de son charme (en attendant l'installation d'un musée, depuis longtemps en projet). Mais, depuis ses remparts, on profite, d'un côté, d'une très belle vue sur les coupoles et les terrasses blanches de la médina et, de l'autre, sur la côte découpée. Le panorama est particulièrement beau en début de soirée. De là, il est difficile d'imaginer que toute la côte est en fait jalonnée d'hôtels jusqu'à Nabeul.

Nabeul et ses poteries

Malgré ses plages de sable blanc, **Nabeul** (à 11 km à l'ouest de Hammamet, par la route 28) ne possède pas le charme de Hammamet. On entre dans l'agglomération par l'avenue Bourguiba, bordée d'arbres. Ce village de potiers et d'agriculteurs ne s'est jamais intéressé à la pêche, du moins pas depuis l'Antiquité. Ce sont les Phéniciens qui, au IVe siècle av. J.-C., ont fondé cette ville qui fut ensuite occupée par les Romains. On a retrouvé des vestiges de cette époque, aujourd'hui exposés au **Musée archéologique régional**. On a, entre autres, découvert un complexe phénicien destiné à la fabrication de garum, sauce très relevée à base de poissons macérés.

Piscine de la demeure du milliardaire romain Georges Sébastian.

Cap Bon

16 km/ 10 miles

ZEMBRA

ZEMBRETTA

Cap Bon

Ghar el Kebir

Rass ed Drak

Rass el Ahmer

El Haouaria

Sidi Daoud

Golfe de Tunis

Kerkouane

Zaouiet el Mgaïez

Tazoghrane

Hammam Ghezaz

Rass el Farlass

El Makhzene

637

Kelibia

Korbous

Douela

Dj. Sidi Abd er Rahmane

Sebkhet Farjouna

Rass Mostefa

Sidi Raïs

El Oudiane

Menzel Temime

Mrajssa

Oum Dhouil

Menzel Heurr

Soliman

Menzel Bouzelfa

O. Chiba

Grombalia

Belli

Es Somaâ

Korba

Bou Argoub

Dar Chaabane

Nabeul

Beni Khiar

Rass Maamoura

Bir Bou Regba

Ksar Ezit

Hammamet

Golfe de Hammamet

L'économie de Nabeul est aujourd'hui axée sur le tourisme. La poterie locale s'est parfois adaptée aux goûts des étrangers. On trouve ainsi plus de porte-théières et de bibelots décoratifs que de poteries utilitaires de qualité, et les boutiques de cadeaux de la ville — vastes bazars aux murs couverts de superbes carreaux de céramique — débordent de marchandises.

Au **marché** du vendredi (pour s'y rendre, il suffit de suivre l'avenue Ali-Belahouane, ou de se laisser tout simplement entraîner par la foule), on trouve bijoux, cuivres, tapis, tambours, poufs et vestes en cuir, papyrus égyptiens, scorpions naturalisés rangés dans de petites boîtes, roses des sables… Il faut cependant se méfier du soi-disant **marché aux Chameaux** qui est, quant à lui, d'un intérêt limité: il s'agit d'un enclos à l'intérieur duquel sont enfermés des chameaux qu'il est possible de louer pour faire un petit tour.

Nabeul ne vit cependant pas que pour le tourisme: des briqueteries sont implantées dans les faubourgs de la ville.

A 2 km par la route 28, le village de **Dar Chaabane**, au nord-est, au pied de la montagne du même nom, est réputé pour ses sculptures (frises en stuc de style néomauresque, piliers et corniches en pierre du pays). On y fabrique aussi des briques. Les bâtiments officiels, les hôpitaux, les hôtels et les mosquées continuent en général à adopter les formes et les motifs traditionnels, ce qui permet à cet artisanat de jouir d'une certaine prospérité, même si les impératifs économiques ne favorisent pas toujours la qualité des travaux. La technique utilisée consiste à dessiner les motifs sur la pierre avec un morceau de charbon, puis à l'évider au ciseau.

Les autres plages

De Nabeul, on peut se rendre à la station balnéaire de **Korba** (19 km, route 28). Un peu à l'écart de la ville est implanté un Club Méditerranée, seul aménagement touristique venant troubler la tranquillité du lieu. La route 27, qui longe la côte, est séparée de la mer

Les villages de pêcheurs sont nombreux sur la côte.

par des cultures ou des lagunes salées qui ont empêché la construction d'hôtels sur ce littoral. Il est agréable de s'arrêter en chemin sur une des belles **plages** désertes, notamment celle qu'on rejoint par le pont qui enjambe l'oued Chiba, puis en empruntant un sentier qui traverse les champs de blé et les dunes basses.

On atteint ensuite **Menzel Temime** (27 km, route 27), bourg animée de 13 000 habitants. De là, on a le choix entre deux itinéraires: continuer le long de la côte ou explorer l'intérieur des terres en prenant, vers l'ouest, l'une des routes qui serpentent à travers la riche région agricole de la presqu'île du cap Bon (route 26 vers Tazoghrane et Douela, à 20 et 25 km, ou route 27 vers Menzel Bou Zelfa à 42 km). Les fermes du cap Bon, tout comme celles de la vallée de la Medjerda, approvisionnaient déjà la ville de Carthage. Les propriétaires terriens étaient riches; les tombes de cette région contenaient d'ailleurs plus de précieux ustensiles et bijoux que celles de Carthage.

Rome jalousait la richesse agricole de la région. La petite histoire dit que Caton aurait, pour attiser la haine de ses compatriotes du Sénat contre Carthage, brandi quelques figues du cap Bon...

Lorsque Rome se fut emparée de Carthage, l'agriculture de ce cap contribua à nourrir l'Empire, bien que les territoires africains n'aient été au départ autorisés à exporter que des céréales, afin de ne pas concurrencer l'agriculture romaine. Avec l'arrivée au pouvoir d'Hadrien, ces interdictions furent levées et des avantages fiscaux furent accordées aux agriculteurs de la région. Plus tard, les Andalous s'installèrent à leur tour, apportant avec eux de nouvelles techniques agricoles sophistiquées.

Plus récemment, les Français plantèrent des vignes, ressuscitant une industrie viticole vieille de douze siècles. Le vin de muscat obtenu était de très bonne qualité et, après l'indépendance, les Tunisiens firent une entorse aux préceptes islamiques et se mirent à la viticulture.

La mer à Kelibia.

LE VIN

La Tunisie reste un pays essentiellement agricole, puisque environ le tiers de la population active du pays travaille dans le secteur primaire (en comparaison, il faut signaler qu'en France le secteur primaire ne représente plus que 8 % des actifs — comme dans la plupart des pays industrialisés — et que ce chiffre ne cesse de décroître). Cependant, ce secteur d'activité ne représente que 16 % du produit national brut (P.N.B.).

Les principales régions agricoles de la Tunisie sont la vallée de la Medjerda, l'arrière-pays de Tunis, le cap Bon et le Sahel. Les autres zones géographiques parviennent difficilement à subvenir aux besoins de la population locale. Parmi les plus importantes productions, viennnent en tête les olives (20 à 30 millions d'oliviers), les cultures céréalières, les dattes, les agrumes, mais aussi le vin (1 million d'hecto-litres).

On peut s'étonner, compte tenu de la sévérité des lois islamiques à propos de l'alcool, qu'il existe des vins tunisiens, fort bons de surcroît. Quant à la tradition vinicole du pays, elle est très ancienne. Mais, même si certains se souviennent peut-être d'avoir vu des bouteilles de vin de Tunisie dans les épiceries durant la période de l'entre-deux-guerres (il s'agissait en fait d'une médiocre piquette en provenance d'Algérie française), les vins tunisiens restent méconnus et sont souvent décriés, tout à fait à tort.

Les meilleurs vins de Tunisie, en général assez secs, équivalent aux vins de table français de qualité moyenne. Ils sont produits par des coopératives relativement importantes, les petits producteurs sont minoritaires, à l'exception de ceux de la région de Kelibia, spécialisée dans une sorte de muscat sec.

Il existe une grande variété de produits. Il est possible de trouver de très bons vins à des prix raisonnables tels que le haut-mornag (rouge, rosé ou blanc) et les coteaux de Carthage (blanc sec et muscat). Les vins qu'on sert le plus souvent sont le vieux thibar ou encore le koudiat et le royal tardi, vins de table de bonne qualité. Ils constituent une sorte de référence moyenne, à partir de laquelle il existe toute une variété de qualités.

Il existe aussi trois alcools produits localement: la thibarine, la fine thibar et surtout la plus connue, la boukha, une eau-de-vie blanche à base de figues.

La tradition vinicole tunisienne remonte aux Phéniciens, qui furent parmi les premiers à cultiver la vigne, art que les autres civilisations devaient leur emprunter. Il semble toutefois qu'ils vendaient la production locale pour acheter à Rhodes un vin qu'ils jugeaient de meilleure qualité. Ils fabriquaient, en outre, une sorte de xérès qui fut apprécié même de leurs ennemis jurés, les Romains, puisque ceux-ci nous ont transmis la recette. Les raisins étaient mis à fermenter entre 20 et 30 jours, puis la liqueur obtenue était décantée dans des jarres que l'on scellait avec des peaux. Il paraît que cette recette est toujours utilisée par la communauté juive de Bizerte.

L'arrivée des Arabes et des Ottomans, qui ont apporté avec eux les stricts préceptes de l'islam qui interdisent la consommation de vin, n'entraîna toutefois pas l'arrêt total des activités vinicoles. Nombreux étaient les étrangers en Tunisie — Byzantins, Normands, corsaires de toutes nationalités — qui ne partageaient pas ces obligations.

Sous le protectorat français, la Tunisie attira de nombreux immigrants venus de France et de l'Algérie colonisée qui remirent en route l'exploitation des vignobles. Cette concurrence nouvelle ne fut d'ailleurs pas vue d'un bon œil par les producteurs bien établis en Algérie, qui, semble-t-il, organisèrent une véritable «valse des étiquettes». Ils faisaient ainsi passer leurs plus mauvais crus pour des vins de Tunisie, dont ils achetaient pourtant les meilleures bouteilles pour les revendre en Europe où elles se transformaient miraculeusement en vins algériens. Mais n'est-ce pas là un bon plaidoyer en leur faveur?

Kelibia

On peut continuer le long de la côte jusqu'à **Kelibia** (12 km), l'antique Clupea des Romains. Port de pêche important, on y trouve, à environ 1 km du centre de la ville qui, lui, ne présente qu'un intérêt limité, une plage entourée de quelques hôtels et une splendide forteresse. L'École technique de pêche forme des élèves venus de tout le pays: en fin de journée, on peut voir de la **forteresse byzantine** qui domine le port du haut de ses 150 m, des flottilles de pêche qui partent en mer. Cette forteresse de grès lumineuse vaut la peine d'être visitée. Elle date du VIe siècle, mais des vestiges puniques et romains retrouvés sur le site témoignent d'une colonisation plus ancienne. La forteresse eut à jouer à maintes reprise un rôle défensif; au XVIe siècle, elle fut mise à sac par les Espagnols et reconstruite trois fois.

Au nord, s'étendent de belles **plages**, (à environ 2,5 km), plus agréables que celles de la ville et peu fréquentées la semaine, en dehors des vacances scolaires. Pour s'y rendre, il faut suivre la route qui traverse la riche enclave d'**El Mansoura**. Une courte marche à travers les acacias et les oliviers permet d'accéder à la plage.

On reprend ensuite la route 27 pour rejoindre (à 13 km) les ruines de l'ancienne colonie punique de **Kerkouane** (VIe siècle av. J.-C.), situées sur des falaises basses qui surplombent une côte rocheuse. On y accède par un jardin, planté d'herbes aromatiques et de fleurs, entretenu par un gardien qui propose souvent ses services aux touristes pour leur faire visiter les ruines. Ces dernières étant assez dispersées, il n'est pas facile de s'y diriger et la proposition peut être intéressante.

Kerkouane fut découverte en 1952; les fouilles commencèrent l'année suivante. Site modeste, elle a néanmoins son importance, car, contrairement aux autres colonies puniques, elle n'a pas subi de modifications de son architecture d'origine. En effet, le village fut détruit au IIe siècle av. J.-C. par les Romains, mais ceux-ci l'abandonnèrent aussitôt.

Vestiges de l'ancienne colonie punique de Kerkouane.

Grâce à la quantité de coquilles de murex brisées retrouvées sur le site, on sait que la ville fabriquait la pourpre, teinture extraite de ce mollusque. Celui-ci possède une glande qui vire au rouge lorsqu'elle est exposée au soleil. L'opération exige que les murex soient placés dans des cuves taillées dans le roc jusqu'à putréfaction de la chair. A Carthage et à Rome, où on s'en servait pour teinter les toges de la famille impériale (des calculs récents ont démontré qu'il fallait près de 12 000 coquillages pour colorer un seul vêtement), le commerce de la pourpre était florissant.

On a découvert très peu d'édifices publics sur ce site qui était principalement habité par des artisans. Les anciens **quartiers d'habitation**, délimités par un réseau de murets partiellement restaurés d'environ 1 m de hauteur, sont la partie la plus intéressante de la visite. Les maisons étaient remarquablement bien aménagées. On a retrouvé un nombre considérable de salles de bains privées, dont beaucoup étaient équipées de baignoires et de lavabos. Le ciment de cou-leur rouge qui entoure ces installations est demeuré intact, et on peut encore distinguer des systèmes de drainage sophistiqués.

On peut également signaler les murs d'enceinte, les portes et le port de la ville, difficiles à repérer, et un pavement de mosaïque représentant la déesse Tanit. Le culte de Tanit et Baal, couple divin protecteur de Carthage, ne se pratiqua guère avant le Ve siècle av. J.-C., lorsqu'à la suite de ses défaites contre les Grecs, Carthage «réforma» son panthéon. Les origines de Tanit ne sont pas connues avec certitude : elle serait issue du culte de la déesse mère des peuplades pré-helléniques de la mer Égée. Elle était en tout cas associée à la fécondité car, sur les stèles où elle est représentée, elle est souvent parée de couronnes de fleurs et de fruits ou entourée de deux gerbes de blé.

El-Haouaria et la fauconnerie

12 km plus loin, se trouve le village d'**El-Haouaria**. Outre sa vocation agricole, le

Le festival d'El-Haouaria.

cap Bon approvisionnait aussi Carthage en calcaire, utilisé pour les constructions. On faisait venir la pierre de ce village isolé situé presque à la pointe du cap, à 130 km à peine des côtes de Sicile. A cet endroit, le littoral sablonneux devient côte rocheuse. Entouré de collines couvertes de fougères, El-Haouaria est envahi de brumes marines de l'automne au printemps. Au sud du village se trouve l'une des plus belles plages de la côte: **Rass ed-Dreck** (à 4 km par une piste carrossable, signalée dans le village par un panneau).

La côte déchiquetée offre un habitat naturel idéal pour les faucons, et El-Haouaria est, de nos jours encore, spécialisé dans la fauconnerie; son seul hôtel s'appelle d'ailleurs l'Épervier. Les oiseaux sont capturés dès le printemps à l'aide de grands filets, dressés pour la chasse (aux cailles, aux lièvres et aux perdrix) du début de l'été, puis relâchés. Lorsque le nombre de faucons est suffisant et que le gibier est assez abondant, un festival de fauconnerie est organisé à la mi-mai dans le village.

Avec la **grotte des chauves-souris** (les enfants montrent volontiers le chemin à ceux qui désirent la visiter...), où l'on peut voir un nombre impressionnant de ces mammifères, les **carrières romaines** sont l'autre site digne d'intérêt d'El-Haouaria. La beauté du lieu où ont été creusées ces cavernes artificielles vaut le détour.

Les carrières

On atteint les carrières de **Ghar el-Kébir** en empruntant la piste qui part du nord-ouest du village, au terme d'une marche de trois petits quarts d'heure. La route monte légèrement puis redescend doucement, en direction d'une cabane (un café fort bienvenu) perchée au bord de la falaise.

Il est vraisemblable que, longtemps, les grottes n'ont été accessibles que par la mer. Sans en être sûr, on pense que ces excavations ont servi de geôles aux prisonniers de guerre, forçats et esclaves qui travaillaient dans les environs. Dans la caverne principale, on peut voir un rocher sculpté en forme de chameau qui a sans doute été exécuté par les carriers retenus prisonniers dans la grotte. Cette sculpture n'est en tout cas pas l'œuvre de l'érosion naturelle ou de la magie, contrairement à ce qu'affirme la légende locale qui veut que l'animal soit le gardien d'un trésor et qu'il s'anime chaque nuit.

La proximité de Carthage permettait de transporter par bateau, sans les endommager, d'énormes blocs de pierre de taille jusqu'à cette cité. La pierre, un calcaire coquillier, était trop friable pour qu'on puisse l'employer pour les façades ou la travailler; on l'enduisait donc souvent d'un revêtement en stuc. On a émis l'hypothèse que la médiocre qualité des sculptures carthaginoises serait une conséquence de la friabilité de cette roche. Le calcaire d'El-Haouaria servit à construire de nombreux tombeaux ainsi que le mur qui relie le rivage de Carthage à l'île du port militaire. Par ailleurs, on a retrouvé au cap Bon des tombes du VIe siècle av. J.-C. en calcaire d'El-Haouaria.

El-Haouaria, nous l'avons déjà signalé, ne possède qu'un hôtel, une pension,

Les jeunes faucons sont capturés en mars, puis dressés.

quelques cafés et aucun restaurant de qualité, excepté celui de l'hôtel. Il s'agit néanmoins d'un village animé (marché tous les vendredis), la population comprend essentiellement des agriculteurs et des pêcheurs, ces derniers travaillant dans le village voisin de Sidi Daoud.

Face aux îles rocheuses de Zembra et Zembretta, sur lesquelles vivent de nombreux oiseaux de mer et des phoques à capuchon, **Sidi Daoud** (à 7 km par la route 26) est le principal port tunisien pour la pêche au thon. Le village, qui accueille d'ailleurs plusieurs conserveries, est assez calme tout au long de l'année sauf de mai à juin, période durant laquelle tout le village s'enflamme pour la *matanza*, la pêche au thon.

Pline l'Ancien rapportait déjà dans son *Histoire naturelle* que des bancs de thons se déplaçaient de l'Atlantique vers la Méditerranée où ils pénétraient à la saison du frai. Depuis des siècles, les pêcheurs espagnols, nord-africains et siciliens profitent de ces migrations. Les premiers thons atteignent le détroit de Gibraltar en avril; ils doivent alors

affronter un véritable dédale de filets spécialement adaptés à ce type de pêche: les madragues. Ces filets sont tendus perpendiculairement au rivage sur plusieurs kilomètres et barrent la trajectoire aux thons qui sont alors contraints de suivre des corridors de plus en plus étroits qui les conduisent finalement à la «chambre de la mort». Les pêcheurs installés sur des barques qui entourent cette «chambre», semblable à une grosse nasse, la remontent alors à la surface. Les thons qui se débattent furieusement sont achevés à l'aide de perches, de harpons et de poignards. Les plus gros spécimens peuvent mesurer jusqu'à 4 m et peser 350 kg. La «cérémonie» se déroule dans une atmosphère de frénésie, et les eaux deviennent rapidement rouge sang...

En Tunisie, la pêche au thon était autrefois contrôlée par les Italiens, mais les capitaux qui servent à financer cette industrie sont désormais en majorité japonais. Des associations de défense des animaux ont à plusieurs reprises dénoncé cette méthode de pêche, car de

Le dressage des faucons réclame beaucoup de travail.

nombreux dauphins sont également victimes des madragues. Il était auparavant possible pour les touristes d'obtenir une autorisation pour assister à la *matanza*, mais ce spectacle est désormais réservé aux «spécialistes».

De Korbous à Hammam Lif

L'ambiance est plus détendue à la station thermale de **Korbous** (55 km par la route 26) qu'on atteint après avoir traversé le hameau agricole de Zaouïa el-Mgaïez (18 km) et Douela (25 km plus loin). La route, qui longe la crête de la falaise, est spectaculaire. Korbous finit par se dessiner au fond d'un vallon ouvert sur la mer.

Ce sont les Romains qui découvrirent les eaux thermales de Korbous, dont le nom était alors *Aquae Calidae Carpitanae*. Ils effectuaient régulièrement le voyage depuis Carthage pour jouir de leurs vertus. Les **étuves souterraines** qu'ils utilisaient sont encore visibles. Il existe sept sources, réputées chacune pour avoir des propriétés thérapeutiques différentes, dont les eaux atteignent des températures comprises entre 50 °C et 60 °C.

Comme beaucoup de stations thermales, le village a un aspect un peu suranné, malgré la rénovation de l'**établissement thermal**, ancien palais beylical reconverti en 1901, situé près du rivage.

Sur la falaise se dresse, menaçant ruine, une ancienne **résidence présidentielle**; Bourguiba était un grand amateur du thermalisme et se rendait à Korbous ou à Hammam Bourguiba, autre station proche d'Aïn Draham, en Kroumirie.

Dans l'unique rue de Korbous, sont installés quelques cafés et le restaurant-bar Les Thermes. Les hôtels sont surtout à conseiller aux curistes. L'**hôtel des Sources** est le plus luxueux: la demi-pension coûte 15,5 dinars en été (plus le prix de la cure), mais il est aussi possible (et surtout moins coûteux) de faire comme les gens du village: aller au **hammam**.

A **Aïn Oktor**, à 3 km au sud, jaillit une **source** dont l'eau minérale, très appréciée, est mise en bouteilles sur place. On

Le cap Bon est le véritable «jardin potager» de la Tunisie.

peut obtenir un échantillon gratuit en se servant à la fontaine de la cour de l'hôtel Oktor.

Sidi Raïs (à 3 km), village côtier, a connu des jours meilleurs. Ses maisons en bois peint sur pilotis, les *bit el-bahr*, (on peut également en voir sur la plage proche du village de Sidi-Bou-Saïd), étaient fort appréciées au XIXᵉ siècle. Elles servaient de résidences d'été aux riches artisans et commerçants de Tunis.

De là, la côte déchiquetée du nord du cap Bon cède progressivement la place à des paysages agricoles ; les landes sont remplacées par des olivaies clôturées et des cultures maraîchères. On suit la route 26 jusqu'à Soliman (17 km), puis on prend à gauche, vers l'intérieur des terres, la pittoresque route 27 qui conduit à **Menzel Bou Zelfa** (8 km). La ville, où on peut admirer une **zaouïa** du XVIIᵉ siècle à plusieurs coupoles, est, au printemps, emplie du parfum des fleurs de ses orangeraies. On emprunte ensuite la route 42 vers **Grombalia** (15 km), principal bourg viticole du cap Bon. De là, si on le souhaite, il est possible de rejoindre Tunis (63 km) par la route 1 ou par l'autoroute qui traverse les collines boisées du **djebel Bou Kornine**.

On peut faire un détour par les stations balnéaires du sud de Tunis : Soliman et Hammam Lif. De Grombalia, on rejoint **Soliman**, au nord, par une petite route (environ 10 km). Ce bourg agricole, fondé au XVIIᵉ siècle, possède deux **mosquées**. Il est agréable de faire halte dans un de ses cafés maures. A 5 km au nord-ouest, la route continue vers la station balnéaire de **Soliman-Plage**.

De Soliman, si on emprunte la route 26 vers Cedria-Plage (11 km) puis la route 1, on arrive à **Hammam Lif** (11 km). Ville punique, puis romaine connue depuis l'Antiquité pour ses sources thermales, elle est devenue la principale station balnéaire du sud du golfe de Tunis. L'implantation d'une zone industrielle (ports de phosphates, usines) et les constructions modernes amoindrissent certes la beauté du lieu, mais elle reste agréablement située au pied du djebel Bou Kornine.

Près d'un tiers de la population active tunisienne travaille dans les champs.

LE NORD

De la capitale à Bizerte (65 km) en passant par le site archéologique d'Utique, on traverse l'immense **plaine de la Medjerda**, aux terres agricoles fertiles enrichies par des dépôts alluviaux.

Cette plaine est la principale zone de cultures céréalières de la Tunisie. Soigneusement irriguée et drainée, protégée des crues violentes, elle a toujours été le grenier à blé de la Tunisie : de l'Antiquité à la nationalisation (en 1964) des terres appartenant à l'État français et aux grands propriétaires, en passant par l'époque coloniale — quand les colons constituèrent de grands domaines agricoles.

Paysages du nord

L'itinéraire, depuis Bizerte, longe ensuite une côte rocheuse et découpée, à l'écart des grands centres touristiques. On y découvre de belles plages sauvages jalonnées de charmants villages nichés dans les collines, ou implantés en bord de mer (Ghar el-Melh et Raf-Raf, à mi-chemin entre Utique et Bizerte).

De Bizerte à Tabarka (147 km), collines en pente douce et montagnes de faible altitude, couvertes de forêts verdoyantes et giboyeuses (sangliers), annoncent les sommets de la Kroumirie et de l'intérieur des terres. La côte est montagneuse et sauvage. De Tabarka, on peut ensuite se diriger vers Aïn Draham, au cœur de la Kroumirie. Cette région aux reliefs moyens (entre 800 et 1 000 m d'altitude), très verte, en raison de sa pluviosité, offre un contraste intéressant avec les autres paysages tunisiens.

La première étape de cet itinéraire est donc le site d'Utique (34 km de Tunis), que l'on rejoint par la route 8.

La fondation d'Utique

D'après le témoignage laissé par Pline l'Ancien (23-79) — auteur de nombreux traités et surtout d'une *Histoire naturelle*, vaste résumé des connaissances de son temps —, Utique aurait été fondée en 1101 av. J.-C. par des Phéniciens, c'est-à-dire près de trois siècles avant la naissance de Carthage. Cependant, les fouilles n'ont pas encore permis de retrouver des vestiges antérieurs au VIIIe siècle av. J.-C.

Port punique important, à mi-chemin entre Tyr et Cadix, Utique était autrefois au bord de la mer, mais les alluvions de la Medjerda ont fait avancer le rivage d'une quinzaine de kilomètres.

Son histoire est indissociable de celle de Carthage, dont elle fut tour à tour l'alliée puis l'ennemie. Combattant aux côtés de la grande cité lors des guerres contre la Grèce puis au cours des deux premières guerres puniques, Utique se rangea du côté de Rome lors de la troisième (149-146 av. J-C).

En guise de récompense, elle se vit attribuer le titre de ville libre et de capitale de l'Afrique romaine à l'issue des hostilités (cela jusqu'en 14 av. J.-C.). Utique prospéra tout au long de l'occupation romaine, elle était en 36 av. J.-C. la deuxième ville d'Afrique par le nombre de ses habitants, mais sa déca-

Pages précédentes : la superbe plage de Raf-Raf. A gauche, scène de vie dans un village tunisien ; à droite, il faut savoir prendre son temps en Tunisie.

dence est mal connue même s'il est vraisemblable que l'ensablement de son port fut une des causes de son déclin.

Elle fut finalement détruite par les Vandales, puis par les Arabes et ne fut plus jamais reconstruite. Les premières fouilles du site n'ont été effectuées que vers la fin du XIXe siècle. Une couche de sédiments d'une épaisseur de 5 m recouvre les ruines de l'ancienne cité, par ailleurs enfouies sous les eaux de la nappe phréatique.

Vestiges du passé

Bien que de taille modeste, Utique est un site archéologique intéressant (il faut bien compter une heure et demie même pour une visite rapide). On y retrouve des traces de son «double passé» punique et romain: ainsi, les fouilles les plus importantes, menées dans les années 1940, ont permis de retrouver un pavement punique, en ciment rouge incrusté de fragments de marbre blanc, recouvert par un pavement romain de marbre blanc et noir, lui-même dissimulé sous une belle mosaïque à motifs floraux du IIe siècle.

Les principales ruines d'Utique sont les vestiges de la nécropole punique et des villas romaines. La mieux conservée de ces villas est sans doute la **maison de la Cascade**, qui remonterait au Ier siècle av. J.-C. Vaste résidence, on y pénètre par une entrée creusée d'emboîtures, jadis destinées à recevoir les poutres du toit.

Puis, on découvre une suite de plusieurs pièces ordonnées autour d'un jardin à péristyle et deux jardinets, dont l'un est agrémenté d'une fontaine. La pièce principale, le grand triclinium (salle à manger), est dallée de marbre polychrome: marbre rose et jaune de Chemtou, près de la frontière algérienne, et marbre vert (cipolin) importé de Grèce.

La **nécropole punique**, située au nord-ouest des villas, avait été enfouie sous la ville romaine, dont il ne subsiste plus rien. On peut y voir des tombes taillées à même le roc et des sarcophages. Une grande partie des objets qui ont été

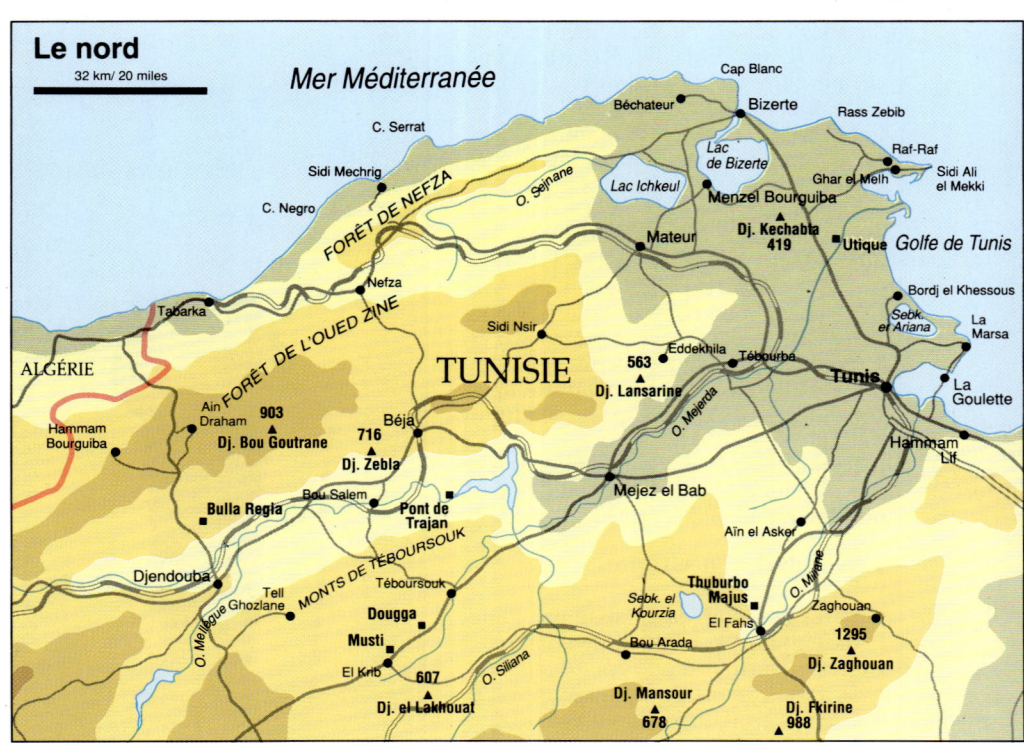

Le nord

retrouvés, qui sont très souvent des objets «importés» (amulettes égyptiennes, vases et flacons de toilette grecs), sont exposés dans un **musée** à environ 2 km du site, sur la route qui relie Tunis à Bizerte, mais les plus importants se trouvent maintenant au Bardo (à Tunis).

Ghar el-Melh, port de corsaires

D'Utique, la route 8 se dirige vers le nord-est et débouche à gauche sur la route 69 vers Ghar el-Melh. Dans cette région isolée, pourtant proche de la capitale, certaines femmes portent le tchador et des *sifsaris*, robes qui couvrent tout le corps.

Ghar el-Melh (63 km de Tunis), sur la rive d'un lac aujourd'hui très ensablé qui ne communique avec la mer que par un étroit chenal, est dominé par le djebel Nadour (334 m). Village de 6 000 habitants environ, il s'agit d'un centre agricole actif qui vit de la culture des agrumes et de la pomme de terre. Son aspect aujourd'hui paisible ne permet pas d'imaginer que, par le passé, Ghar el-Melh était un port de pirates et de contrebandiers.

Du XVIe au XVIIIe siècle, ce port, qui s'appelait alors Porto Farina, fut en effet un redoutable repaire de corsaires. Ils y construisirent d'ailleurs plusieurs forts. C'est aussi dans ce port qu'en 1655 l'amiral anglais Robert Blake s'empara de la flotte de Hammouda Bey et la détruisit.

Au XIXe siècle, profitant du déclin de la piraterie, les Husaynides tentèrent de faire de Ghar el-Melh une puissante base navale, mais l'envasement progressif du port fit perdre à la ville son rôle stratégique. En outre, la Tunisie privilégiait désormais les forces militaires terrestres au détriment des forces navales. Ghar el-Melh devint donc une ville de garnison, et les forts bâtis par les corsaires, après avoir été utilisés comme prisons, sont aujourd'hui transformés en écoles et logements.

Dans le **vieux port**, plus de navires épiques: on y voit seulement quelques petites barques de pêcheurs abritées

La maison de la Cascade à Utique.

sous des arcades en ruine. Un **nouveau port** a été construit à l'extrémité de la langue de terre qui s'enroule autour du lac. On y accède par une route agréable bordée de palmiers et de genêts et, à 6 km du bourg, on rejoint la charmante plage de sable blanc de **Sidi Ali el-Mekki**, dominée par des collines verdoyantes. Le tourisme n'y est pas encore trop développé, mais il est conseillé de l'éviter durant les week-ends et les périodes de vacances.

De Raf-Raf à Bizerte

A 5 km de là (il faut reprendre la route 69, puis tourner à droite) se trouve le bourg de **Raf-Raf** et ses 10 000 habitants. Avec sa longue plage blanche de 2 km, il fait face à l'îlot rocheux, et inhabité, de Pilao. Ici aussi, le tourisme est encore peu développé: Raf-Raf possède quelques restaurants et un hôtel, l'**hôtel Dalia**. Il est un centre artisanal actif (fabrication de cages à oiseaux, broderies). Ce bourg est aussi réputé pour son vin muscat.

Les amateurs des lieux retirés peuvent se rendre au **Ras Sidi Ali el-Mekki** (ancien cap Farina), à l'est, qu'on atteint par une route qui traverse une pinède qui borde la plage ; de là, une brève marche mène jusqu'à la mer.

De Raf-Raf, la route suit la côte et conduit jusqu'à **Ras el-Djebel** (8 km), bourg de 12 000 habitants, et, 7 km plus loin, **Metline**, petit village étagé à flanc de montagne, pour aboutir aux criques rocheuses du **cap Zebib**. Les routes de cette région sont sinueuses, le paysage est vallonné, les points d'eau potable nombreux. Les terrains marécageux, conséquences des crues de la Medjerda, avaient jusqu'ici limité le développement du réseau routier, mais les techniques modernes ont permis de drainer les sols tout en préservant certaines nappes d'eau.

On rejoint ensuite la route Tunis-Bizerte qui longe un moment la rive orientale du **lac de Bizerte**. On accède bientôt à la ville même par un pont mobile qui franchit le canal prolongeant le lac.

La station thermale d'Aïn Draham.

Brève histoire de Bizerte

Protégée par son lac et les montagnes, qui constituaient un rempart naturel contre les incursions berbères, et située sur l'ancien site d'Hippo Diarrhytus, Bizerte fut fondée par les Phéniciens, probablement avant Carthage. Elle fut prise par Agathocle, tyran de Syracuse qui luttait contre Carthage, puis détruite par Rome en raison du comportement de sa population lors de la troisième guerre punique (149-146 av. J.-C.).

Elle fut de nouveau dévastée par les Vandales puis par les Arabes en 661. En revanche, reconstruite au XIIIe siècle sous la dynastie hafside, la cité connut une relative prospérité. Aux XVe-XVIe siècles, elle servit ensuite de refuge aux Maures chassés d'Andalousie et devint le principal port de commerce de la côte nord de la Tunisie. Ces Andalous chassés d'Espagne firent aussi de Bizerte et de ses environs une zone de cultures potagères et fruitières.

En 1535, la ville fut conquise par les troupes de Charles Quint avant d'être envahie par les Turcs qui en firent un port de pirates.

Ce véritable repaire de corsaires qui s'attaquaient aux navires chrétiens, fut bombardé une première fois par des bâtiments français en 1770, puis par des navires de la République de Venise en 1785. Ce n'est cependant qu'en 1881 que les marins français prirent le contrôle du port de Bizerte.

Le port militaire

La France désirait, en effet, établir de puissantes bases navales en Méditerranée afin de faire contrepoids à la présence britannique à Gibraltar et à Malte. Sous le protectorat français, le lac de Bizerte fut aménagé, et un arsenal fut construit à Menzel Bourguiba (autrefois Ferryville), de l'autre côté du lac. Au XIXe siècle, Bizerte servit de base de transit pour toutes les expéditions coloniales.

Le port joua un rôle important durant la Première Guerre mondiale (en 1916 une partie de l'armée serbe s'y regrou-

Le jour se lève sur Bizerte.

pa). Au cours de l'entre-deux-guerres, il s'y passa deux événements: en 1921, tout d'abord, le port fut utilisé comme base par les troupes contre-révolutionnaires russes et, en 1939, les forces navales républicaines espagnoles furent retenues à Bizerte.

Pendant la Seconde Guerre mondiale, Bizerte fut occupée par les troupes germano-italiennes du 10 novembre 1942 (le gouvernement de Vichy ayant livré intacte la base aux forces de l'Axe) au 7 mai 1943, date à laquelle la ville fut libérée par les Américains aidés de quelques commandos français.

Après la proclamation de l'indépendance, en 1956, le problème de l'occupation de la base était resté en suspens, et la Tunisie réclama dès 1959 le départ des Français. Le contentieux de Bizerte finit par devenir l'un des problèmes majeurs de la toute nouvelle Tunisie indépendante et menaça le gouvernement dirigé par Bourguiba.

Ce dernier tenta de négocier avec la France. De ce fait, le président tunisien ne souhaitait pas recourir à la force, mais simplement organiser des manifestations politiques; toutefois les événements prirent une tournure dramatique et la question de l'occupation de Bizerte dégénéra en un conflit armé.

En 1961, des manifestations tournèrent à l'émeute, ce qui entraîna une intervention des forces armées françaises. Le chiffre officiel fit état de 1 000 victimes tunisiennes. Après signature d'un accord de cessez-le-feu, des négociations furent engagées qui aboutirent à l'évacuation définitive de la base, le 15 octobre 1963.

La ville

Bizerte est aujourd'hui une ville où sont implantées de nombreuses industries lourdes (raffinerie de pétrole, industries métallurgiques et mécaniques, fabriques de textile), installées dans les anciens arsenaux.

C'est aussi une station balnéaire. Les hôtels du centre de la ville sont de piètre qualité, et les complexes de la plage de Sidi Salem pas franchement élégants,

Le vieux port de Bizerte...

mais on trouve cependant de très agréables établissements en bord de mer, à 4 km au nord de Bizerte, le long de la route de la Corniche. Il faut recommander en particulier l'**hôtel Le Petit Mousse**, confortable et qui donne sur la mer.

Le **vieux port** de Bizerte, formé d'un long bassin coudé, a la grâce d'une aquarelle. Les maisons qui bordent les quais, certaines de style mauresque, d'autres de style français, sont charmantes.

On peut poursuivre la visite en se rendant **place Slahedine Bouchoucha**, toute en longueur, construite au XIXe siècle à l'emplacement d'un ancien bras du canal (il s'agit probablement du premier canal de la ville creusé par les Phéniciens). On peut y admirer une fontaine du XVIIe siècle.

On regagne ensuite l'entrée du port et la place du Marché, au pied des murailles de la **kasbah** du XVIIe siècle. Cette ancienne forteresse est maintenant transformée en quartier d'habitations, mais il fait bon flâner et se perdre dans ce dédale de ruelles et de passages voû-

… est toujours actif.

tés aux tons pastel. Pour sortir, on longe la kasbah, puis on rejoint une colline d'où on jouit d'une vue superbe et sur laquelle se dresse le **fort d'Espagne** (XVIe siècle, d'origine turque), réaménagé en théâtre de plein air. Face à la kasbah, on peut aussi gagner le petit **fort Sidi el-Hanni** qui abrite un **Musée océanographique** et qui offre également une belle vue sur le port et la ville.

Les environs de Bizerte

En une journée et à bicyclette, il est possible de faire de nombreuses excursions à partir de Bizerte. Le circuit qui mène au **cap Blanc**, pointe la plus septentrionale d'Afrique à 7 km au nord de la ville, permet, en chemin, de découvrir de superbes plages. Au sud de Bizerte, à 5 km, à mi-chemin entre la ville et le cap Zebib, il est possible de se rendre à la **plage de Remel**, bordée de hautes dunes.

Les amateurs d'ornithologie peuvent, eux, faire le tour du **lac Ichkeul** (ou *garaet* Ichkeul), à l'ouest de Bizerte (accès par le village de Tindja, à 25 km

par la route 11). D'une superficie de 110 km², ce lac est l'une des deux zones humides, avec les Everglades en Floride, à être classé patrimoine mondial par l'Unesco. Cette réserve naturelle est l'une des étapes les plus importantes des oiseaux qui migrent entre l'Europe et l'Afrique.

On peut y voir principalement des canards siffleurs, des fuligules milouins et des canards souchets ainsi que des colonies de foulques qui peuvent comprendre jusqu'à 200 000 spécimens. Il n'est pas rare non plus d'y apercevoir une espèce rare : le canard à tête blanche. Sur les rivages vivent aussi des buffles.

Au début des années 80, le site avait été menacé par des projets gouvernementaux de construction de barrages sur deux des rivières alimentant le lac. Mais, grâce aux pressions des organismes internationaux de protection de la nature, on parvint à un compromis : les barrages ont été édifiés, mais un débit suffisant est maintenu pour conserver au lac un niveau d'eau nécessaire.

De Bizerte à Tabarka

Une distance de 147 km sépare les deux villes de Bizerte et de Tabarka ; on longe dans un premier temps la **chaîne de Mogods** puis on franchit ensuite les montagnes septentrionales de la Kroumirie.

Pour suivre cet itinéraire, il faut parfois emprunter de petites routes déconseillées aux grosses voitures (C 51 et P 7). Mais la beauté des paysages en vaut la peine.

Cette région, très verte et vallonnée, est principalement tournée vers l'élevage — on peut voir de nombreux troupeaux de moutons et de chèvres gardés par des bergers solitaires.

Il y a peu de routes qui mènent à la côte : il est néanmoins possible, aux deux tiers de l'itinéraire, de rejoindre le **cap Serrat** (78 km de Bizerte, à mi-chemin entre Teskraïa et Sedjenane) ou, au départ de Sedjenane, d'accéder à la plage de **Sidi Mechrig** et au **cap Négro** (94 km de Bizerte), par des pistes sinueuses et assez difficiles.

Le fort génois de Tabarka.

Au large du cap Serrat, à environ 35 km de la côte, l'**archipel de la Galite** est un ensemble de plusieurs îlots rocheux, dont Galiton, Fauchelle... et le plus important: la Galite. Utilisé comme escale par les Phéniciens, puis par les Romains, il est aujourd'hui habité par des familles d'origine italienne qui tirent leurs ressources de la pêche à la langouste. Les autres îles de cet archipel sont désertes. **Galiton** accueille néanmoins la dernière colonie de phoques moines de la Méditerranée, dont certains mesurent plus de 2 m.

Pour se rendre sur l'île de la Galite, il est possible de prendre le bateau qui achemine le courrier depuis Bizerte (liaison hebdomadaire, le voyage dure environ 8 h), de louer un bateau (à Tabarka ou à Bizerte) ou de demander à des pêcheurs. Les fonds marins, très poissonneux, sont idéaux pour la pêche sous-marine. Il faut cependant signaler qu'il n'existe pas de possibilité d'accueil sur ces îles.

Sedjenane est le seul village important avant Tabarka. Il n'y a pas d'hôtel, mais

Statue d'Habib Bourguiba à Tabarka.

on y trouve des magasins d'alimentation, des cafés, des restaurants et une banque (il y en a aussi une à **Nefza**, 16 km plus loin). On rejoint ensuite Tabarka, 7 km avant d'atteindre la frontière algérienne.

Tabarka, enclave chrétienne

Tabarka, ancien comptoir punique et romain connu sous le nom de *Thabraca*, servit de port aux Romains pour l'exportation du marbre de Simitthus (Chemtou), ainsi que du liège, du bois et du minerai. On a d'ailleurs retrouvé de nombreuses mosaïques romaines et byzantines aujourd'hui exposées au musée du Bardo de Tunis.

La ville, un temps l'un des principaux évêchés d'Afrique, fut à son apogée durant l'époque chrétienne, comme l'attestent la quantité de vestiges (basiliques, couvents, églises) retrouvés à l'époque du protectorat; néanmoins, il n'en reste presque rien, l'administration coloniale française ayant fait raser les ruines pour bâtir le nouveau centre de la ville.

Après une période de déclin, en 1542, à l'instigation du roi Charles Quint, la ville passa sous le contrôle d'une famille génoise, les Lomellini, en échange du corsaire Dragut, lieutenant de l'un des frères Barberousse, qu'ils avaient réussi à capturer. Durant deux siècles, les Génois conservèrent le comptoir de Tabarka et y développèrent la pêche et le commerce du corail. La ville fut prise par l'armée d'Ali Pacha en 1741, ce qui devait mettre fin à la présence chrétienne. En 1781, les Français s'installèrent à Tabarka et relancèrent la pêche au corail. Cette activité est toujours l'une des principales sources de revenus de la ville avec le tourisme et le travail du liège.

Le site

Tabarka, entourée par les monts de la Kroumirie, est située au fond d'un golfe. Une île dominée par un phare est reliée à la terre par une chaussée. Il est possible d'aller y visiter les ruines d'un **fort génois**. A l'est de la ville s'étend une **plage** superbe, bordée de dunes ; la côte ouest est plus rocheuse et escarpée.

Le centre de la ville, organisé autour de la rue principale, l'**avenue Habib-Bourguiba**, est animé en été, mais la foule n'y est jamais oppressante. La ville est à l'image de la statue de l'ex-président représenté paisiblement assis avec un chien à ses pieds: tout est calme et détendu. Le meilleur hôtel de la ville est l'**hôtel des Mimosas**, mais il est très fréquenté et mieux vaut réserver. On peut, sinon, se rendre à l'**hôtel de France**, le plus ancien établissement de la ville (où Bourguiba fut emprisonné en 1952) ou à l'**hôtel Corail**, au confort rudimentaire.

Tarbaka étant toujours spécialisée dans le travail du corail, il existe plusieurs boutiques de bijoux, mais la qualité et le bon goût ne sont pas toujours au rendez-vous; il est conseillé d'être prudent dans ses choix.

La route de la Kroumirie

De Tabarka, une route perpendiculaire à la côte (la G.P. 17) permet de traverser la région montagneuse de la **Kroumirie**. Les tribus berbères de la Kroumirie étaient célèbres pour les fréquentes incursions qu'elles effectuaient en Algérie, où elles volaient du bétail. C'est d'ailleurs l'un de ces incidents frontaliers qui servit de prétexte à la France pour pénétrer en Tunisie et établir son protectorat. De nos jours, les Kroumirs ont perdu leur fougue d'antan et sont de paisibles agriculteurs ou vivent du tourisme. Le seul danger qui menace les touristes vient peut-être des très nombreux vendeurs qui proposent aux automobilistes des souvenirs divers, dont des objets en bois sculpté et en liège, et qui n'hésitent pas à se jeter littéralement devant les voitures pour les obliger à s'arrêter. Il est donc recommandé de conduire prudemment!

Autour de Tabarka

On quitte Tabarka en empruntant une route qui grimpe au milieu d'une forêt d'eucalyptus. Cette route, escarpée et sinueuse sur une douzaine de kilomètres, offre de très beaux points de vue au fur et à mesure qu'elle aborde les

L'hôtel Beau Séjour à Aïn Draham.

montagnes boisées de la Kroumirie, dont l'altitude moyenne est comprise entre 800 et 1 000 m. En contrebas, on aperçoit des fermes aux toits rouges, des champs ; les hauteurs sont couvertes d'un épais manteau de chênes-lièges, de pins, de chênes-verts et de fougères. En hiver, la région est souvent enneigée. Les forêts sont giboyeuses : sangliers, civettes, daims, mais aussi renards ; le dernier lion y fut abattu au début du XIXᵉ siècle, et la dernière panthère, dit-on, en 1932.

A 23,5 km de Tabarka, il est possible de faire un détour par le **col des Ruines** (prendre à droite), et de là, de marcher (environ 30 min) jusqu'au sommet du **djebel Fersig**, depuis lequel on jouit d'une très belle vue sur l'Algérie toute proche.

Après avoir repris la route principale, on arrive au village d'**Aïn Draham** (26 km de Tabarka). Au cœur de la Kroumirie, à environ 800 m d'altitude, on peut voir dans cette petite station thermale montagnarde aux rues escarpées de forts jolies maisons blanches aux balcons de bois et aux toits rouges. On y trouve aussi des cafés, des restaurants et des boutiques d'objets artisanaux en bois. Très fréquentée en été, la station ne compte que deux hôtels, le **Beau Séjour**, qui mérite bien son nom, et le **Rayani**. Il existe une autre station thermale, **Hammam Bourguiba**, à quinze kilomètre à l'ouest d'Aïn Draham, mais l'hôtel n'accueille que des curistes.

On peut aussi faire un détour, en direction du sud-est, pour se rendre au **barrage de Béni M'Tir** (long de 483 m et haut de 78 m). On peut ensuite rejoindre le village de **Fernana** (45 km de Tabarka) et son paysage de plaines dénudées. On aboutit, 15 km plus loin, au site romain de **Bulla Regia**, proche de Djendouba, sur un plateau dominant la vallée de la Medjerda.

Il s'agit d'une des anciennes cités romaines les plus remarquables de Tunisie. Fondée par les Phéniciens au IIIᵉ siècle av. J.-C., la ville devint romaine en 46 av. J.-C. Ce site a été redécouvert au début du XXᵉ siècle, après avoir été abandonné vers le XIIᵉ siècle.

Paysage près de Bulla Regia.

LE TELL

Le terme Tell s'oppose à celui de Sahara et sert à désigner les zones bien arrosées. Au sud de la Medjerda s'étend la région du Tell tunisien qui est surtout un pays de collines de faible altitude. Les pluies hivernales et un bon réseau hydrographique font de ses plaines, colonisées et exploitées depuis l'époque romaine, de riches terres agricoles.

Les richesses du Tell

Cependant, le Tell est victime de l'exode rural, la population étant attirée par les grands centres urbains qui offrent des emplois. Peu visitée par les touristes, son infrastructure hôtelière n'est donc pas très développée et reste de qualité assez moyenne. Mais il y a beaucoup à découvrir dans cette région, notamment des sites archéologiques.

Les deux principaux sites, Zaghouan et Thuburbo Majus, sont facilement accessibles depuis Tunis ou Hammamet, et il est possible de les visiter en une journée.

Sur le chemin de Zaghouan

Pour se rendre à Zaghouan (57 km de la capitale), il faut emprunter la route de Fouchana (G.P. 3) à la sortie de Tunis. Cette route, très fréquentée, ne traverse pas de villages particulièrement remarquables, sauf peut-être celui de **La Mohammedia** (16 km), où l'on peut contempler les ruines insolites d'un palais commencé au XVIIIe siècle et terminé au XIXe siècle par Ahmad Bey. En effet, ce dernier, de retour d'un voyage en France et fortement impressionné par le château de Versailles, désirait faire construire un édifice capable de rivaliser avec le palais du Roi-Soleil.

A quelques kilomètres au sud de ce village se dressent les ruines d'un **aqueduc** édifié sous le règne d'Hadrien (au IIe siècle), destiné à acheminer les eaux des sources de Zaghouan jusqu'à Carthage, sur une distance d'environ 70 km. A certains endroits, lorsque le relief l'exigeait, les conduites sont souterraines. Détruit par les Vandales, puis restauré par les Byzantins, avant d'être de nouveau mis à mal lors des conquêtes arabes, il fut remis en état par les Fatimides puis les Hafsides. Ses arches sont généralement relativement bien conservées.

Un peu plus loin (tourner à gauche et suivre une petite route sur 8 km), il est possible de visiter le site d'**Oudna** (l'antique Uthina), où on a découvert des vestiges romains, byzantins et chrétiens. Néanmoins, ces ruines risquent de décevoir le profane, et les très belles mosaïques qui ont été retrouvées sont exposées au musée du Bardo (salle d'Oudna).

On arrive ensuite à la station thermale de **Hamman Oust**, rebaptisée en 1977, un peu pompeusement, «complexe thermal du Djebel Oust», où l'eau surgit du sol à plus de 50 °C. Il est conseillé de visiter les superbes **thermes romains** qui se trouvent près de l'hôtel thermal.

Au niveau de cette ville, il faut bifurquer à gauche pour Zaghouan (suivre la route 133 puis la route 28).

Zaghouan

Zaghouan, accrochée aux contreforts du djebel du même nom, au-dessus de plaines fertiles, est un bourg de 7 000 habitants où coule beaucoup d'eau; dans ses rues et sur ses places, on trouve de nombreuses fontaines. L'eau du massif du Zaghouan continue d'ailleurs à alimenter Tunis, comme à l'époque antique. Capitale administrative de sa province et centre agricole important (un marché a lieu tous les vendredis), Zaghouan a conservé tout son charme malgré de nombreuses constructions récentes.

Elle occupe le site de l'antique ville de Ziqua, dont il ne reste qu'un **arc de triomphe** du IIᵉ siècle. Le principal monument de Zaghouan est cependant le **temple des Eaux** (Aïn el-Kasbah), qui date du règne d'Hadrien et servait de bassin collecteur. Il se compose d'un hémicycle dans lequel ont été aménagées douze niches autrefois occupées par des statues. L'hémicycle entoure un petit temple et une fontaine.

On peut également visiter la **grande mosquée** et le **marabout** de Sidi Ali Azouz, protecteur de la ville (XIXᵉ siècle), ainsi que la **nouvelle grande mosquée**, de 1982.

Quant à l'ascension du **djebel Zaghouan** (1 295 m), qui domine la ville, elle reste assez difficile; hors saison, il convient d'être prudent car le brouillard descend parfois très rapidement.

Thuburbo Majus

Thuburbo Majus est l'un des trois principaux sites romains de Tunisie avec Dougga et Sbeïtla. Pour atteindre Thuburbo Majus, il faut reprendre la route 28 en sens inverse, puis s'engager, à gauche, sur une petite route qui mène à El-Fahs, aussi appelé pont du Fahs (à 28 km de Zaghouan). Ce trajet est d'un intérêt limité jusqu'à Bir Halima, mais sa seconde partie est agréable et permet de découvrir de nombreux aspects de la Tunisie rurale. Le long de cette route sinueuse, accidentée, qui serpente au pied des collines, on peut notamment

Le temple des Eaux à Zaghouan.

admirer au sud de belles montagnes qui demeurent imposantes malgré leur faible altitude.

El-Fahs, gros bourg agricole affairé et bruyant de 10 000 habitants, n'offre pas d'intérêt particulier pour le touriste. De violents combats s'y sont déroulés durant la Seconde Guerre mondiale, en 1943, et la ville a été largement reconstruite depuis. El-Fahs est surtout un lieu de passage pour les visiteurs en route vers le site antique de Thuburbo Majus, à 5 km au nord, qu'on rejoint en reprenant la route 3 vers Tunis, puis en tournant à gauche (route 28).

Ce vaste site (l'agglomération s'étendait sur 40 ha) profite d'un très beau cadre naturel. Au nord, on peut voir au loin des cultures en terrasses, technique que le pays doit aux Phéniciens. **Thuburbo Majus**, lieu bien arrosé propice à l'agriculture, est probablement d'origine berbère, bien que la date de sa fondation demeure inconnue (les premières traces de son existence remontent au Ve siècle av. J.-C.); le site fut ensuite colonisé par les Phéniciens.

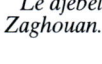
Le djebel Zaghouan.

La ville ne devint romaine qu'en 27 av. J.-C., lorsque Octave Auguste y établit une colonie de vétérans pour rétablir la paix dans les régions montagneuses voisines. Élevée au rang de municipe en 128, la ville prospéra aux IIe et IIIe siècles (elle comptait alors 8 000 habitants).

Sous les Vandales, elle fut détruite et réduite à un simple village. Elle retrouva un certain dynamisme à l'époque des Byzantins, puis fut définitivement abandonnée au moment de la conquête arabe, au VIIe siècle. Elle ne devait être «redécouverte» qu'en 1857 par un archéologue français. Les fouilles et les travaux de restauration ont commencé seulement en 1912.

Les vestiges datent tous de l'époque romaine. Près de l'entrée de la ville se dresse l'imposant **capitole**, construit en 168, dont les colonnes de 9 m de haut dominent la place. Depuis ce monument, le visiteur profite d'une bonne vue sur l'ensemble des vestiges.

Juste en dessous du capitole se trouve le **forum**, cœur de l'ancienne cité, construit entre 161 et 192, modifié et restauré en 376. Place carrée de 49 m de côté, elle était autrefois partiellement bordée par des colonnes. Dans l'angle nord, on accède par une large volée de marches au **temple de la Paix**, dédié au culte de Jupiter, de Junon et de Minerve. A l'arrière du fronton du temple, on peut observer des fondations massives destinées à le protéger des séismes, bien que la ville ne semble pas en avoir particulièrement souffert.

Derrière le capitole, on peut visiter des salles voûtées dans lesquelles avaient été installées des **huileries romaines**, dont il reste de profonds bassins utilisés pour le pressage et des citernes pour le stockage.

Face au capitole, à l'angle sud du forum, s'étend l'**agora**, ancienne place de marché dallée. Derrière celle-ci, sur le côté sud-ouest du forum, se dressent les ruines du **temple de Mercure**, construit en 211, dont le plan révèle une cour bordée de huit colonnes disposées en cercle.

A l'ouest du temple, on a retrouvé les vestiges d'un **quartier d'habitations**, où les constructions des civilisations vandale, byzantine et romaine se sont superposées.

Au sud-est de l'agora, on peut visiter les très beaux **thermes d'hiver**, composés d'une vingtaine de pièces. On y a retrouvé des piscines et des sols décorés de mosaïque.

A l'ouest, des colonnes délimitent la **palestre des Petronii** (du nom de la famille qui en a fait cadeau à la ville) où les habitants pratiquaient la lutte et la boxe avant de se rendre aux bains. On y a découvert une mosaïque représentant des boxeurs, aujourd'hui exposée au Bardo.

Les plus expérimentés en archéologie noteront également la présence d'un **sanctuaire** dédié à Esculape, dieu de la Médecine, de même qu'un temple consacré à Baal, le **temple de Baalat** (plus tard transformé en église) et un autre à Tanit, divinité carthaginoise.

A l'ouest de la palestre se trouvent les **thermes d'été** qui couvraient une superficie de 2 800 mètres carrés et qui furent restaurés en 361. Ceux-ci, plus vastes

Le capitole de Thuburbo Majus.

Thuburbo Majus

160m/ 0.1 miles

vers l'entrée du site

Capitole

Forum

Temple de Mercure

Marché

Maison du Labyrinthe

Thermes d'Hiver

Palestre des Petronii

Thermes d'Eté

Enclos de Caelestis

Temple de Baalat

Vers l'amphithéâtre

que les thermes d'hiver, sont composés de plusieurs piscines. On y a retrouvé des mosaïques de pavement.

A 200 m au sud des thermes et du temple de Baalat se dresse une colline sur laquelle on peut encore distinguer les ruines d'une vaste **citerne**, entourée d'une galerie, et les vestiges d'un **amphithéâtre**. A l'est, subsistent quelques traces d'habitations et de la voie romaine qui revenait vers le forum.

Le Tell septentrional

On peut, pour visiter cette région, partir de Tunis et emprunter la route P 5 — de Tunis à Medjez el-Bab (61 km) —, monotone et rectiligne, qui offre assez peu d'intérêt et qui est d'autre part assez fréquentée.

Il est donc préférable de poursuivre l'itinéraire précédent (de Tunis à Zaghouan, puis El Fahs et Thuburbo Majus), et de rejoindre la ville de Medjez el-Bab par la route 28 (45 km au départ du site). Presque déserte, elle traverse une campagne sans reliefs importants jusqu'à la moitié de l'itinéraire. Le paysage est composé de champs verdoyants protégés par des haies de cactus, tandis que des troupeaux de moutons bruns paissent sur les bas-côtés.

Cependant, à partir du modeste village de **Goubellat**, le paysage devient vallonné, rochers et broussailles rendant de plus en plus difficiles les cultures.

Lorsqu'on arrive à **Medjez el-Bab**, petite ville dominée par une haute falaise, on comprend aisément l'importance stratégique qu'elle eut autrefois. Occupant le site de l'antique colonie romaine de Membressa, la ville actuelle fut fondée par les émigrés andalous au XVIIᵉ siècle ; sa position clé en fit le théâtre de longs et sanglants combats durant la Seconde Guerre mondiale (il existe un cimetière militaire anglais un peu en dehors de la ville).

Testour

La route (route 5) continue ensuite vers Testour (20 km de Medjez el-Bab, 81 km de Tunis), traverse de minuscules

Palestre des Petronii à Thuburbo Majus.

hameaux avec leurs éternels cafés, garages et vendeurs de kebabs. **Testour**, installée sur un replat qui domine la rivière et la plaine de la Medjerda, doit son charme particulier aux réfugiés andalous qui la fondèrent au XVIIe siècle. Elle a jusqu'à nos jours conservé un caractère «sud-espagnol» évident.

On peut admirer dans cette ville de nombreuses mosquées aux ornements délicats. Testour est spécialisée dans la fabrication de tuiles vernissées qui ont notamment été utilisées pour la restauration de la **Grande Mosquée**, construite dans la première moitié du XVIIe siècle, dans le plus pur style espagnol. Ses murs imposants sont, en partie, faits de blocs de pierre originaire de l'antique site de Tichilla, sur lequel est bâtie Testour.

Au sud de la ville se dresse la **zaouïa de Sidi Naceur el-Garouachi**, édifiée en 1733 à proximité du tombeau de ce saint homme ; les femmes viennent encore nombreuses prier pour obtenir la réalisation d'un vœu. On peut également visiter la **maison de la Culture**, ancienne demeure d'un riche marchand juif.

Testour est aussi célèbre pour son festival annuel de malouf, musique hispano-arabe introduite en Tunisie par les Andalous au XVe siècle.

D'Aïn Tounga à Dougga

A la sortie de Testour, la route qui serpente, se dirige vers Teboursouk (24 km). On atteint, au bout de 10 km, **Aïn Tounga** hameau implanté sur le site de l'ancienne agglomération de Thignica, au bout de 10 km. Le principal monument de cette bourgade est la **forteresse byzantine** du VIe siècle qui domine la route au sud. Très bien conservée, elle possède encore cinq tours carrées et des fortifications complètes (murs, entrées). Derrière la forteresse se trouvent des ruines romaines.

Teboursouk (105 km de Tunis), ville de 10 000 habitants, se situe un peu à l'écart de la route principale, au nord-ouest. Bâtie en amphithéâtre à flanc de colline, la ville elle-même ne possède pas de charme particulier, mais son ambiance rurale et la beauté de ses paysages la

Le théâtre de Dougga.

rendent particulièrement agréable. Elle constitue un bon point de départ pour une excursion au site romain de Dougga, tout proche. Il est possible de loger à l'**hôtel Thugga** (deux étoiles), qui propose des chambres simples mais confortables (chambres donnant sur deux cours intérieures) et un restaurant tout à fait acceptable.

De Teboursouk, on peut se rendre au site de Dougga (suivre la vallée de l'oued Khalled sur 6-8 km), peut-être le plus impressionnant de toute la Tunisie.

Le site de Dougga

Dominant la plaine du haut de ses 600 m, **Dougga** (à l'origine colonie numide connue sous le nom de Thugga), étagée sur une pente escarpée, est très différente des autres sites romains, en général implantés sur des terrains plats et d'accès facile. Le choix de l'emplacement, le nom de la ville et les témoignages qui attestent de son existence dès le IVe siècle av. J.-C. — au IIIe siècle av. J.-C., elle servit de base opération-

Dougga
160m/ 0.1miles

Vers TÉBOURSOUK

Cirque
Tombes romaines
Citadelle pré-romaine
Dolmens
Temple de Saturne
Temple de Minerve
Tombes romaines
Sanctuaire de Neptune
Citerne
Aín Mizeb
Crypte
Aqueduc
Tombes romaines
Basilique chrétienne
Amphithéâtre
Source
THEATRE
Aqueduc d'Aín
El Hammam
Citerne
Temple de Mercure
Tombes romaines
Capitole
Place de la Rose-des-vents
Maison de Fouilles
Arc de Sévère Alexandre
Maison des Saisons
Temple de Caelestis
Forum
Temple
Tombes romaines
Dar el Acheb
Thermes
Latrines
Citerne
Nymphée
Thermes des Cyclopes
Maison du Trifolium
Arc de Septime Sévère
Thermes
Mausolée Lybico - punique
Aín Doura

nelle au roi numide Massinissa, allié à Rome contre Carthage, et devint une des principales villes de son royaume — prouvent que la ville existait déjà depuis fort longtemps avant l'arrivée des Romains, au IIe siècle.

En 46 av. J.-C., Dougga fut intégrée à l'Africa Nova (partie orientale de la Numidie). Sous le règne d'Hadrien (117-138), de riches citoyens financèrent la construction de nombreux bâtiments. En 261, la ville accéda même au rang de colonie romaine.

A la fin de l'occupation romaine, les Byzantins y bâtirent des fortifications; la ville passa ensuite aux mains des tribus berbères locales. Jusqu'à l'arrivée des archéologues, Dougga resta habitée, et on construisit même le village de **Nouvelle Dougga** pour reloger ses occupants.

Le site de Dougga est assez étendu et il faut compter 2 à 3 h pour le parcourir entièrement (il faut se méfier des services de guides parfois un peu encombrants!). La visite commence traditionnellement par le **théâtre**, remarquablement bien conservé, à droite de l'entrée principale du site. Construit entre 168 et 169, il pouvait accueillir 3 500 spectateurs grâce à ses 19 rangées de gradins. Un festival d'art dramatique y est organisé tous les ans. Du haut de cet édifice, on peut jouir d'un beau panorama sur le site.

La cité des temples

Au-dessus du théâtre, au nord, s'élèvent les ruines du **temple de Saturne**, dont quatre colonnes encore debout se remarquent de loin. Le temple date de 195 et a été conçu selon un modèle nord-africain typique (une cour, un portique et trois sanctuaires intérieurs). Les fouilles des fondations de ce temple ont révélé qu'il occupe le site d'un sanctuaire construit avant l'arrivée des Romains, dédié au culte du dieu Baal. Sur son pavement sont gravées des empreintes de pieds dont on ignore la fonction.

Pour visiter l'ancienne ville, il faut quitter le théâtre, passer devant la loge du gardien et descendre par un escalier dans des rues au tracé tortueux qui mènent aux quartiers commerçants et résidentiels. On peut observer les rainures creusées dans le sol par le passage des roues des chariots et les dalles striées pour donner plus d'adhérence aux sabots des chevaux, ainsi que les rigoles pour l'écoulement des eaux.

On arrive alors au **temple de la Piété Auguste**, de forme semi-circulaire (du IIe siècle), qui voisine avec les soubassements d'un ancien **temple de la Fortune**, sur lequel, les religions se succédant, a ensuite été érigée une petite mosquée.

La rue débouche ensuite sur une petite place, la **place de la Rose-des-Vents**, prolongement du forum construit en 190. Elle doit son nom à une grande rose de 8 m de diamètre gravée dans le dallage, qui mentionne les noms des douze vents. Sa construction est réputée avoir été financée, à la fin du IIe siècle, par une famille de riches citoyens (la famille des Pacuvi), à qui on doit également le **temple de Mercure**, au nord de la place, et, au sud, un marché aujourd'hui disparu.

Le monument le plus remarquable de cette cité, qui est aussi le temple romain le mieux conservé de Tunisie, reste cependant le **capitole**. Les escaliers qui y conduisent font 10 m de large et leur hauteur correspond à peu près à celle de la façade. Cet édifice est dédié à Jupiter, Junon, Minerve et aux empereurs Marc Aurèle et Licus Verus. Financé par la famille Marci (qui finança aussi le théâtre), il fut construit au IIe siècle. On y a retrouvé la tête d'une statue de Jupiter qui devait mesurer près de 6 m de haut. Le tympan du fronton est orné d'un bas-relief qui représente un homme enlevé par un aigle, symbolisant ainsi l'apothéose de l'empereur Antonin le Pieux.

A l'ouest du capitole, on peut visiter le **forum** : de dimensions modestes, par manque de place, les murs qui l'entourent, qui sont d'origine byzantine, ont été construits ultérieurement.

A flanc de colline, au nord du capitole, se dresse l'**arc de Sévère Alexandre**, petit-neveu du premier empereur africain Septime Sévère (un arc a été érigé en son honneur et porte son nom, à l'est du site). Toujours à l'ouest, non loin du

La Tunisie fut le grenier à blé de l'Empire romain.

capitole, se trouve le **temple de Caelestis**, dont les colonnades disposées en demi-cercle attestent l'originalité architecturale de Dougga par rapport à la «norme» romaine.

Du temple, on peut ensuite redescendre vers le centre de la cité antique, en revenant vers le forum. A partir de la rue principale, une ruelle latérale mène, sur la gauche, au **temple de Tellus**, dieu de la Terre. On revient ensuite dans la rue principale où l'on peut admirer quelques belles maisons (mosaïques), avant d'arriver aux **thermes Liciniens**. Construits au IIIᵉ siècle, très bien conservés, il s'agissait de thermes d'hiver. On peut notamment admirer sa salle à douze colonnes et un pavement en mosaïque.

La rue conduit aux **thermes des Cyclopes**, qui doivent leur nom à une splendide mosaïque aujourd'hui conservée au Bardo. Ils sont très délabrés, à l'exception de leurs **latrines** qui se composent d'un banc de pierre en forme de fer à cheval dans lequel ont été aménagés douze trous séparés les uns des autres d'environ 40 cm. Il y a également, fixé au mur, un lavabo alimenté par les eaux de pluie.

A côté des thermes se dresse la **maison du Trifolium**, construite au IIIᵉ siècle. On y accède en descendant 21 marches qui aboutissent à une grande cour entourée de pièces. L'une d'entre elles, en forme de trèfle, a donné son nom à la demeure. La discrétion fait qu'on passe sous silence le fait qu'il s'agissait d'une maison de prostitution (les latrines devaient également faire partie de ce bâtiment)…

On peut achever la visite de Dougga en allant, sur la gauche, voir le **mausolée lybico-punique**, haut de 21 m. Construit pour le prince numide Ataban, il est l'un des rares monuments connus antérieurs à l'occupation romaine. Bien que fortement influencé par l'architecture hellénique, il est orné de motif de type égyptien (voir les sphinx). Construit au IIᵉ siècle av. J.-C., abîmé au XIXᵉ siècle par le consul d'Angleterre, qui déroba notamment la plaque qui servait d'épitaphe — aujourd'hui exposée au British

Les femmes tunisiennes prennent une part active aux travaux des champs.

Museum — il a depuis été restauré (entre 1908 et 1910). Cette plaque a fourni la clef pour la compréhension de l'écriture numidique.

Il faut aussi signaler la présence, non loin de là, de l'**arc de Septime Sévère**, élevé en 205 et assez mal conservé.

Vers Béja et Djendouba

Au sud-ouest de Teboursouk, la route P 5 continue vers Le Kef (à 68 km), chef-lieu de 28 000 habitants, et permet de découvrir les sites romains d'**Agbia** et de **Mustis**. Sur ce dernier site, ancienne colonie de vétérans romains, on peut voir, entre autres, des vestiges de temples, de citernes, de boutiques et d'un fortin byzantin.

Un autre itinéraire est intéressant et consiste à prendre la petite route 75 qui part en direction du nord pour rejoindre Bou Salem, aux limites septentrionales du Tell, et grâce à laquelle on atteint les villes de Béja (à l'est) et de Djendouba (à l'ouest), proche du beau site romain de Bulla Regia.

Cette route traverse un paysage de riches vallées verdoyantes et de collines rocailleuses, cela jusqu'à **Thibar** (à 22 km). Ce village, célèbre pour ses vins, est perché au sommet d'une colline. Les pères blancs de la Société des missionnaires d'Afrique) y fondèrent en 1895 un **monastère**: Saint-Joseph de Thibar. Cette congrégation de prêtres fut fondée à Alger en 1868 par Charles Allemand-Lavigerie (né à Bayonne en 1825) pour évangéliser l'Afrique.

Mgr Lavigerie, cardinal en 1882, devait devenir le chef de l'église d'Afrique et l'administrateur apostolique de la Tunisie en 1884. A son instigation, les pères blancs se tournèrent aussi vers l'Afrique noire. Il s'est aussi distingué par son combat contre l'esclavage. Le cardinal Lavigerie mourut en 1892. Les derniers moines, eux, quittèrent le monastère, qui est devenu un centre d'expérimentation agricole et de vinification, en 1974.

Les reliefs cèdent ensuite la place à une plaine. La région est faiblement peuplée, et il y a peu de circulation.

Paysage près de Bulla Regia.

A 19 km, à **Bou Salem** (136 km de Tunis), on rejoint la voie rapide (58) qui relie Tunis et Ghardimaou, à la frontière algérienne. Cette agglomération de 10 000 habitants, ex-Souk el-Khemis, profite d'un superbe environnement. Un marché s'y tient tous les jeudis.

On peut choisir de prendre en direction de la capitale pour visiter Béja (27 km), puis revenir ensuite sur ses pas, dans la direction opposée, vers Djendouba (22 km de Bou Salem).

Béja, grenier à blé de Rome

Béja, 40 000 habitants, au flanc du **djebel Acheul**, a une histoire mouvementée. Située au cœur d'un pays fertile, elle a toujours été, avant tout, un centre agricole prospère. Elle eut certes à souffrir de pillages successifs (Romains en 109 av. J.-C., Vandales au Ve siècle, Arabes au Xe siècle), mais au Moyen Age, on la décrivait encore comme l'un des joyaux de l'Afrique du Nord. Aujourd'hui, elle est la principale agglomération de la vallée de la Medjerda.

La maison du Trifolium à Dougga.

Béja possède une **kasbah**, construite sur le site d'une ancienne **forteresse byzantine** aujourd'hui très abîmée, qui domine la ville; les édifices bien conservés sont occupés par l'armée. La vieille ville, remarquable par le nombre de ses **mosquées**, mérite le détour; on y découvre une ancienne **église**, derrière laquelle se trouve un marché peu fréquenté par les touristes.

A 13 km au sud de Béja, il est possible de suivre une piste en terre en assez mauvais état (route 76) pour y accéder, on emprunte un pont romain: le **pont de Trajan**. On pense que ce pont de 70 m a été construit sous le règne de Tibère en 29. Il est conseillé de revenir par la route 6 qui conduit à Mastouta.

De Béja, on peut retourner à Tunis, ou continuer vers le Tell en direction de Djendouba.

Djendouba

Au sud-ouest de Bou Salem, Djendouba (158 km de Tunis, 22 km de Bou Salem) offre, avec ses rues agréables bordées

d'arbres, un visage prospère et soigné. **L'hôtel Atlas** est sans doute le meilleur de la région.

Cette ville de 20 000 habitants, connue aussi sous le nom de Souk el-Arba, présente peu d'intérêt pour le touriste (elle ne possède ni monument ni vestige), en dehors des jours de marché, et constitue surtout un passage vers le site romain de Bulla Regia, perché au-dessus de la vallée de la Medjerda.

Bulla Regia

Pour rejoindre le site, il faut sortir de Djendouba par la route 17, en direction d'Aïn Draham et Tabarka, et la suivre sur 6 km (on passe devant le marché, l'hôpital et le centre de planning familial) jusqu'à un carrefour. Il faut ensuite prendre sur la droite la route 59 sur 3 km. Elle mène au site de **Bulla Regia**.

Un petit **musée**, ainsi qu'une salle de repos et un parking ont été aménagés à l'entrée du site. Moins spectaculaire que Dougga et Thuburbo Majus, le site n'en possède pas moins des réalisations archi-

tecturales uniques : des constructions souterraines.

La ville fut une capitale numide au IIe siècle av. J.-C. ; passant aux mains des Romains en 46 av. J.-C., elle fut d'abord un municipe (Ier siècle), puis une colonie sous Hadrien (128). Sa prospérité culmina au IIe siècle, époque à laquelle furent construits les principaux édifices retrouvés. Elle fut ensuite occupée par les Byzantins ; les premières fouilles ont été menées au début du XXe siècle.

Un site à découvrir

La visite (il faut compter deux bonnes heures) commence par les **thermes de Julia Memmia** (riche citoyenne de Bulla Regia). Ils datent du IIe siècle, mais ont été restaurés. Ils se composent de vastes pièces et de salles voûtées qui entourent le frigidarium.

Si on remonte ensuite le site vers le nord, on passe devant deux **basiliques chrétiennes** du VIe siècle (à gauche) ; un petit tertre sur la droite permet de profiter d'une vue d'ensemble sur le site,

La maison de la Chasse à Bulla Regia.

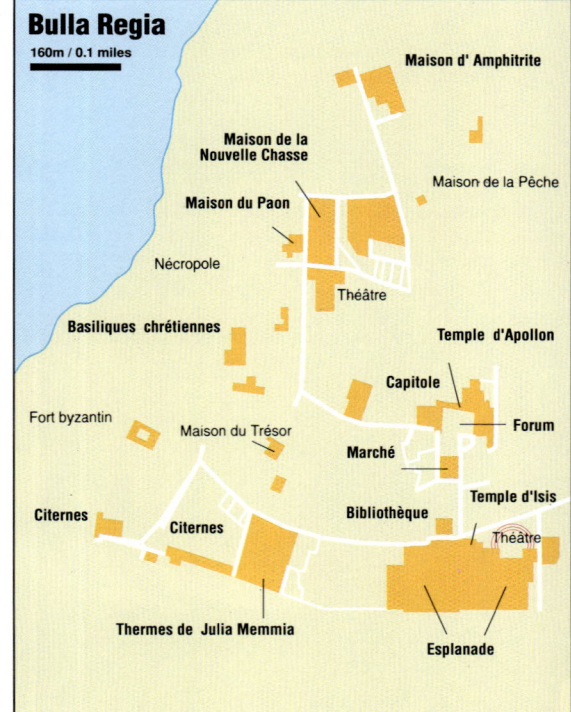

notamment du «quartier officiel», au sud-ouest. C'est sous la terre que Bulla Regia cache ses plus beaux trésors. Les riches Romains s'étaient fait construire des demeures souterraines dont les toits se situaient à peu près au niveau du sol.

En continuant vers le nord, on accède bientôt à la première de ces villas souterraines: la maison de la Chasse qui forme avec la maison de la Pêche et la maison d'Amphitrite une sorte de triangle (demander les clés au gardien, mais prévoir un pourboire). Chacune des villas porte le nom des mosaïques qu'on y a retrouvées.

La **maison de la Chasse**, qu'on reconnaîtra à ses colonnes rougeâtres, est située à la pointe occidentale du triangle. Il s'agit peut-être de la plus belle des demeures souterraines du site, avec sa cour à ciel ouvert (ou atrium) et son péristyle, ses bains, ses chambres spacieuses ornées de nombreuses mosaïques. On peut y voir des assemblages de tubes en terre cuite: ce système original, propre à l'Afrique du Nord, permettait de réaliser des voûtes légères et solides tout en palliant le manque de matériaux de coffrage (des tubes identiques sont exposés dans les thermes de Julia Memmia).

A la pointe orientale du triangle se trouve la **maison de la Pêche**, dont la construction est moins sophistiquée. On peut y admirer une mosaïque qui représente une mer poissonneuse; on peut noter aussi, au niveau du sol, des ouvertures destinées à la ventilation, ainsi qu'une fontaine semi-circulaire.

A la pointe nord du triangle, la troisième villa souterraine, la **maison d'Amphitrite**, a conservé in situ ses mosaïques, notamment celle de Vénus (confondue avec Amphitrite, qui a donné son nom à la villa).

On peut ensuite redescendre vers le sud, en direction du «quartier officiel». Il comprenait un **forum**, un **marché** au sud, un **capitole** au nord, dont il ne reste que le soubassement et un **temple d'Apollon**, patron de la ville. Plus au sud, on arrive au **théâtre**, adjacent à des thermes, puis au **temple d'Isis**, entouré par deux grandes esplanades.

Thermes de Julia Memmia.

Vers Chemtou et Thuburnica

De Bulla Regia, il est possible de reprendre la route 59, qui croise la route 17, et continuer vers l'ouest en direction de la frontière algérienne. Cette route conduit à deux autres sites romains de moindre importance, mais néanmoins intéressants, surtout pour les passionnés d'archéologie : Chemtou, l'antique Simitthus connu seulement depuis quelques années (à environ 30 km de Bulla Regia et de Djendouba, 178 km de Tunis), et Thuburnica, l'actuelle Henchir Sidi Bel Kacem, (14 km de Chemtou).

La route est bonne jusqu'à Chemtou, mais il faut emprunter un chemin caillouteux pour faire les trois derniers kilomètres jusqu'au site ; il en est de même pour atteindre le site de Thuburnica. Toutefois, il permet de découvrir une vallée rurale et paisible fort agréable.

A **Thuburnica**, on peut voir un mausolée, les vestiges d'un arc de triomphe, de temples, de thermes, d'une forteresse

byzantine, d'un aqueduc et d'un pont. Par ailleurs, les pierres de cette ancienne ville romaine ont servi aux Français pour la construction de bâtiments militaires.

Les deux sites n'ont joué aucun rôle stratégique et ne furent pas non plus des centres agricoles importants.

Le site de Chemtou

Chemtou doit son expansion à ses carrières de «marbre numidique», jaune et rose, très prisé des Romains qui le considéraient comme un matériau de luxe. L'exploitation du gisement commença au IIe siècle av. J.-C., et vers 80 av. J.-C., grâce à ce commerce florissant, deux colonies furent fondées, à l'abri des crues de la Medjerda. Les difficultés de transport et l'éloignement des carrières, aujourd'hui abandonnées, ne faisaient qu'accroître la valeur de ce marbre.

Sur le site, dominé par une colline, on peut observer au nord, au pied de celle-ci, les ruines des logements des gardes et surtout des ateliers du **camp des ouvriers**, où était effectué un premier travail de dégrossissage des blocs. En effet, en plus de la ville proprement dite, il existait un ensemble d'habitations qui formait comme un véritable village et accueillait les esclaves et les prisonniers qui travaillaient dans les carrières. De nombreux chrétiens furent ainsi déportés dans les mines de l'antique Simitthus.

A flanc de colline, au sud-ouest, se dressent un **théâtre**, une **basilique**, un **forum** et les vestiges, encore non explorés, de la **ville romaine**. Vers l'oued Medjerda, au sud, on aperçoit les ruines d'un **pont** qui attestent de l'importance qu'eut jadis le site.

Les objets retrouvés au cours des fouilles, entreprises à partir de 1970 (bas-reliefs, mosaïques, têtes sculptées, stèles commémoratives), sont exposés dans la cour du bâtiment qui accueille l'équipe d'archéologues germano-tunisiens (il n'y a pas de visite organisée ; demander la permission au gardien, un pourboire sera toujours le bienvenu !). Les résultats des fouilles sont encore maigres, mais les spécialistes ont déjà récolté de précieux renseignements qui risquent cependant de laisser indifférent le profane.

Mosaïque de Bulla Regia.

La frontière

De Thuburnica, une piste de 11 km permet de rejoindre la route 6, qui mène à la ville-frontière de Ghardimaou. Pour rejoindre la route 6 au départ de Chemtou (au niveau d'Oued Meliz), le chemin est moins long, mais très accidenté.

Ghardimaou (192 km de Tunis, 12 km de Chemtou), dernière bourgade tunisienne avant l'Algérie, n'offre pas d'intérêt particulier, mais le magnifique paysage montagnard qui l'environne mérite le détour. Dans cette ville-frontière de 9 000 habitants se tient un marché le jeudi.

De là, on peut éventuellement gagner **Aïn Soltane** (suivre la route en direction de l'Algérie sur 4 km, puis prendre une piste carrossable à droite), situé dans la très belle **forêt de Feidja**, au cœur d'une région giboyeuse (notamment de nombreux sangliers). Il faut cependant signaler que cette région frontalière, non surveillée, doit être explorée avec précaution.

Le Kef

De la frontière, il faut regagner la route de Tunis (route 6) pour atteindre la ville de **Le Kef** (170 km de Tunis, 66 km de Djendouba), soit par une petite route difficile, mais belle, qui part d'Oued Meliz et qui franchit le barrage de l'oued Mellègue, soit en retournant à Djendouba, puis en prenant la route 17.

Cette dernière traverse de beaux paysages accidentés. Elle rejoint, 39 km plus loin, la route P 5 (qui vient de Tunis) et passe par une plaine qui met encore plus en valeur le site de Le Kef, étagé sur le flanc du **djebel Dir el-Kef** (prolongement du Haut-Tell), entre 700 m et 850 m d'altitude, d'où son nom qui signifie : le rocher.

La ville a derrière elle une longue histoire : occupée dès la préhistoire, elle fut habitée par des peuplades numides dont on a retrouvé des tombeaux, mais elle est surtout connue sous le nom de Sicca Veneria. Elle abrita, après la première guerre punique (IIIe siècle av. J.-C.), les mercenaires de Carthage.

Mosaïque de la maison d'Amphitrite à Bulla Regia.

Devenue romaine, elle connut une grande prospérité aux IIe et IIIe siècles et fut élevée au rang de colonie. Ruinée par les conquêtes vandales puis arabes, Sicca Veneria fut abandonnée, mais retrouva ensuite progressivement de son importance. Rebaptisée Le Kef, elle fut repeuplée et fortifiée au XVIe siècle et demeura longtemps l'objet d'un conflit entre les beys d'Alger et de Tunis. Ce n'est qu'au XVIIIe siècle que la ville passa sous le mainmise du bey de Tunis.

La ville se considère de nos jours comme la capitale de la région frontalière de l'ouest, mais elle n'en est pas moins à l'écart de la ligne internationale de chemin de fer qui passe par Djendouba. D'autre part, le nombre de chômeurs est très élevé dans la région qui s'estime délaissée par le gouvernement, compte tenu du traitement réservé à d'autres provinces. En outre, Le Kef reste peu ouverte au tourisme du fait de l'absence d'une infrastructure hôtelière convenable. Elle reste malgré tout une ville très animée, agréable à visiter et très «authentique».

Visite de la ville

La ville se divise en deux parties: la pittoresque **ville basse**, construite autour de l'ancienne source, et la **ville haute** dominée par la **kasbah**, récemment abandonnée par l'armée. L'axe principal de Le Kef, l'avenue Habib-Bourguiba, suit les contours de la colline en pente douce sur laquelle la ville est construite, mais les ruelles sont très escarpées et ressemblent parfois plus à des escaliers.

On peut commencer la visite de la ville en partant de l'hôtel de la Source (qu'il vaut mieux éviter par ailleurs), auprès duquel coule la source de l'**Aïn el-Kef**, qui alimente la ville en eau depuis l'époque romaine. On peut en visiter les canalisations, les thermes situés tout près et, tout au long des ruelles, observer les vestiges d'anciennes **citernes**.

Si on se dirige ensuite vers le sud, dans la rue Ferhat-Hached, on découvre le **Dar el-Kous**, basilique chrétienne dédiée à saint Pierre. Il faut ensuite prendre en direction du nord, en empruntant une

Femme berbère à La Kesra.

série de ruelles tortueuses, passer devant une synagogue désaffectée et un mausolée, pour atteindre l'ancienne Grande Mosquée, appelée l'«édifice antique», aujourd'hui transformée en **musée**. Tout près de là, se dresse la mosquée de **Sidi Bou Makhlouf**, avec son minaret octogonal, construite au XVIe siècle.

Puis on peut, en se dirigeant vers la droite, rejoindre le **musée régional des Arts et Traditions populaires**, où sont exposés de nombreux objets ayant trait au nomadisme, dont une tente et son équipement, telle qu'on en voit encore dans les parties les plus sauvages des déserts tunisiens. On peut continuer vers le nord-est et se rendre à la **Bab Ghedir**, ou porte de la Trahison.

De là, on peut accéder par une échelle à de vastes **citernes** romaines (onze au total). Il est aussi possible de bifurquer au niveau du musée en reprenant la rue vers la gauche. On passe alors devant le **palais présidentiel** pour atteindre un peu plus bas la **zaouïa des Qadriya** (ou zaouïa de Sidi Mizouni), construite en 1834.

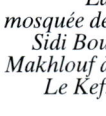

La mosquée de Sidi Bou Makhlouf à Le Kef.

Les environs de Le Kef

A la frontière algérienne, à environ 42 km à l'ouest de Le Kef, se trouve le petit village de **Sakiet Sidi Youssef**. On peut y voir un monument qui commémore le bombardement du village, qui abritait une base du F.L.N. (parti nationaliste algérien créé lors de l'insurrection du 1er novembre 1954, qui marque «officiellement» le début de la guerre d'Algérie), par l'aviation française en février 1958.

Ce bombardement fit soixante-neuf victimes parmi les civils tunisiens. Cet événement provoqua une grave crise avec la Tunisie et conféra au conflit algérien une dimension internationale.

Il est aussi possible de visiter deux sites romains proches de Le Kef: Althiburos et Haïdra. Pour s'y rendre, il est conseillé de prendre la route C 71 jusqu'au bourg de Dehmani (à 30 km, nouveau nom d'Ebba Ksour), centre agricole de 12 000 habitants, puis à gauche la route 18 en direction de **Djerissa**, principale mine de fer de la

Tunisie. 7 km plus loin, une piste en mauvais état permet d'atteindre **Medéina** (8 km), l'antique **Althiburos** romaine.

Le site est peu étendu et les ruines n'ont pas encore été complètement étudiées. Elles sont réparties au-dessus et autour de l'oued Aïn Oum el-Abid. Municipe au IIe siècle, sous le règne d'Hadrien, la cité prospéra jusqu'au IVe siècle, mais fut finalement abandonnée lors des conquêtes arabes, au Xe siècle. On peut visiter au sud-ouest le **capitole** qui précède le **forum** et un **temple** tétrastyle.

Althiburos est surtout célèbre pour ses mosaïques splendides (exposées au Bardo) retrouvées dans trois grandes villas isolées: la **maison de la Pêche** (au sud du temple) et, de l'autre côté de l'oued, la **maison des Muses** et l'**édifice des Asclepeia**.

D'Althiburos, il faut regagner la route 18 et prendre en direction de Djerissa (31 km). Au croisement avec la route 17 qui mène à Kasserine, deux itinéraires sont possibles. On peut conti-nuer tout droit sur la route 79, jusqu'à **Kalaat es-Senam** (24 km), pour aller admirer la **table de Jugurtha** (du nom d'un roi numide qui combattit les Romains dans la région au IIe av. J.-C.), qui mérite le détour. Il s'agit d'une curieuse montagne tabulaire (1 271 m) qui offre un panorama exceptionnel.

L'autre itinéraire consiste à se diriger vers **Kalaa Khasba** (21 km), centre d'extraction de phosphates de 5 000 habitants, pour rejoindre les ruines d'Haïdra, à 18 km (prendre à gauche la route G.P. 4).

Haïdra, l'antique Ammaedara romaine, joua un rôle stratégique, puisque la défense de la frontière occidentale de la province d'Afrique lui incombait. Elle servit de camp à la IIIe légion Auguste (qui comptait 5 500 légionnaires); elle devint ensuite une colonie de vétérans au Ier siècle. Ville épiscopale en 256, elle fut fortifiée par les Byzantins, détruite par les Arabes et sombra dans l'oubli jusqu'à l'époque des premières fouilles entreprises sur ce site à la fin du XIXe siècle.

Le marchand de tapis attend tranquillement ses clients.

Le site n'a pas été systématiquement exploré et il reste peu visité. On peut cependant admirer l'**arc de triomphe de Septime Sévère**, construit en 195, qui se trouve à l'intérieur de fortifications édifiées ultérieurement. En suivant la voie romaine qui conduit à l'intérieur de la ville, on aperçoit, à droite, les ruines d'un théâtre, avant d'arriver à la **citadelle byzantine** (sur la gauche), construite sous Justinien (527-565), et aux ruines du **capitole** et d'un **marché** (sur la droite).

La route de Kasserine

De Haïdra, il faut retourner à Kalaa Khasba, d'où on peut rejoindre Kasserine, à 60 km au sud, par la route 17 qui traverse un paysage aride mais varié. Les cultures sont clairsemées, les fermes pauvres, et le terrain très rocailleux ne convient guère qu'aux chèvres et aux moutons.

On trouve tout à Le Kef, même des armes…

La route monte jusqu'à **Thala** (13 km de Kalaa Khasba), village de 5 000 habitants perché à 1 017 m d'altitude. Dans ce lieu à l'aspect désolé, les températures sont fraîches même au printemps. Le village possède des carrières de marbre et de kaolin, mais tire principalement ses revenus de l'agriculture et de l'élevage, et n'est guère animé, même les jours de marché (le jeudi).

A partir du col qui surplombe Thala, la route redescend vers la plaine ; les collines s'effacent progressivement et le paysage prend des airs de désert.

On arrive à **Chambi**, petit centre agricole, où se rejoignent la voie ferrée et la route 13. A l'ouest, s'élève le **djebel Chambi** (1 544 m), point culminant de la Tunisie.

On atteint ensuite **Kasserine**, chef-lieu de gouvernorat et ville industrielle. Proche du site de l'antique Cillium, cette cité moderne de 23 000 habitants a conservé quelques monuments romains (à l'ouest, sur la route de Gafsa), mais, en dehors de ses rues bordées de hauts palmiers, elle n'offre pas d'intérêt particulier. Il s'agit avant tout d'un centre administratif où la présence militaire est forte.

Sbeïtla

Au nord-est de Kasserine — qu'on quitte par la route 13, large, bordée d'arbres et très bien entretenue — on traverse des olivaies touffues pour rejoindre, à 38 km de là, le site romain de Sufetula, l'actuelle **Sbeïtla**. Les principales ruines s'étendent du côté nord de la route, sur la gauche.

La ville moderne, avec ses 8 000 habitants, sans grand intérêt, se situe plus loin à l'est du site, au-delà de l'ancien **arc de triomphe**. Il est à noter qu'il existe au nord-ouest des ruines un hôtel, l'**hôtel Sufetula**, d'où l'on peut profiter d'une belle vue sur l'ensemble des monuments.

De Sufetula, on sait seulement ce que nous ont transmis les inscriptions retrouvées sur le site. La plus ancienne date de Vespasien (empereur romain de 69 à 79), et le plan régulier de la ville, typiquement romain, laisse à penser que l'endroit n'avait pas été occupé auparavant. On estime donc que la ville fut fondée dans la première moitié du Ier siècle.

Dans un premier temps municipe, elle accéda au rang de colonie romaine. Le patrice byzantin Grégoire s'y établit, et la ville fut transformée en place forte, ce qui n'empêcha pas la cité d'être prise et pillée en 647 par les Arabes. Puis le site fut abandonné.

Les premières fouilles furent entreprises en 1907. De nos jours, les recherches se poursuivent et, jusqu'à présent, 50 ha ont été explorés, soit environ un tiers de la surface de l'ancienne ville qui comptait une dizaine de milliers d'habitants.

Les splendeurs de Sufetula

A l'entrée du site, passé deux fortins byzantins et une petite église, on accède, par des rues au tracé régulier, au **forum** du IIe siècle, entouré d'un mur et bordé au nord-ouest par trois **temples** probablement dédiés à Jupiter, Junon et Minerve. En quittant le forum par le côté nord, on suit une rue qui mène à l'**église de Bellator** (IVe siècle) et, plus à l'ouest, à l'**église de Vitalis**, où l'on peut

Les ruines de Sbeïtla.

admirer un baptistère oblong. A proximité de la première église a été retrouvée la sépulture de l'évêque martyr Jucundus.

Il faut ensuite prendre à droite, puis à gauche, pour parvenir à l'**église de Servus**, élevée sur l'emplacement d'un temple païen. Derrière l'église se dressent les **grands thermes**, en assez bon état, comprenant des thermes d'hiver et des thermes d'été. On peut encore y observer les bassins dallés des frigidariums et les hypocaustes du caldarium, ainsi que des fragments de mosaïque. Pour finir la visite, il est possible de passer par le **théâtre**, derrière les thermes.

De Sbeïtla à Maktar

Temples dédiés à la Triade capitoline — Jupiter, Junon et Minerve — à Sbeïtla.

Une centaine de kilomètres séparent Sbeïtla du site romain de Maktar. Pour éviter la grande route qui se dirige vers Kairouan, Sousse et Tunis, il faut prendre au nord de Sbeïtla la route 71. Elle traverse un paysage désolé jusqu'à la ville de **Sbiba** (à environ 40 km au nord de Sbeïtla). Ce bourg agricole

occupe le site de l'antique **Sufes**, dont les ruines peuvent éventuellement être visitées au passage.

On traverse ensuite le village de Rouhia, puis, 27 km plus loin, on parvient à un carrefour. Il faut tourner à droite, vers le nord-est, pour atteindre Maktar, à 21 km, par la route 12. Au long de trajet, le paysage ne cesse de changer: rochers, pâturages luxuriants où paissent des troupeaux, ravins et landes se succèdent. Si on rejoint Maktar par le nord (route 12), en partant de Le Kef, les paysages sont aussi superbes.

Maktar: l'ancien et le moderne

Maktar, construite à environ 1 000 m d'altitude, est une ville paisible et agréable, à l'image de ses habitants, toujours prêts à aider le voyageur.

La cité antique était composée, dans un premier temps, d'une forteresse bâtie par les rois numides afin de repousser les attaques des Berbères, au IIIe siècle av. J.-C.; la fondation de la ville proprement dite, par des colons

puniques, remonte au siècle suivant. Devenue romaine et connue alors sous le nom de Mactaris, au IIe siècle, elle prospéra jusqu'au siècle suivant, fut occupée par les chrétiens et les Byzantins, avant d'être abandonnée à la suite de l'invasion des Hilaliens (tribu arabe) au XIe siècle.

La ville moderne, fondée au cours du XIXe siècle par les Français, et le vieux site romain se font face aujourd'hui, séparés par l'**arc de triomphe de Bab el-Aïn**. Les fouilles du site antique ont été entreprises à partir de 1914 et surtout à partir de 1944.

La visite du site

L'accès au site se fait par le **musée**, qui conserve de belles mosaïques représentant des animaux, mais aussi une collection de stèles, de fragments de sculptures, de linteaux et d'objets tels que des lampes ou des bijoux; ces objets sont un exemple intéressant de la persistance de l'élément africain face à la romanisation.

Les ruines, assez dispersées, sont situées sur une colline. Du musée, une voie romaine passe par l'**amphithéâtre**, sur la droite, pour aboutir au **temple de Hathor Miskar** (fin du IIe siècle-début du IIIe siècle) qui fut par la suite transformé en église, avec à l'est la **maison de Vénus**, l'une des plus riches résidences découvertes.

On se dirige ensuite vers la droite pour rejoindre une autre voie romaine dallée qui permet d'accéder au **forum** (IIe siècle), dominé à l'est par un **arc de triomphe**, consacré à l'empereur Trajan (construit en 116), qui occupe l'emplacement d'un ancien tophet carthaginois. Sa construction fut financée par des citoyens de la cité pour remercier l'empereur d'avoir élevé leur ville au rang de municipe.

Il voisine avec la **basilique d'Hildeguns** qui renferme plusieurs dalles funéraires byzantines et qui doit son nom à un prince d'origine germanique, vraisemblablement vandale. Autour de l'arc, des fortifications byzantines ont été construites qui se prolon-

La Schola des Juvenes à Maktar.

gent jusqu'aux **grands thermes du sud**, qui datent de la fin du IIᵉ siècle. Très bien conservés, on peut notamment y admirer un frigidarium et ses mosaïques, ainsi qu'une palestre.

On revient ensuite sur ses pas, vers la gauche, le long de la rue romaine. Sur la droite s'élève le **temple de Liber Pater** (Bacchus), transformé en église et, en face, le **vieux forum**. Puis, on tourne à gauche dans une autre rue, orientée du nord au sud, qui mène à un ensemble de bâtiments qui formaient la **Schola des Juvenes**, siège de l'association des jeunes gens des familles nobles et aisées de Maktar qui s'y réunissaient pour recevoir un entraînement sportif et militaire. Ces jeunes gens constituaient, en plus, une sorte de milice chargée de maintenir l'ordre dans la région, car les quelques soldats stationnés dans la province (une seule légion), trop peu nombreux, n'y parvenaient pas.

Le village de La Kesra vaut largement le détour.

Une autre de leurs tâches consistait à contrôler les versements de l'*annonna*, un impôt payé en céréales. Le grain était probablement stocké dans un édifice à quatre absides, le **Quadrilobe**, où on peut encore voir des auges en pierre destinées à recevoir les céréales, placées sous des guichets .

Derrière la Schola se trouve une **nécropole** très ancienne où furent découvertes des tombes mégalithiques, romaines et byzantines. Il faut repasser devant la Schola pour rejoindre, tout au bout de la rue, les **thermes du nord** (VIᵉ siècle, époque byzantine), voisins des **thermes du Soffite capitolin** (IIᵉ siècle), transformés en basilique chrétienne.

Les environs de Maktar

Il est possible de visiter plusieurs villages proches de Maktar. Le plus intéressant est sans doute celui de La Kesra, à 17 km au sud par la route 12 qui serpente dans une immense forêt de pins d'Alep et de chênes rouvres, d'une superficie d'environ 20 000 ha.

La Kesra (3 000 habitants) est un vieux village perché sur un plateau rocheux (Hammada Kesra) à 1 078 m

d'altitude. Depuis le Moyen Age et jusqu'en 1887, date de la fondation de la ville de Maktar, ce bourg où s'étaient installés des Maures chassés d'Andalousie et des juifs, fut l'un des principaux marchés de la région.

Les maisons, serrées les unes contre les autres, font corps avec la falaise et ne laissent qu'un passage étroit et vertigineux aux voitures. Dans les anciens quartiers du village, il est encore possible de voir de vieux tisserands. Sur le côté de la route, une canalisation montée sur des poteaux achemine une eau claire jusqu'aux prés verdoyants en contrebas. Du village, la vue est spectaculaire. On y éprouve la même impression qu'à Le Kef et Sidi-Bou-Saïd: il s'agit de l'un de ces endroits qu'on quitte à regret.

Après La Kesra, on atteint le tunnel routier de Douriat el-Gharia, à 10 km, puis, 13 km plus loin, il faut tourner à gauche pour prendre une petite route qui mène au village d'Ouesslatia, à environ 11 km. Le paysage est insolite; des monticules pâles et rocheux, massifs et allongés, se dressent de part et d'autre de la route; dans le lointain, on aperçoit une chaîne de collines couvertes de maquis. Les cultures sont pauvres, les habitants peu nombreux et le silence règne, à peine troublé par quelques chants d'oiseaux.

Ouesslatia est un petit village propret, calme, aux rues bordées d'arbres; on peut y voir une **mosquée** au minaret joliment décoré.

La route 73, à gauche en direction de Siliana (41 km), contourne la chaîne de collines et aborde un col à leur extrémité sud. Le paysage est pastoral. On peut remarquer au passage les restes d'une ancienne **tour romaine** de 8 m de haut, en pierre jaune; à sa base gisent quelques blocs gravés dont les inscriptions sont illisibles.

Plus loin au sud, un mur écroulé, un pont en ruine et des monticules laissent à penser qu'il se trouvait ici un site important. Il n'en subsiste aucune trace — pas de pancartes, pas d'indications sur les cartes ou dans les guides: le Tell est encore plein de mystères.

Les repas se préparent aussi à l'extérieur.

Autour de Siliana

A mesure qu'on se rapproche de Siliana, le paysage se fait plus accidenté. On entrevoit les eaux du **barrage de Lakhmes**, sur la droite, dont le bleu contraste avec les collines brunes alentour. **Siliana** est dans la vallée. Avec son avenue principale, bordée d'immeubles fraîchement repeints et son hôtel bien entretenu, ce village agricole relativement important de 5 000 habitants revendique une certaine élégance.

La route continue ensuite vers Gaafour (44 km) et traverse un paysage de collines assez morne. On aperçoit au passage l'imposant **barrage de Siliana**. Les alentours sont quasi déserts et on peut parfois voir les tentes noires des familles nomades. Les cultures sont très clairsemées, mais les oliviers prospèrent.

Changement de décor

Soudain — et c'est aussi ce qui fait le charme du Tell — le décor change et en approchant de Gaafour (route 47), la campagne offre de nouveau des champs verdoyants, de la terre riche de couleur rouge. Le petit bourg de **Gaafour** est joliment situé, avec d'un côté les collines, de l'autre les champs. La route qui le sépare du village suivant d'El-Aroussa (15 km) traverse un paysage rural, calme et désert; il est possible de rouler une bonne heure sans rencontrer personne (il faut veiller à disposer d'une quantité de carburant suffisante, il n'y a pas de postes à essence). On trouve de nombreuses petites routes non signalées sur la carte, en général en bon état, mais il y a actuellement beaucoup de travaux dus à la construction de barrages, ce qui peut obliger à faire des détours.

On arrive à **El-Aroussa**, petit village typique des petits bourgs de l'arrière-pays de cette région (gare S.N.C.F.T.). De là, on rejoint Tunis par El-Fahs, (41 km d'El-Aroussa, 62 km de Tunis), en empruntant la route 3. On peut aussi tourner sur la gauche à Bou Arada (13 km) et rejoindre, 36 km plus loin, Mejez el-Bab (à 61 km de Tunis), sur la route rapide P 5.

Dans la région du Tell, les femmes travaillent, mais savent aussi sourire.

LE SAHEL

La région qui s'étend entre le golfe de Hammamet et le golfe de Gabès, délimitée au nord par la ville de **Sousse**, au sud par **Sfax** et à l'ouest, à l'intérieur des terres, par **Kairouan**, est la plus prospère de Tunisie. Son nom, le Sahel, signifie «littoral». Elle regorge de richesses naturelles: culture de l'olivier, gisements de pétrole et... des plages dorées qui attirent deux millions de touristes par an. Le Sahel était déjà prospère aux époques carthaginoise et romaine. Des objets retrouvés dans des résidences somptueuses sont exposés au musée de Sousse; de même, le colisée d'El Djem est le dernier vestige de ce qui fut sans doute la plus riche cité de toute l'Afrique du Nord romaine: la ville ne possédait pas moins de 14 600 ha d'oliviaies.

Les conquérants arabes surent tirer parti des atouts de la région: de Kairouan, première ville arabe fondée en Afrique du Nord, ils firent l'une des cités les plus sacrées du monde islamique, et de Mahdia, le siège de la dynastie des Fatimides, dynastie qui devait conquérir l'Égypte.

Les habitants du Sahel sont renommés pour leur courage et leur habileté dans le domaine de la politique. Beaucoup d'officiers beylicaux étaient originaires de cette région, ainsi que la moitié des étudiants du collège Sadiki de Tunis, avant l'indépendance. L'ex-président Bourguiba, né à Monastir, était lui aussi originaire du Sahel, tout comme les hommes dont il s'était entouré, et l'actuel président Ben Ali est né à Hammam Sousse.

Le Sahel, région sans relief important, aux côtes sablonneuses, n'en est pas moins exposé aux catastrophes naturelles: invasions de sauterelles, comme ce fut le cas en 1988, mais c'est surtout la sécheresse, suivie de crues violentes, qui constitue une menace permanente. Il faut dire que l'importante infrastructure hôtelière pèse sur les réserves d'eau nécessaires à l'irrigation. Les richesses de la région sont fragiles, et la «santé» du Sahel reste précaire.

SOUSSE

Dans son roman *l'Immoraliste*, publié en 1902, André Gide, qui décrit la découverte de l'Afrique par un jeune savant, parle de **Sousse** et de sa région. *« Au matin du dernier jour d'octobre nous débarquâmes à Tunis. (...) Rien dans ce pays neuf ne m'attirait que Carthage et quelques ruines romaines: Timgad, dont Octave m'avait parlé, les mosaïques de Sousse et surtout l'amphithéâtre d'El-Djem. »*

Située entre Port el-Kantaoui et Monastir, cette ville de 100 000 habitants, à deux heures de la capitale, est un important centre industriel et touristique: Sousse ne compte pas moins de trente hôtels qui possèdent, en tout, 12 000 lits.

Troisième ville de Tunisie après Tunis et Sfax, Sousse est pleine de charme: les températures y sont clémentes — en moyenne entre 11 °C en janvier et 25 °C en juillet —, les plages de sable fin

Pages précédentes: le souk des Tapis à Kairouan; le Sahel est le domaine des oliviers. A gauche, au-dessus de tout: la kasbah de Sousse.

nombreuses et les musées et monuments remarquables.

D'Hadrumète à Sousse

L'histoire de Sousse, l'antique Hadrumète probablement fondée par les Phéniciens au IXᵉ siècle av. J.-C., est marquée par les nombreuses civilisations qui s'y succédèrent au fil des siècles. Tout d'abord carthaginoise, la ville fut détruite par les Grecs en 310 av. J.-C. Hannibal, lors de la deuxième guerre punique, y établit son camp — il lança du port de Sousse plusieurs attaques contre les Romains — avant d'être vaincu à Zama par Scipion, en 202 av. J.-C.

Alliée de Rome lors de la troisième guerre punique, elle devint ville libre puis colonie sous Trajan (98-117). A cette époque, le commerce se développa, des monuments furent érigés. Au IIᵉ siècle, la ville comptait 40 000 habitants. Capitale de la province de Byzacium sous Dioclétien (284-305), elle fut prise au Vᵉ siècle par les Vandales qui rebaptisèrent la cité Hunericopolis, puis au VIᵉ siècle par les Byzantins qui l'appelèrent, eux, Justinianopolis.

Au siècle suivant, les conquérants arabes emmenés par Oqba Ibn Nafii détruisirent la ville, qui ne devait «renaître» que sous les Aghlabides, à la fin du VIIᵉ siècle, et être (re)baptisée définitivement Sousse. La ville connut ensuite des périodes de prospérité, mais eut à supporter l'occupation des Normands de Sicile (XIIᵉ siècle), puis résister aux attaques des Espagnols (XVIᵉ siècle), puis des Français et des Vénitiens (XVIIIᵉ siècle) luttant contre la piraterie.

Sous le protectorat français, Sousse redevint une ville active en pleine croissance et l'un des principaux ports d'exportation de phosphates de Tunisie. A cette époque est construite la «ville nouvelle» et un nouveau port. Elle fut enfin durement touchée par les bombardements de la Seconde Guerre mondiale, en 1942-1943.

La médina

La **médina** de Sousse, entourée de remparts, a certes évolué avec l'essor du tou-

St.- Félix
PARC
Bd.
Hassouna Gare principale
Av. Habib Bourguiba
Rue Sadi Carnot
Ayachi
Avenue de la
Bureau de poste République
Place F. Hached
Yahia Ibn Omar
Zaouïka Zakkak
Ribat
Avenue Mohammed V
Bd.
Mosqu. Abd el Kader
R. Aghalba
Grande Mosquée
Municipalité
Port
Kalout el Koubba
Rue
Souk el Caïd
R. d'Angleterre
R. Mohammed Ali
Bab el Djedid
Boulevard Tahar Sfar
Bab el Gharbi
Mosq. Sidi Ali Ammar
R. du Rempart
Gare pour Monastir
Rue 4e Tirailleur
Mosq. de Bou Ftata
Bd. Maréchal Trito
Av. Mohammed Ali
Kasbah
Bab el Khabli
Musée
Rue de Rome

Sousse
160 m / 0,1 miles

risme, et beaucoup de ses activités traditionnelles ont disparu. Toutefois, pour
commencer la visite, on peut emprunter
la **rue du Rempart-Nord**, où se trouvent
encore des maisons de tisserands.

Dans les petits ateliers sont entassées
des piles de laine, tandis qu'au-dehors
sèchent les écheveaux fraîchement lavés
et teints. De là, on tourne à gauche dans
la rue de Smyrne et on arrive au **ribat**,
l'un des bâtiments profanes les plus
célèbres de l'Afrique du Nord, construit
au VIIIe siècle.

Le ribat

Il s'agit de l'un de ces monastères fortifiés qui furent érigés tout le long de la
côte nord-africaine, du Maroc jusqu'en
Égypte, par les Aghlabides et les
Almoravides. Gardés par des soldats
volontaires, les *mourabitin* («hommes de
rempart», qui étaient l'équivalent des
moines soldats), ces bâtiments étaient
destinés à repousser les attaques des
chrétiens et servaient de refuge à la
population en temps de guerre.

La taille exceptionnelle des murailles
du ribat de Sousse et de sa kasbah est
due au fait que la ville ne possédait
aucune défense naturelle en cas
d'attaque venant de l'intérieur des
terres.

La simplicité architecturale du ribat
ne fait que rehausser l'impression de
majesté qui s'en dégage. Il est, en outre,
entouré d'une large place pavée d'où on
profite d'une bonne vue sur l'ensemble
de l'édifice.

L'accès à cette forteresse carrée de
30 m de côté, flanquée de plusieurs tours
et d'un *nador* — ou tour de guet — se
fait par un vaste porche encadré de deux
colonnes, dont l'une est aujourd'hui en
très mauvais état. On débouche sur une
cour rectangulaire, dont le sol s'incline
faiblement vers une rigole d'écoulement
creusée au centre. La cour est entourée
d'un portique qui mène à une série de
petites cellules d'environ 3 m², au plafond voûté, dans lesquelles sont actuellement entreposés des fragments de
sculptures. En temps de paix, ces cellules
étaient des lieux de recueillement et

*Les marchés
restent très
pittoresques.*

d'étude destinées aux défenseurs des remparts.

Des escaliers situés près du porche conduisent au premier étage, occupé sur trois côtés par des cellules et au sud par une salle de prière. On peut y admirer un mihrab surmonté d'une coupole. Les murs ont, à cet endroit, environ 2 m d'épaisseur. Une seconde volée de marches permet d'accéder aux remparts. Juste au-dessus du porche, on entre dans une pièce comprenant quatre ouvertures par où vraisemblablement on relevait une herse ou on déversait de l'huile bouillante. Un autre escalier conduit enfin au sommet du *nador*, duquel on a une vue panoramique sur la médina, la ville moderne, le port et la cour de la grande mosquée toute proche, au sud-est.

La grande mosquée

La **grande mosquée**, construite en 851 sur ordre de l'émir aghlabide Aboul Abbas Mohammed, fait plutôt penser à une forteresse. De fait, il s'agissait à l'origine d'une kasbah; les modifications successives en ont cependant «adouci» quelque peu l'architecture.

La cour de la mosquée (accessible tous les jours de 8 h à 14 h, sauf le vendredi) est pavée de rectangles disposés en motifs concentriques, des dalles ordinaires alternant avec des dalles faites de fragments incrustés dans un mortier rouge. Le sol s'incline en pente douce vers le centre où une rigole d'écoulement entraîne les eaux de pluie vers une citerne souterraine. Un portique surmonté d'une inscription coranique, qui forme une ligne continue, occupe trois côtés de la cour. Les arcs du portique reposent sur des piliers trapus.

Ce genre de colonnes est aussi utilisé dans la salle de prière, précédée d'une série de grandes portes en bois vernissés, mais son accès reste cependant interdit aux non-musulmans. Dans l'un des angles de la cour, un large escalier monte jusqu'aux remparts, sur lesquels se trouvent un cadran solaire octogonal et un minaret à coupole, ajoutés au XIe siècle.

L'avenue Habib-Bourguiba est toujours animée, même la nuit.

La zaouïa Zakkak

Il faut ensuite revenir vers le ribat et prendre, sur la gauche, l'étroite rue de Sicile depuis laquelle, passé le café Ribat Drink, on aperçoit, entre les maisons, le minaret octogonal typiquement turc de la **zaouïa Zakkak**.

Édifice du XVIIIe siècle, elle est à la fois une mosquée, un mausolée et une médersa. Elle ne se visite pas, mais son minaret mérite d'être vu.

Les souks de Sousse

On retourne ensuite vers la mosquée pour s'engager, à gauche, dans la **rue d'Angleterre** qui mène aux **souks couverts**. Tour à tour se succèdent les échoppes de vêtements et de colifichets, puis les boutiques d'alimentation — où les têtes de vache, plantées sur des piquets et garnies d'aromates voisinent avec les carrioles de petits vendeurs d'escargots.

Il faut ensuite prendre sur la gauche et traverser la **rue de Paris**, très touristique, pour rejoindre la **rue de France** (marché au poisson) qui longe le rempart est de la médina, près du port, jusqu'à la place Djebenet el-Ghorba. De là, on tourne à droite dans la rue du Rempart-Sud qui monte jusqu'à la kasbah, à l'angle sud-ouest de la médina.

La **kasbah** est un ensemble d'édifices érigés à des époques différentes autour de la **tour Khalef el-Fata**, point culminant de la médina bâtie en 859, qui abrite aujourd'hui le musée. Il s'agissait à l'origine d'une tour du haut de laquelle étaient lancés des messages sous forme de signaux. On possède, du haut de ses 30 m, une vue superbe sur l'arrière-pays et sur la mer.

Le musée de Sousse

Le **musée** est assez remarquable ; il s'agit, en effet, du second musée archéologique de Tunisie, après le Bardo. On peut y admirer une fort belle collection de sculptures et surtout de mosaïques retrouvées dans la région, certaines provenant des **catacombes**, découvertes à

Famille tunisienne à la plage.

l'ouest de la ville, qui servirent de tombeau aux chrétiens du IIᵉ au IVᵉ siècle. Ces catacombes s'étendent sur 5 km et comprennent 240 galeries, mais certaines ne sont pas encore ouvertes au public. Judicieusement disposées dans de petits cloîtres, les mosaïques sont accompagnées de panneaux explicatifs.

Les plus belles, et les plus célèbres, sont celles du dieu Océan (IIᵉ siècle, galerie ouest) et du Triomphe de Bacchus (IIIᵉ siècle, salle 3), mais la variété des sujets (scènes mythologiques, mers poissonneuses, motifs géométriques — on peut noter au passage l'utilisation du svastika) est très grande. L'une des salles est consacrée aux vestiges puniques : lampes à huile, stèles, tombeaux.

La ville moderne

Les plages de Sousse ne sont pas faites pour les solitaires…

Le centre de Sousse est la place **Ferhat-Hached** : c'est là que le port, la ville nouvelle et la médina se «rejoignent». Le port, à l'est, possède une rade assez importante pour accueillir à quai des cargos. Les rues avoisinantes, qui bordent les remparts de la médina, abondent en restaurants de fruits de mer bon marché et d'excellente qualité.

La ville moderne commence au nord de la place. Son axe principal, l'**avenue Habib-Bourguiba**, de l'autre côté de la voie ferrée, est bordé d'hôtels, de cafés et de boutiques de souvenirs. C'est le long de cette avenue et sur la **route de la Corniche**, qui la prolonge, qu'on trouve les meilleurs restaurants de la ville. Dans les rues latérales, on peut manger dans des rôtisseries bon marché. La plupart des cafés, fréquentés par les touristes des hôtels avoisinants, proposent des tables en terrasse ; enfin, aux noctambules, on peut recommander **Le Topkapi** ou les boîtes de nuit des hôtels, mais le prix des consommations est élevé.

A son extrémité nord, l'avenue Habib-Bourguiba rejoint la **zone balnéaire** de Sousse et le **boulevard Hedi-Chaker**, qui longe une longue plage jusqu'à Port El Kantaoui (à une dizaine de kilomètres de Sousse) ; le rivage est bordé de complexes hôteliers.

AU NORD DE SOUSSE

Au nord de Sousse, la côte témoigne du conflit entre le mode de vie traditionnel tunisien et les exigences du tourisme international. D'anciens villages comme Akouda, Hergla et Takrouna voisinent ainsi avec des stations balnéaires aux résidences et complexes hôteliers d'une blancheur étonnante, comme **Port el-Kantaoui**, à 10 km au nord du quartier balnéaire de Sousse, sur la route qui longe la côte.

Port el-Kantaoui

Ce complexe touristique, le plus important de Tunisie, construit avec la collaboration de compagnies hôtelières internationales dans les années 70 et dont l'architecture s'inspire du style andalou, a été très critiqué. Il n'a certes pas grand-chose de traditionnellement tunisien, mais il forme une station touristique plutôt réussie.

Ce «port-jardin de la Méditerranée», c'est ainsi que la station est présentée dans les brochures touristiques, comprend un vaste port artificiel où viennent mouiller des yachts en provenance de l'Europe entière (le port peut accueillir 345 navires à quai).

Une large allée bordée de boutiques, de restaurants, de terrasses de café et d'immeubles court tout autour du **port**. Le style andalou est omniprésent, avec ses murs blanchis à la chaux, ses toits plats, ses arcades, ses balcons ombragés qui surplombent la mer. Palmiers, jasmins et bougainvillées apportent néanmoins une note de couleur à la blancheur environnante.

Dans les rues du village, au tracé tortueux (ce qui a été fait à dessein pour lui conférer une touche «d'authenticité») se trouvent tous les commerces nécessaires. La station offre, en outre, une longue plage de sable, au nord, où il est possible de pratiquer sports nautiques et équitation.

La **plage** est bordée par le quartier hôtelier et, notamment, par le vaste et luxueux **complexe de Marhaba**, qui est loin de faire l'unanimité.

Les menus des restaurants de la station sont sans grande originalité, hormis le menu du **restaurant Ezzarda**, qui est à peu près le seul à proposer autre chose que des «spécialités internationales». Ce village, agréable mais artificiel, n'a donc pas grand-chose à voir avec la culture tunisienne, mais il peut cependant être agréable d'y séjourner quelque temps.

Les villages anciens

Les voyageurs à la recherche «d'authenticité» préféreront sans doute les pittoresques villages du nord-ouest de Sousse. Il est possible d'emprunter les transports publics locaux pour s'y rendre.

L'un de ses villages, **Akouda** (6 km), est accessible par la route 1 (prendre la direction de Tunis). Dominé par la mosquée, comme la plupart des villages construit sur une colline, il offre, avec ses rues étroites et animées, un charmant aspect délabré.

Akouda connaît des difficultés économiques depuis le milieu du XIXᵉ siècle, époque à laquelle le bey avait doublé les impôts payés par les habitants. Les villageois, soutenus par des tribus de l'intérieur du pays, décidèrent alors de se révolter.

Dans un premier temps, les troupes du bey furent vaincues mais, profitant des divisions des vainqueurs, elles ne tardèrent pas à reprendre le contrôle du village. La vengeance du bey fut terrible : les propriétés furent confisquées, les habitants torturés ou tués.

Il faut ensuite quitter la route 1 et prendre la route côtière pour arriver à **Hergla**, à 25 km (les autobus empruntent un autre itinéraire).

Ce village, perché au bord d'une falaise, est construit sur le site de l'antique Horrea Caelia. Fortifié par les Byzantins au VIᵉ siècle, ce village fut entièrement rasé lors des invasions arabes. Sa **mosquée**, reconstruite au XVIIIᵉ siècle à l'emplacement du tombeau d'un marabout qui vécut au Xᵉ siècle, Sidi Bou Mendil, est située en bordure de mer. Selon la légende, ce marabout aurait, pour revenir de La Mecque, effectué le

Pages précédentes, la marina d'Port El Kantaoui ; les joies de la mer. Ci-dessous, le touriste est roi dans certains villages de Tunisie.

voyage sur un tapis volant! La cour à ciel ouvert est entourée de murs épais blanchis à la chaux; la salle de prière est couronnée d'une coupole basse.

La cour de la mosquée donne sur un **cimetière marin** implanté sur un terrain en pente — dans lequel errent parfois quelques chèvres — et dont les tombes, ornées de carreaux blancs et peintes de motifs turquoise, donnent l'impression qu'elles vont glisser et finir leur course dans la mer, en contrebas.

Au pied de la falaise ont été aménagés un port et un chantier naval (on y construit essentiellement des petits bateaux de pêche). De l'extrémité du port, on a une belle vue sur le cimetière et le village dans son ensemble.

De Hergla, on rejoint la route 1 (8 km) pour se rendre à **Enfida** (ou Enfidaville), à 17 km. Ce centre agricole de 5 000 habitants ne présente pas grand intérêt, si ce n'est son **musée** (il s'agissait autrefois d'une église) où sont exposées des mosaïques paléochrétiennes et des céramiques des époques romaine et byzantine.

A l'époque coloniale, Enfida fut transformé en une grande zone de culture (olivaies, céréales, cultures vivrières). Après l'indépendance, le domaine, qui occupe de nos jours environ 2 500 ha, fut nationalisé.

De Hergla, Il est possible de faire un petit détour jusqu'au village de **Sgarnia**. Non loin de ce village se trouvent les ruines de la **forteresse byzantine** de Henchir Fraga.

D'Enfida, il faut prendre la route 133 vers Zaghouan, à l'ouest, pour gagner **Takrouna**, à 6 km. Perché sur un piton rocheux à environ 200 m d'altitude, ce bourg domine la plaine d'Enfida. Le haut du village, autour de la **mosquée** et de la **zaouïa**, est particulièrement remarquable. Il vaut la peine de s'y arrêter et d'admirer le paysage. On peut alors avoir la chance de croiser des femmes berbères en costumes traditionnels multicolores. Durant la Seconde Guerre mondiale, le village et ses environs furent le théâtre de combats sanglants. On peut voir près de Takrouna les ruines du **village romain** de Mediccera.

Le village de Takrouna domine la plaine d'Enfida.

DE MONASTIR A SFAX

Monastir doit une grande part de sa réputation au fait qu'elle est la ville natale de l'ex-président Habib Bourguiba, né en 1903. Elle ne doit cependant pas tout à celui qu'on a surnommé le «Combattant suprême». Agglomération de 27 000 habitants, elle est aujourd'hui un important centre universitaire et touristique.

De César à Bourguiba

Ville punique, puis romaine, l'antique Ruspina (nom dérivé du punique Rous Penna) joua un rôle stratégique important lors des campagnes africaines de César (46 av. J.-C.). Au VIIIe siècle, avec la construction de son ribat, elle devint un élément essentiel du dispositif de défense de la côte tunisienne. Trois siècles plus tard, au XIe siècle, elle profita du déclin de Kairouan pour devenir le principal centre religieux du pays. Puis suivit une période de décadence, jusqu'à ce que les Turcs en fassent une de leurs places fortes au XVIe siècle. Sous le protectorat, Monastir n'était qu'un port sans grande importance, et ce n'est qu'après l'indépendance que la ville se développa vraiment.

De nos jours, les promoteurs sont toujours en pleine activité, bien que la ville possède plus d'une dizaine d'hôtels de luxe et autres aménagements touristiques. En dépit de ces aménagements, hors saison, les quartiers modernes sont désertés, et la vie de la cité se concentre encore dans la **médina**.

Ville natale du président Bourguiba, elle bénéficia d'un réel traitement de faveur: trois ans après son accession au pouvoir, près d'un huitième du budget annuel de la Tunisie était consacré à l'aménagement et la restauration de la cité. Celle-ci se modernisa rapidement; un aéroport international, nombre d'édifices publics, une imposante mosquée et une université (en 1975) furent construits. On aménagea des jardins publics, une importante zone hôtelière et un port de plaisance pouvant accueillir 400 navires.

Les monuments de la ville

Les deux principaux monuments de la ville sont le ribat et les deux mosquées, l'ancienne et la moderne. Le **ribat**, édifié en 796 par Harthama Ben Ayan pour défendre le pays contre les attaques des chrétiens, est intégré dans une forteresse et a été constamment réaménagé au fil des siècles (notamment agrandi aux IXe et XIe siècles, puis aux XVIe et XIXe siècles).

La légende prétendait qu'on gagnait le Paradis si on avait tenu garnison trois jours durant dans l'édifice. A l'époque du protectorat, il fut utilisé comme caserne par l'armée française et servit aussi de refuge aux «Russes blancs», adversaires de la révolution bolchévique, entre 1917 et 1918.

Dans l'aile sud de la cour intérieure, où se trouve une ancienne salle de prière, a été installé un **musée d'Arts islamiques** (ou musée Ali-Bourguiba) dans lequel on peut notamment admirer des manuscrits anciens, des céramiques abbassides et fatimides, des monnaies d'or et d'argent des VIIe et XIe siècles et des miniatures persanes. On peut aussi admirer dans ce musée un superbe astrolabe arabe fabriqué à Cordoue en 927.

Au rez-de-chaussée et à l'étage se trouvent deux autres salles de prière, dites «ribat des femmes», bien qu'il ne soit pas prouvé qu'elles aient été destinées aux femmes. Du haut du *nador*, ou tour de guet cylindrique à trois étages construite en 796, à l'angle sud-est de la cour, on a une très belle vue panoramique de la ville.

Au pied du ribat se trouvent les studios et décors de cinéma de la compagnie I.M.F. (International Monastir Films). Dans ces studios ont été tournés les treize épisodes du feuilleton *Jésus de Nazareth* et le film *Les Aventuriers de l'arche perdue*.

Les «monuments du président»

Face au ribat, au sud, s'élève la **Grande Mosquée**, construite au IXe siècle. D'aspect modeste, elle est aujourd'hui éclipsée par la **mosquée Bourguiba**,

Pages précédentes: le mausolée de la famille Bourguiba à Monastir; en attendant le client… Ci-dessous, la large allée qui traverse le cimetière Sidi el-Mezri.

bâtie entre 1963 et 1966, dans la rue de l'Indépendance. De style traditionnel, luxueuse, elle possède une salle de prière, ornée de chandeliers de verre et de multiples voûtes qui reposent sur des colonnes de marbre rose, et un mihrâb décoré de mosaïques faites d'or et flanqué de colonnes d'onyx. Il n'est cependant pas possible aux non-musulmans de la visiter. On repère cette mosquée de loin avec son minaret octogonal de 41 m de hauteur.

Non loin de cet édifice, dans la rue Trabelsia, se trouve la **maison natale d'Habib Bourguiba**, signalée par un drapeau tunisien.

A l'ouest de la mosquée Bourguiba (reprendre la rue de l'Indépendance vers la droite, puis tourner à gauche), on arrive devant deux pavillons octogonaux, dont l'un est dédié aux martyrs de l'indépendance, qui marquent l'entrée du **cimetière de Sidi el-Mezri**. On peut aussi y voir une **koubba** du même nom. Ce cimetière, peu à peu envahi par la ville moderne, a perdu de son charme. On le traverse par une large esplanade bordée de palmiers, qui aboutit à une cour dallée précédant le **mausolée de la famille Bourguiba**.

Construit en 1963, puis modifié et agrandi (en 1978 et en 1980), cet édifice carré, surmonté d'une coupole dorée, entouré de deux bâtiments symétriques couronnés de coupoles vertes plus petites et précédé par deux minarets aux dômes d'or, domine l'ancien cimetière. L'édifice principal est la sépulture que s'est choisi l'ex-président; les deux autres coupoles abritent les tombeaux de ses parents et de sa première épouse.

Plages et hôtels

La **route de la Falaise**, qui longe le cimetière à l'est, permet d'atteindre la **zone balnéaire** de Monastir, depuis laquelle les grands hôtels s'étendent jusqu'à Sousse, à 15 km de là. Un petit train pour touristes assure la liaison entre le centre de la ville et les hôtels, en général des établissements de luxe (trois ou quatre étoiles), le plus souvent entièrement réservés pour les clients des

Le jasmin, fleur nationale.

agences de voyages. On peut recommander un petit hôtel, le **Yasmin**, propre et bon marché, mais il affiche complet l'été.

Un peu plus loin, toujours dans la même direction (la route longe une côte rocheuse semée de nombreuses criques), on rejoint la station balnéaire de **Skanès**.

Si on quitte Monastir par le sud, la route (92, puis 82) longe la côte pour mener au village de ksar Hellal (43 km), à **Moknine** (2 km plus loin), agglomération de 26 000 habitants qui fut une importante colonie juive, et à **Djemmal**, ville de 10 000 habitants où se tient le principal marché de la région. Ces trois villes furent de farouches rivales durant de nombreuses années. **Ksar Hellal** est resté célèbre en Tunisie pour avoir accueilli, en 1934, le congrès au cours duquel fut fondé le Néo-Destour, qui regroupait les jeunes intellectuels favorables à une modernisation du pays, face aux membres du Destour qui, eux, réclamaient le retour à la Tunisie traditionnelle. Puis la route atteint, 27 km plus loin, **Mahdia**.

Mahdia

Mahdia doit son nom au fondateur de la dynastie fatimide, Ubayd Allah, surnommé Al-Mahdi (le Sauveur). Chef du mouvement musulman chiite, qui ne reconnaît comme héritiers légitimes du prophète que les descendants de Fatima, fille du prophète (à l'origine du nom de la dynastie fatimide), et d'Ali, son époux et cousin du prophète. Al-Mahdi se proclama calife en 910 et, en 916, fonda la ville, dont l'emplacement stratégique, à la pointe même du cap Afrique, devait en faire une place forte précieuse.

Vainqueur de la dynastie des Aghlabides établie à Kairouan, Al-Mahdi fit alors de sa ville la capitale du pays. Ce fut le début du règne des Fatimides qui, malgré de violents soulèvements (comme l'opposition kharidjite menée par Abou Yazid en 944-945), devaient s'imposer et étendre leur influence jusqu'en Égypte, qu'ils conquirent en 969. Malgré l'autoritarisme de certains, l'Égypte connut sous leur règne une relative prospérité.

La place du Caire à Mahdia.

Ils furent même à l'origine de la fondation du Caire, où le califat fut transféré à partir de 972 et qui devint l'une des plus belles villes du monde islamique. Mahdia devint, elle, une simple ville de province. Les Fatimides furent cependant chassés d'Égypte en 1171 par Salah al-Din (Saladin). Ravagée au XIᵉ siècle par les invasions hilaliennes, Mahdia devint peu à peu un haut lieu de la piraterie. Elle fut occupée par Roger de Sicile (1148-1160), assiégée par les Français et les Génois en 1390, prise par le corsaire Dragut en 1549, par les Espagnols l'année suivante et par les chevaliers de Malte en 1600. La cité tomba ensuite durant plusieurs siècles dans l'oubli, jusqu'en 1908, date à laquelle fut retrouvé au large de ses côtes un navire grec du Iᵉʳ siècle av. J.-C. chargé d'objets d'art athéniens, surnommé la «galère antique de Mahdia».

De nos jours, Mahdia, avec ses 26 000 habitants, est le principal port de pêche de Tunisie, spécialisé dans la pêche au lamparo (lampe qui sert à attirer le poisson), technique qui remonte à l'Antiquité et qu'illustrent certaines mosaïques romaines. Le port de Mahdia représente environ un tiers des prises du pays: sardines, anchois, maquereaux… De nombreuses conserveries sont aussi implantées dans cette ville qui reste, par ailleurs, assez peu touristique. En effet, bien que des hôtels aient été récemment construits, la ville ne possède pas plus de 600 lits, ce qui est un chiffre relativement modeste pour une station balnéaire tunisienne.

La visite de la ville

Des anciennes fortifications de la ville, de 10 m d'épaisseur, il ne reste presque rien, car les Espagnols les détruisirent lors de leur campagne contre le pirate Dragut en 1554. La **Skifa el-Kahla** (le «Porche sombre»), qui marque l'entrée de Mahdia, est le seul vestige de l'ancien système de défense de la cité.

De là, on suit la rue Ubayd Allah al-Mahdi (l'office du tourisme est situé sur la droite), qui débouche sur la petite **place du Caire**. Très calme durant

Tisserand à Mahdia.

LA CULTURE DE L'OLIVIER

L'oléiculture est une ancienne tradition en Tunisie puisqu'elle fut introduite par les colons phéniciens. On peut, encore aujourd'hui, admirer aux abords des anciens sites du littoral des olivaies dont les arbres noueux et tordus paraissent assez anciens pour avoir été plantés à l'époque punique.

Ce n'est cependant qu'avec l'arrivée des Romains que le commerce de l'huile d'olive prit réellement son essor. La Tunisie, «grenier à blé» de Rome, était spécialisée dans les céréales depuis le Ier siècle, mais l'épuisement de certaines terres au siècle suivant favorisa l'expansion de la culture de l'olivier, qui devint dominante dans certaines régions, notamment le Sahel. L'huile d'olive était utilisée en grandes quantités comme combustible, pour le chauffage ou l'éclairage, et dans certaines préparations culinaires.

L'oléiculture contribua ainsi à la prospérité du Sahel qui, efficacement irrigué, devint une très bonne terre agricole. La richesse de la région explique la présence de vestiges imposants dans des villes relativement peu importantes, comme El Djem, avec son fameux amphithéâtre de 30 000 places, par exemple.

Les invasions successives, en particulier l'invasion vandale, qui entraîna la destruction du système d'irrigation, ruinèrent les campagnes. Néanmoins, dès le début de ce siècle, les oliveraies furent replantées et leur culture est de nouveau florissante. La majeure partie de la production provient de la région sahélienne, plus vaste oliveraie du Maghreb: lorsqu'on emprunte la route 1, on traverse sur des kilomètres, de véritables forêts d'oliviers. En tout, la Tunisie possède plus de 20 millions d'arbres qui occupent une superficie d'environ 800 000 ha. Chaque année, 500 000 t d'olives sont produites, seules l'Italie, l'Espagne, la Grèce et la Turquie font mieux.

Une petite partie de la production est destinée aux olives de table, la majeure partie des arbres produisent des fruits destinés à la fabrication de l'huile comestible, très utilisée par les Tunisiens (la Tunisie produit 90 000 t d'huile par an). On distingue près d'une cinquantaine de variétés d'olives. Les olives vertes, cueillies très jeunes, ou noires, mûries sur l'arbre, sont mises à tremper pendant six ou dix jours dans l'eau, puis dans de la saumure. Elles sont ensuite parfumées à l'aide d'une marinade aromatique composée d'oranges amères, de citrons séchés, d'herbes ou de harissa.

Du fruit pressé, on tire plusieurs produits: l'huile d'olive à proprement parler, classée selon sa qualité (on distingue en tout sept degrés de qualités); l'huile de grignon, destinée à la fabrication de savons; le grignon épuisé, dont on fait un aliment pour le bétail, et la margine, utilisée pour confectionner des engrais.

Les oliviers, qui n'arrivent à maturité que vers sept ans, sont délicats à cultiver. Ils réclament beaucoup de soins et, une fois arrivé septembre, la récolte des fruits doit se faire très rapidement. La cueillette, qui a lieu entre septembre et décembre selon les régions, est difficile à mécaniser. Elle implique de gérer une main-d'œuvre très nombreuse, les cueilleurs devant être répartis en petits groupes de cinq à six sur des superficies immenses. Il s'agit la plupart du temps de journaliers qui changent de lieu de travail au grè des saisons.

La sécheresse, enfin, constitue une terrible menace économique pour les familles d'agriculteurs et les journaliers qui vivent de l'olivier. En cas de sécheresse, l'arbre survit, mais pour conserver suffisamment d'eau, il ne produit pas de fruits.

Symbole de lumière et de virilité, l'olive est également souvent associée au Prophète. Il est vrai que les récoltes sont un peu comme des miracles chaque fois renouvelés puisque le commerce des olives représente 20 % des rentrées en devises étrangères...

l'après-midi, elle s'éveille le soir lorsque les joueurs de cartes et de dominos — exclusivement des hommes, les femmes ne faisant que passer discrètement — s'y retrouvent.

Peu après, sur la droite, on atteint une autre place, face à la **Grande Mosquée**. Érigée par al-Mahdi vers 921, détruite au cours des conflits successifs, elle fut reconstruite, en même temps que celles de Sousse et de Kairouan, à l'occasion d'un programme de restauration lancé par Bourguiba dans les années 1960. Dépourvue de minaret, avec ses murs épais semblables à ceux d'une forteresse, elle offre un aspect austère typique de l'époque fatimide. Son porche d'entrée imposant était réservé à al-Mahdi et à ses troupes, la masse des fidèles utilisait des portes latérales.

De la mosquée, on suit le long du rivage la rue du Bordj, qui conduit à la kasbah du **Bordj el-Kébir** construite en 1595 par les Turcs. Du haut de ses remparts, on a une belle vue sur le **cimetière marin** du XVIᵉ siècle. Situé à l'extrémité du cap, entouré de toutes parts par la mer, les

Il existe de nombreuses variétés d'olives.

tombes de ce cimetière sont orientées face à La Mecque. Plus bas, on aperçoit l'arche de la **Bab el-Bahr**, ou porte de la Mer, qui marquait l'entrée de l'ancien port fatimide.

De Mahdia à Sfax

De Mahdia, on se dirige ensuite vers Sfax. La route 82 se divise en deux à ksour Essaf (12 km), l'une suivant le littoral par La Chebba (25 km), l'autre (route 87, puis 1) passant par El Djem et son fameux amphithéâtre romain.

Il est conseillé d'emprunter ce dernier itinéraire, la route côtière n'offrant pas grand intérêt, hormis le site romain de **Salakta** (où on trouvera par ailleurs une superbe plage), situé à 4 km de **ksour Essaf**, bourg de 15 000 habitants.

Sfax, qui occupe le site d'une ancienne cité romaine, Taparura, fut fondée au début du IXᵉ siècle et connut un développement rapide. Capitale d'un émirat indépendant, occupée par les Normands de Sicile de 1148 à 1159, puis intégré à l'Ifriqiya arabe, la ville fut ensuite

conquise par les Français en 1881. Sfax connut une nouvelle période de prospérité jusqu'à la Seconde Guerre mondiale, durant laquelle elle fut durement touchée. Après la guerre, cependant, elle redevint une ville dynamique, ce qu'elle est encore de nos jours, notamment grâce à son port.

Sfax aujourd'hui

Sfax est, avec ses 232 000 habitants, la deuxième ville de Tunisie. Il s'agit d'un important centre industriel et commercial; son port, le plus grand du pays, est spécialisé dans l'exportation des phosphates en provenance des grands centres miniers de la région de Gafsa et Metlaoui.

La médina, protégée par ses remparts, offre un agréable contraste avec la ville moderne qui a été presque entièrement reconstruite après la guerre.

L'entrée dans la vieille ville, séparée des quartiers modernes par le boulevard Farhat-Hached, se fait par la **Bab Diwan**, à l'extrémité nord de la rue de la République. Cette porte est toujours pleine d'animation, on y voit souvent les Tunisiens venir y acheter leur pain sorti tout chaud du four.

Visite de la médina

Immédiatement après être entré dans la médina, on se dirige en face vers la **Grande Mosquée**, par la rue du même nom. La mosquée, bâtie vers 849, fut modifiée sous les Fatimides (X^e-XIe siècle); elle est dominée par un minaret formé de trois tours superposées. Tout près de là, sur la droite, on gagne ensuite la **rue Mongi Slim**, bordée d'hôtels et de restaurants bon marché, qui remonte en serpentant vers le nord de la médina, où se trouvent les **souks** et le grand marché couvert. Il peut être agréable de se promener, au hasard des rues, dans les souks qui ont conservé leur charme particulier. On peut recommander plus particulièrement le **souk el-Attarine** (parfums et épices), le **souk des Forgerons** ou bien encore le **souk el-Djedid**, sorte de marché aux puces.

Sfax est une ville active…

Puis, il faut prendre à droite une rue qui mène au **musée régional des Arts et Traditions populaires** installé dans le **Dar Jallouli**, beau palais du XVIIᵉ siècle de style andalou construit autour d'une superbe cour intérieure. Au rez-de-chaussée se trouve une exposition d'objets usuels (ustensiles de cuisine et de toilette, vêtements, mobiliers, etc.). On peut y lire notamment d'intéressantes explications sur la recette de la sauce harissa ou la technique d'extraction des huiles essentielles pour la fabrication des parfums.

Le premier étage est principalement consacré aux costumes et bijoux ; au second étage, on peut admirer des exemples des différentes calligraphies arabes, ainsi que de peintures sur verre, typiques de la région, qui représentent des scènes du Coran ou de la vie de saints.

... où l'on sait aussi prendre le temps de vivre.

La ville moderne

Dans la ville moderne, située entre les remparts de la médina et le port, on peut visiter le **Musée archéologique**, installé au rez-de-chaussée de la mairie (antiquités islamiques, paléochrétiennes et surtout romaines, retrouvées notamment sur le site de Thaenae, à environ 30 km au sud, mais aussi à El Djem).

Le reste de la ville, rebâtie à la suite des bombardements de 1942-1943, n'offre pas d'intérêt particulier.

Au large de Sfax

Au large de Sfax se trouvent les **îles Kerkenna**, situées à une vingtaine de kilomètres du rivage. Elles sont desservies par car-ferry au départ de Sfax. Les deux principales îles de cet archipel (Chergui et Gharbi) qui compte 14 500 habitants sont reliées entre elles par une chaussée. Sur ces îles, qui servirent de refuge à Hannibal, on trouve des plages bordées de palmiers. Les insulaires vivent du tourisme et de la pêche, néanmoins la taille réduite de l'endroit en fait plus un but d'excursion qu'un lieu de séjour prolongé, sauf pour les amateurs de calme (voir aussi p. 267).

KAIROUAN

Kairouan, cinquième ville de Tunisie, se dresse isolée au milieu d'une steppe aride, au cœur du pays. Elle fut fondée en 670 par le chef des conquérants arabes, Oqba ibn Nafii. Selon la légende, une source sacrée aurait jailli sous les sabots de son cheval à l'emplacement de la future cité; ordonnant alors aux serpents, scorpions et autres bêtes nuisibles de quitter les lieux, Ibn Nafii y fonda Kairouan.

La ville (*« un extrait des* Mille et Une Nuits *avec quatre-vingt-dix-neuf pour cent de réalité »,* déclarait le peintre Paul Klee) est un lieu de visite obligé pour tous les voyageurs qui se rendent en Tunisie.

La fondation de la ville

Le fameux historien arabe Ibn Khaldoun (1332-1406), un des «pionniers» de la philosophie de l'histoire et de la sociologie, dans son ouvrage *Histoire des Berbères et des dynasties musulmanes d'Afrique du Nord,* traduction partielle de son histoire universelle, décrit ainsi la fondation de la ville: *« (...) Oqba, ayant fait comprendre aux musulmans la nécessité de fonder une ville, les mena à l'emplacement où Kairouan devait s'élever et qui était alors couvert d'un bois fourré et impénétrable (...) Rassemblant autour de lui les dix-huit compagnons du Prophète qui se trouvaient dans l'armée, il cria à haute voix: "Serpents et bêtes féroces! nous sommes les compagnons du Prophète béni; ainsi retirez-vous, car nous allons nous établir ici et nous tuerons quiconque de vous s'y trouvera après cet avertissement." (...) et quand ils furent partis, il marcha, accompagné de ses principaux officiers, autour du lieu qu'il avait choisi, en adressant cette prière à Dieu: "O mon Dieu! remplis cette ville de science et de la connaissance de ta loi (...) et protège-nous contre les puissants de la terre." (...) Il descendit alors, en suivant le cours du ruisseau, et ordonna à ses hommes de tracer les fondations de la ville et d'arracher les broussailles. »*

On peut s'interroger sur les raisons qui motivèrent l'implantation d'une cité dans cette plaine déserte, au climat rude, chaud et sec, où les précipitations, rares mais violentes, provoquent souvent crues et inondations.

En fait, ce choix s'inscrivait dans une logique stratégique. La ville, menacée d'une part par les Byzantins et de l'autre par les tribus berbères, se trouvait ainsi à mi-chemin de la côte et des massifs montagneux, ce qui offrait l'avantage de pouvoir affronter ces deux ennemis sur un terrain découvert, plus facile à défendre et auquel les envahisseurs arabes étaient habitués. La cité se trouvait d'autre part sur l'itinéraire des caravanes (d'où son nom, dérivé du terme *qayrawan,* qui signifie caravane).

A la suite des luttes contre les Berbères, qui prirent la ville en 688 mais furent finalement vaincus, Kairouan devint la capitale de l'Ifriqiya arabe. Au IXe siècle, sous le règne des Aghlabides, grâce à une agriculture florissante et à un commerce dynamique, la ville prospéra dans le domaine tant écono-

mique qu'intellectuel. De nombreux monuments furent édifiés ainsi qu'une université.

Mais, au début du Xe siècle, la dynastie des Fatimides (de tendance chiite), vainqueur des Aghlabides, transféra la capitale à Mahdia, sur la côte, et Kairouan entra dans une phase de déclin. Ce déclin s'accéléra en 1057, à la suite des invasions de tribus nomades (les Béni Hilal, puis les Béni Solaïm) venues d'Égypte. La ville sera même détruite en 1740 avant d'être reconstruite peu après. Mais, même privée de son rôle politique au profit de Tunis, elle demeura ce qu'elle est encore: la première ville sainte du Maghreb.

Kairouan aujourd'hui

Cité commerçante de 54 500 habitants, qui tire ses ressources principalement de l'agriculture, Kairouan est le lieu où les paysans de la région viennent vendre leurs productions (principalement des céréales et des abricots). La ville accueille aussi une manufacture de tabac et est spécialisée dans la fabrication de tapis.

Kairouan, à moins de trois heures de route de Tunis et à une heure seulement de Monastir, est encore peu touchée par le tourisme de masse. Certes, les visiteurs, attirés par l'histoire de la cité et ses monuments, sont nombreux, mais il continue à régner une atmosphère paisible et digne — il ne faut pas oublier que la cité est avant tout un haut lieu de la religion islamique.

C'est à Kairouan qu'est né le mouvement malékite des sunnites. Il s'agit de la quatrième ville sainte de l'islam après La Mecque, Médine et Jésuralem. Sept pèlerinages à Kairouan équivalent à un pèlerinage à La Mecque (que tout musulman doit obligatoirement faire au moins une fois dans sa vie). Kairouan est une ville plus religieuse, certains diront plus «fanatique», que les autres villes du pays. Elle fut d'ailleurs le théâtre d'incidents au cours des années 60 lorsque, après l'indépendance, Habib Bourguiba entreprit de mener une politique de laïcisation du pays.

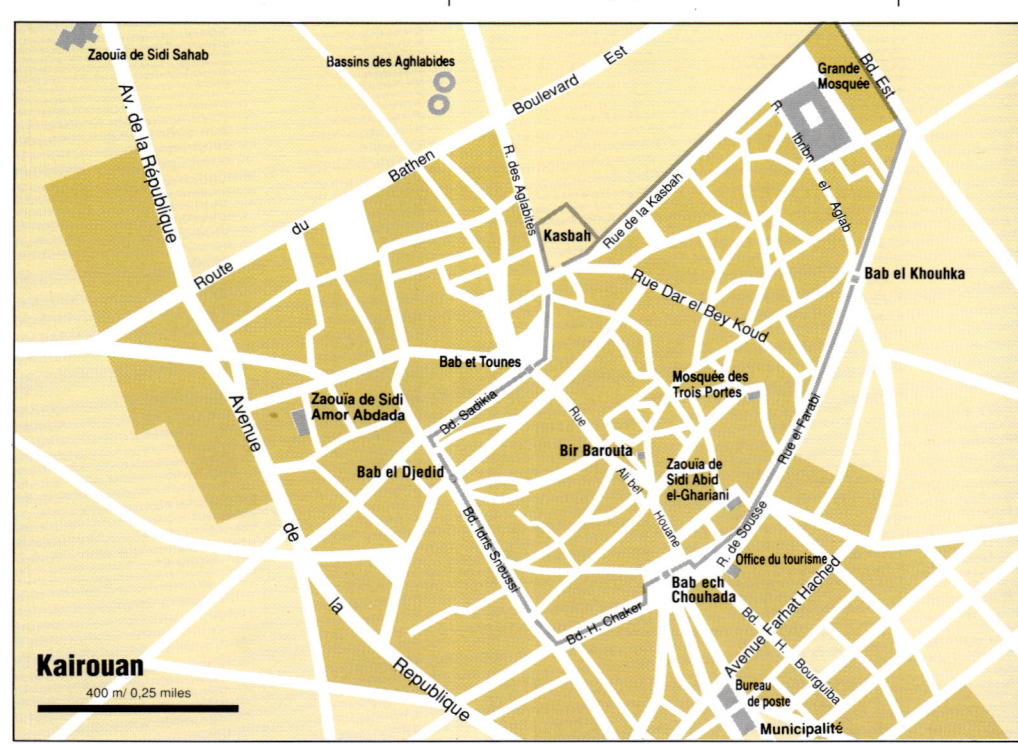

Kairouan

400 m / 0,25 miles

Certains auront peut-être la chance de visiter la ville lors de la fête du *Mouled*, qui marque la naissance du Prophète. A cette occasion, une foule animée défile dans les rues et toutes les fenêtres sont ornées de tapis.

La médina

Avant toute chose, il convient de se procurer un billet, qu'on doit obligatoirement présenter pour visiter les mosquées, auprès du **syndicat d'initiative** situé place du commandant Mohammed el-Béjaoui. En face se trouve l'entrée de la médina : la porte **Bab ech-Chouhada** (porte des Martyrs), construite en 1772.

Une fois cette porte franchie, on quitte les quartiers, sans grand intérêt, de la ville moderne tracée par les Français, pour pénétrer dans la vieille ville animée et affairée, entourée d'une muraille de 3,5 km de long et de 10 m de haut.

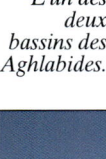

L'un des deux bassins des Aghlabides.

Une artère principale traverse la médina du sud au nord, la **rue Ali-bel-Houane**, bordée de boutiques, d'étals, de cafés et de rôtisseries. On y trouve également une banque, une librairie et un grand magasin (extrémité sud), ainsi que la **pâtisserie Meilleur Makrouth**, qu'on peut recommander au passage, où, dans un décor de miroirs et de boiseries bleues, s'empilent des pyramides de confiseries, gâteaux et *makrouth,* fourrés de pâte de datte, en forme de losanges.

Vers le nord de l'avenue, qui forme une fourche au niveau du café Halfaouine et sa terrasse triangulaire, à laquelle on peut s'installer quelques instants pour regarder vivre la ville, l'activité commerçante s'intensifie. Les boutiques pour touristes — vendeurs de tapis, de jouets, d'objets de cuivre gravé, de cuir travaillé — voisinent avec les étals ombragés et les carrioles chargées d'épices multicolores, de beignets séchés, de tissus bariolés et d'ustensiles de cuisine cabossés, fréquentés par les habitants de la ville et ses environs.

Dans les rues latérales, à l'est, commence le dédale des **souks**, ruelles encaissées aux murs de brique. Il peut être agréable de faire une halte à l'agréable **café pâtisserie Errachid** aux alcôves tapissées de nattes. Là, assis sur les bancs garnis de coussins, il est conseillé de déguster des fruits frais ou des gâteaux accompagnés d'une petite tasse de café turc.

Kairouan est réputée pour ses fabriques de **tapis** où sont employées plus de 1 000 personnes (femmes et enfants). La ville est spécialisée depuis le IXe siècle dans la fabrication de tapis, mais ce n'est qu'aux XVIIe et XIXe siècles, sous l'influence des Turcs, que cette activité se développa fortement. Chaque pièce est le résultat d'un travail de plusieurs semaines, voire de plusieurs mois. Vendus à des prix assez élevés dans les souks, il est préférable de les acheter un peu en dehors de la médina, sur les **marchés** situés à gauche après la **porte Bab el-Tounes** (porte de Tunis), à l'extrémité nord de l'avenue Ali-bel-Houane. On y trouve un grand choix de tapis *mergoum* (tapis tissés aux motifs incrustés de points de coton).

Pour se faire une idée générale des prix et des qualités des tapis, il est possible de se rendre à l'**office national de l'artisanat tunisien**, avenue Ali-Zouaoui, dans la ville moderne. Il faut aussi signaler que l'office du tourisme organise des visites d'ateliers.

Les quartiers d'habitation de la médina, ainsi que ses monuments, sont tous situés dans la partie est, délimitée par la rue principale. On peut commencer la visite par la **zaouïa de Sidi Abid el-Ghariani**, dans la seconde ruelle (rue Ghariani) à droite juste après la porte Bab ech-Chouhada. Dans cette zaouïa, qui date du début du XIVe siècle, sont gardés les restes d'un saint d'origine lybienne. Un petit vestibule mène à un atrium bordé de colonnades par lesquelles on accède à des pièces. La partie inférieure des murs est décorée de carreaux de faïence ornés de motifs géométriques orange, vert et bleu. Le mihrâb, au centre du mur, est surmonté d'une arcade de marbre noir et blanc, en forme de fer à cheval, et de stuc ouvragé qui représente un paon faisant la roue.

On prend ensuite en face la rue Bouras, puis à gauche la **rue des Cuirs** (où sont implantés les tailleurs et les tis-

On peut trouver un grand choix d'épices dans la médina.

serands. Parmi les maisons aux murs aveugles et blanchis à la chaux, on découvre alors la maison qui abrite le puits **Bir Barouta**.

Au premier étage, dans une pièce surmontée d'une coupole, un chameau aux yeux bandés actionne inlassablement une noria. La légende veut que la source qui alimente ce puits soit celle qui jaillit sous les sabots du cheval d'Oqba ibn Nafii, et qu'elle communique avec la source sacrée de Zemzem, à La Mecque. Le visiteur qui boit de son eau est assuré, paraît-il, de revenir un jour à Kairouan.

A l'est du puits, au bout de la rue du même nom se dresse la **mosquée des Trois Portes** (djama Tleta Bibane). Construite en 866 (son minaret date, lui, de 1440), elle est donc l'une des constructions les plus anciennes de la ville, mais elle ne se visite pas. Sa superbe façade sculptée, avec trois portes surmontées d'arcades en demi-cercle et d'une corniche ornée d'inscriptions en écriture coufique, mérite amplement le détour.

Paniers et henné.

La grande mosquée

On peut ensuite se diriger vers la **grande mosquée** (djama Sidi Oqba), à l'extrémité nord-est de la médina (à l'origine, la mosquée se trouvait au centre de la médina). Si l'on craint de se perdre dans les rues, il est conseillé de longer le mur d'enceinte à partir de la mosquée des Trois Portes en prenant ou bien à droite (en direction du sud) ou bien à gauche (en direction du nord). Le plus agréable est de faire cette visite tôt le matin, car les touristes acheminés par autocar depuis la côte ne tardent pas à envahir les lieux.

Avec ses murs énormes et renforcés, ses portes massives et son minaret carré à trois étages, la mosquée donne plus l'impression d'une forteresse que d'un lieu de prière; il s'en dégage une incontestable impression de majesté. Édifiée en même temps que la ville, en 670, elle fut plusieurs fois détruite et rebâtie, notamment au cours du VIIIe siècle; l'édifice actuel remonte aux Aghlabides (IXe siècle), mais a subi de nombreuses

transformations et restaurations (les dernières entre 1968 et 1973). Cet aspect de forteresse est typique de l'ancienne architecture religieuse arabe. L'immense cour dallée, qui est capable, dit-on, d'accueillir 200 000 personnes, est entourée de portiques. Dans cette cour se trouve un collecteur d'eau de pluie. Les pluies sont violentes, mais rares dans cette région, et ce système permet donc de recueillir l'eau dans des citernes souterraines, après l'avoir débarrassée de ses impuretés. On peut aussi admirer, non loin du collecteur, un grand cadran solaire. Le minaret qui, avec ses trois étages, mesure 35 m de haut, a été construit au XIᵉ siècle. La salle de prière, à droite de la cour, ne se visite malheureusement plus, et il faut se contenter de ce qu'on peut apercevoir de la cour. Protégée par de larges portes cloutées, surmontée d'un dôme de brique et faiblement éclairée par des lustres de grande taille, elle est remarquable par l'alignement de ses 414 colonnes de marbre et de porphyre, dont certaines proviennent de monuments romains et byzantins. Son sol est couvert de tapis blancs et bleus. Le mihrab, orné de plaques de faïence du IXᵉ siècle, rapportées de Bagdad, et le minbar (IXᵉ siècle également), chaire d'où l'imam dirige la prière, en bois de cèdre, magnifiquement sculpté et travaillé, sont visibles de la porte.

En dehors de la médina

La visite se poursuit par les **bassins des Aghlabides**, situé en dehors de la médina. Pour s'y rendre, il faut suivre le mur d'enceinte de la grande mosquée à la **porte Bab el-Tounes**, puis prendre vers le nord la rue des Aghlabides jusqu'à l'avenue de la République. Non loin de la porte Bab el-Tounes, la **place de Tunis**, entourée de petites boutiques et de cafés, est toujours pleine d'animation. La **kasbah** située à droite de cette place, contre les remparts, ne se visite pas.

Construits au IXᵉ siècle, les bassins des Aghlabides se composent de deux polygones (l'un à 48 côtés, l'autre, plus

Ci-dessous, la mosquée du Barbier; à droite, le Ramadan: un «pilier de l'islam».

LE RAMADAN

Dans tous les pays islamiques, le Ramadan est la fête la plus importante de l'année. Le Coran ordonne que durant ce mois de jeûne (le neuvième mois de l'année musulmane), aucun musulman ne doit absorber le moindre aliment entre le lever et le coucher du soleil, pas même de l'eau, à l'exception des femmes enceintes ou en période de menstruation, des personnes qui effectuent un long voyage, des vieillards très âgés, des grands malades et des enfants de moins de onze ans. Tous les musulmans, ou presque, qu'ils soient pratiquants ou non, respectent encore ce qui est considéré comme un « pilier de la foi ».

Les relations sexuelles et le tabac sont également proscrits jusqu'à l'heure où « *il devient impossible de distinguer un fil noir d'un fil blanc* ». Le Ramadan, dont la date varie selon le calendrier lunaire de l'hégire, a parfois le malheur de tomber en plein été, lorsque les journées sont les plus longues, ce qui ne va pas sans provoquer quelques difficultés…

Pendant cette période, les heures d'ouverture des banques et des administrations sont réduites et les cafés, sauf ceux des zones touristiques, sont fermés.

A mesure que l'après-midi s'écoule et que le crépuscule approche, l'impatience se fait plus grande. Juste avant le coucher du soleil, les rues se vident. Lorsque les lampes des mosquées signalent la tombée de la nuit, et que le muezzin appelle à la prière du soir, les Tunisiens peuvent alors rompre le jeûne et consomment en général une soupe épaisse. Mieux vaut avoir réservé sa place dans les restaurants et faire rapidement son choix, si on ne veut pas rentrer le ventre vide ! Dans les familles, le souper est suivi d'un dessert: les *chebbakia*. Il s'agit de pâtisseries en forme de roue, faites maison ou achetées aux étals spécialisés qui apparaissent dans toutes les rues à cette époque, et qu'il faut tremper dans du miel bouillant.

Lorsque chacun est rassasié, l'atmosphère devient alors plus détendue; un air de fête s'installe, surtout dans des villes comme Sidi-Bou-Saïd, Tunis et Sousse. Les cafés rouvrent pour rattraper le temps perdu dans la journée, les familles se promènent le long des avenues, et les propriétaires des échoppes de vêtements se frottent les mains, car chacun achète de nouvelles toilettes en prévision de la fin du Ramadan, qui est immédiatement suivie de la fête de l'Aïd es Seghir. Dans les médinas et les villages, bastions de la Tunisie traditionnelle, les fêtes se poursuivent jusque tard dans la nuit. Un peu avant l'aube, des joueurs de tambour parcourent les rues et réveillent la population pour l'inviter à déguster les *assohour*, sortes de crêpes au miel. Cette cérémonie est particulièrement appréciée des enfants.

Chaque soir est ainsi l'occasion d'une fête, mais le vingt-sixième jour du Ramadan, qui commémore la première révélation faite au Prophète, est marqué par des festivités plus importantes. Les musulmans pratiquants passent la nuit à réciter le Coran à la mosquée. Un peu plus tard, le vingt-neuvième ou le trentième soir, selon la date de la nouvelle lune, le jeûne prend fin. C'est alors la « petite fête », l'*Aïd es Seghir*, où il est de tradition de porter des vêtements neufs et où les pauvres viennent frapper aux portes pour demander l'aumône. Certes, ce mois mouvementé n'est pas sans influer sur le rendement économique du pays, mais le Ramadan semble devoir continuer à être respecté. Il s'agit, pour la Tunisie, d'une grande manifestation de «solidarité islamique».

Habib Bourguiba, lors de la vague de laïcisation du pays dans les année 1960, tenta à maintes reprises de décourager les gens d'observer le jeûne. « *Lorsqu'elle devient incompatible avec les exigences de la vie la religion doit être amendée* », avait-il déclaré. En 1964, en signe de défi, il avait même publiquement bu un verre de jus d'orange, en plein jour, durant le Ramadan, mais il n'a cependant jamais pu persuader les Tunisiens de renoncer à leur tradition.

petit, de 17 côtés) qui communiquent entre eux. Ils étaient alimentés par un aqueduc qui acheminait l'eau depuis le djebel Cherichera, à près de 36 km de la ville. La profondeur du plus grand de ces bassins est de 5 m, et il peut contenir jusqu'à 50 000 m³ d'eau. Un petit pavillon était installé autrefois en son centre.

De là, il faut reprendre vers la gauche (en direction de l'ouest) l'avenue de la République, pour parvenir au bout d'environ 10 mn de marche à la **zaouïa de Sidi Sahab el-Balaoui**, aussi appelée mosquée du Barbier, l'une des plus belles mosquée d'Afrique du Nord. Elle abrite la sépulture d'Abou Dhama, un des compagnons du Prophète (et non son barbier comme le laisse entendre le nom de la mosquée), dont la légende dit qu'il portait toujours sur lui trois poils de la barbe de son maître. Ces poils seraient avec lui dans la tombe ; un placé sous sa langue, un autre sur son cœur et un dernier sur son bras droit.

Cette zaouïa, très ancienne, a subi de nombreuses transformations, surtout

aux XVIIe et XIXe siècles. On y entre par une cour que domine un minaret du XVIIe siècle qui se dresse dans l'un des angles.

À droite sous le minaret s'ouvre un porche. On traverse d'abord la médersa, puis on aboutit dans plusieurs petites pièces ornées de stuc sculpté et de panneaux de faïence. Puis on rejoint une seconde cour, plus petite que la précédente. Dans cette cour à colonnades se trouve, sur la droite, le **mausolée** qui abrite la sépulture d'Abu Zama el-Balaoui. On peut admirer plus particulièrement sa façade décorée de faïences. L'entrée est interdite aux non-musulmans, mais on peut entrevoir la tombe par la porte, toujours gardée. Il règne dans cette cour très fraîche un calme appréciable.

Non loin de la mosquée du Barbier (prendre l'avenue de la République, puis la rue Sidi-Gaïd sur la gauche) se trouve la **zaouïa de Sidi Amor Abbada** ou mosquée des Sabres. Il s'agit de l'un des lieux de pèlerinage les plus fréquentés de la ville.

La ville moderne et ses environs

La ville moderne de Kairouan offre peu d'intérêt, et ses faubourgs, où se trouvent ces anciennes **koubbas** qui inspirèrent tant le peintre Paul Klee, ont perdu beaucoup de leur charme.

Il est cependant possible de se rendre à **Reqqada**, à 9 km au sud de la ville, par la route 2 en direction de Sfax. C'est sur ce site que les souverains aghlabides avaient, en 876, construit leur cité royale. On y trouvait des palais, des hammams, des souks et des mosquées. Il ne reste aujourd'hui que des ruines. Reqqada fut détruite lors des invasions hilaliennes au XIe siècle ; en 1970 y fut élevé un palais présidentiel qui accueille aujourd'hui un **musée national d'Art islamique**. Il abrite des collections d'objets de la région de Kairouan, notamment de très belles céramiques retrouvées à Reqqada, des bijoux, des lampes à huile, des pièces d'or et d'argent, ainsi que des manuscrits, des reliures et des corans des Xe et XIe siècles provenant de la Grande Mosquée de Kairouan.

A gauche, le minaret de la Grande Mosquée ; à droite, les magasins tunisiens sont très bien achalandés !

EL-DJEM

« *Par quelle puérile confiance en la douceur d'air du Midi, légèrement vêtus tous deux, n'avions-nous emporté qu'un châle? Sitôt sortis de Sousse et de l'abri de ses collines, le vent commença de souffler. Il faisait de grands bonds sur la plaine, hurlait, sifflait, entrait par chaque fentes des portières; rien ne pouvait nous préserver. Nous arrivâmes tout transis (...) Quelle nuit! — Arrivés à El-Djem, pas d'auberge; un affreux bordj en tenait lieu (...) Le village était endormi; dans la nuit qui paraissait immense on entrevoyait vaguement la masse lugubre des ruines...* » André Gide décrit ainsi l'arrivée à El-Djem de son héros, Michel, et de sa femme, Marcelline, dans son roman *L'Immoraliste* (1902).

Pour atteindre ce lieu étonnant, il faut suivre la route 1 (Sousse-Sfax), qui s'éloigne de la côte pour traverser un paysage planté d'oliviers, plutôt monotone. A mi-chemin, (63 km de Sousse), on parvient à **El-Djem**. Cette petite ville de 11 000 habitants est dominée par un gigantesque **amphithéâtre**, l'un des plus beaux de toute l'Afrique du Nord qui semble brusquement surgir de nulle part et qui offre un spectacle saisissant. Le passé de la ville est un passé de grandeur qu'il est bien difficile d'imaginer aujourd'hui.

La ville antique

L'ancienne Thysdrus, aujourd'hui petit bourg assoupi, était en effet, au temps des Romains, l'une des plus riches cités d'Afrique du Nord. Elle semble avoir été fondée dès l'époque punique (IIIe siècle av. J.-C.) et elle est mentionnée au siècle suivant lors de la campagne africaine de César, mais elle n'occupe pas encore un rôle très important. Elle ne devait connaître un véritable essor qu'aux Ier et IIIe siècles.

Sa prospérité est liée au puissant essor de l'agriculture en Afrique du Nord. Les Romains, qui s'étaient jusqu'alors principalement préoccupés du commerce maritime et des établissements

ments côtiers pris aux Phéniciens, attachaient peu d'importance aux terres de l'intérieur, considérées comme trop arides où, disaient-ils, la terre comme le ciel étaient privés d'eau (« *caelo terraque penuria aquarum* »).

Le grenier à blé de Rome

Toutefois, à mesure que l'Empire grandissait, les besoins en céréales s'accrurent. Les terres d'Afrique du Nord commencèrent alors à être exploitées et tournées vers la culture du blé et, plus tard, de l'olivier, Rome étant aussi une grande consommatrice d'huile.

Pour pallier la sécheresse du climat de cette région de Tunisie, où les précipitations rares et violentes se concentrent sur une très courte période et provoquent souvent des crues et des inondations, les Romains construisirent un système très complexe de captage et de stockage des eaux — dans des réservoirs et des citernes, souvent de taille colossale — et d'irrigation. Le désert devint fertile !

Ainsi fut faite la fortune d'El Djem, bientôt deuxième cité de la province de Byzacène, après Hadrumète (Sousse).

De la prospérité au déclin

Thysdrus devait également jouer un rôle politique. En 238, les citoyens de la cité se réunirent dans l'amphithéâtre afin de proclamer leur indépendance vis-à-vis de l'empereur Maximin et de Rome qui les accablait d'impôts ; ils nommèrent empereur le proconsul Gordien Ier.

La rébellion fut réprimée impitoyablement par la IIIe légion envoyée par Maximin, comme en témoignent les ruines des villas qui furent ravagées par le feu ou saccagées. Toutefois, la ville devait retrouver, dès la fin du IIIe siècle, un dynamisme remarquable dont atteste le luxe des constructions mises au jour par les fouilles archéologiques.

Plus tard, la ville fut le dernier bastion des Berbères qui résistaient encore à l'envahisseur arabe. Sous le commandement de la princesse Kahina, ils auraient utilisé l'amphithéâtre comme forteresse.

En 1695, au cours d'une bataille des combattants (toujours des révoltés berbères) s'y réfugièrent également ; les attaquants, afin de les en déloger, firent une brèche dans l'amphithéâtre.

Mais, depuis longtemps déjà, El Djem, dont les Vandales avaient détruit les systèmes d'irrigation et ravagé les terres cultivées, désormais redevenues un désert, n'était plus que l'ombre d'elle-même. La ville ne fut repeuplée qu'à l'époque du protectorat.

L'amphithéâtre

Le troisième par la taille après celui de Rome et de Capoue, il date des IIe et IIIe siècles. Victime de nombreuses destructions, il était, à l'origine, d'une grande complexité architecturale (avec notamment de nombreuses salles souterraines).

De forme elliptique, haut de 36 m, large de 124 m et long de 149 m, il compte trois étages. Les escaliers et les gradins, qui pouvaient accueillir 30 000 à 40 000 spectateurs — ce qui laisse présumer de l'importance de la ville, dont on estime qu'elle fut à une époque la plus

Pages précédentes l'amphithéâtre d'El Djem, seul vestige d'un passé de gloire. A gauche, mosaïque représentant Daniel dans la fosse aux lions.

peuplée après Carthage —, sont aujourd'hui en très mauvais état. L'arène centrale mesure 65 m de long. La construction de cet amphithéâtre débuta sous le règne de Septime Sévère, au début du IIIe siècle, et se poursuivit sous celui de Gordien Ier, appelé Gordien l'Africain, qui mourut à Carthage en 238. Elle ne fut jamais complètement achevée.

On pénètre à l'intérieur du Colisée par une porte bordée de boutiques, située à l'est de l'édifice. A l'intérieur, on peut voir les pièces et autres écuries aménagées sous l'**arène** de 65 m de long et 37 m de large. Du haut des gradins, on a une vue panoramique sur la ville et sur la région.

Jeux du cirque et exécutions

Cet amphithéâtre semble avoir eu pour fonction, entre autres, d'exprimer, par sa majesté, la puissance de l'Empire romain aux yeux des tribus nomades. Mais il servait aussi lors de grandes manifestations.

L'amphithéâtre d'El-Djem.

Les courses de chars, notamment, étaient réputées pour leur sauvagerie, et il était courant que les concurrents gravent sur leur char le nom de leurs victimes les plus «prestigieuses». Des concours d'athlétisme, des combats de gladiateurs, des combats contre des fauves étaient aussi organisés. Plus tard, dans ce même amphithéâtre, des condamnés furent exécutés, livrés aux lions.

On sait en outre qu'il existait, à quelques kilomètres de là, sur le site de **Bir ez-Zit**, un second amphithéâtre, plus petit, qui pouvait accueillir 10 000 personnes.

Un **musée** et un champ de fouilles, à la sortie de la ville d'El-Djem, sur la route qui relie Sousse à Sfax (au niveau du carrefour qui permet de bifurquer en direction de Souassi), donnent une autre occasion d'admirer des collections de pavements et de mosaïques, de sculptures, vases, récipients, fioles et objets retrouvés dans les villas romaines, dont certaines donnent une bonne idée de ce que fut la richesse de la ville.

DJERBA

L'île de **Djerba** (25 km de long et 22 km de large), aux reliefs peu élevés et aux côtes bordées de palmiers, émerge à peine de la mer. Elle est reliée à **El Kantara**, sur le continent, par une chaussée (7 km) qui conduit ensuite jusqu'à la capitale de l'île : Houmt-Souk.

Avec sa végétation luxuriante et généreuse, son réseau de chemins sablonneux — qui permettent de découvrir tour à tour les fermes, les olivaies, les champs de melons et les vignobles —, ses longues plages blondes et sinueuses — sur la côte orientale —, l'île offre aux visiteurs un paysage extrêmement apaisant.

L'île des Lotophages

La légende veut que Djerba (bien que certains parlent aussi de Minorque et de Majorque de l'archipel des Baléares) ait été cette fameuse île des Lotophages où s'attardèrent Ulysse et ses marins, au cours de *L'Odysée*. « *(...) On atteignit le pays des mangeurs de fleurs, appelés Lotophages. (...) J'envoyai de mes compagnons afin de reconnaître à quels mangeurs de pain appartenait cette contrée. (...) Ceux-ci, bien loin de méditer le meurtre de nos gens, leur firent manger du lotos au cours de leur repas ; or quiconque en avait goûté le fruit doux comme miel ne voulait plus ni revenir ni donner de nouvelles. Ils s'obstinaient à rester là, parmi les Lotophages, à se repaître de lotos, dans l'oubli du retour. Je dus les ramener de force, en pleurs, à nos vaisseaux.* »

On pense que les Phéniciens y établirent un comptoir et y exploitèrent le murex, coquillage dont on tirait la pourpre, bien qu'aucun vestige n'ait été retrouvé qui permette de le prouver. A l'époque carthaginoise et romaine, l'île était connue sous le nom de Meninx. Les Carthaginois édifièrent une première chaussée pour la relier à la terre ; celle-ci fut détruite, puis rebâtie par les Romains qui, par ailleurs, fondèrent un port de commerce très actif. Les chrétiens s'installèrent sur l'île dès le IIIe siècle.

Les invasions successives

Elle fut ensuite envahie par les Vandales, puis par les Byzantins et enfin par les Arabes au VIIe siècle, avant d'être dévastée par les Hilaliens au IXe siècle. Au Moyen Age, alors que l'Europe était divisée en de nombreuses cités-États indépendantes, Djerba devint une île stratégiquement importante, enjeu d'une rivalité qui opposait les puissances — Normands de Sicile, Aragonais, Espagnols — cherchant à s'assurer la suprématie en Méditerranée.

En 1135, l'île fut mise à sac par Roger de Sicile qui massacra les hommes et réduisit les femmes en esclavage. Plus tard, ce fut au tour de Frédéric II de Hohenstaufen de s'en emparer.

En 1284, elle fut prise par l'amiral italien Roger de Loria qui « *y saisit un important butin* » après l'avoir bombardée. De Loria se fit ensuite proclamer comte de Djerba, mais ne put conserver longtemps le contrôle de l'île. En 1432, Alphonse V d'Aragon se lança à l'assaut de l'île, tentant notamment de couper la

Pages précédentes : pistolets, dague et boîtes à poudre. A gauche, l'une des 246 mosquées de Djerba ; à droite, l'eau douce est une chose précieuse sur l'île.

chaussée, mais il fut vaincu par le sultan Abou Farès el-Hafsi. En 1497, ce fut au tour des Normands de Sicile d'envahir Djerba, ils se retirèrent cependant dès 1500.

Au début du XVIe siècle, avec l'arrivée des frères Barberousse qui en firent une de leurs bases, elle devint un repaire de pirates. Elle fut gouvernée à partir de 1550 par le corsaire Dragut. En 1560, profitant de l'absence de ce dernier, une force composée d'Espagnols, de Français et de Napolitains, débarqua sur l'île mais, surprise par le retour inattendu de Dragut appuyé par la flotte turque, elle fut finalement défaite. Vingt-huit des quarante-huit bâtiments alliés furent détruits et 5 000 hommes faits prisonniers. Les autres furent massacrés et leurs crânes utilisés pour édifier une tour sur la plage (le Bordj el-Rouss ou **tour des Crânes**), que le bey de Tunis devait détruire à la fin des années 1840.

L'île fut ensuite l'objet d'un conflit qui opposa le bey de Tunis et le pacha de Tripoli. Elle fut durant cette période le théâtre de nombreuses rébellions.

Puis vint l'époque du protectorat et, peu après, le développement du tourisme.

Tourisme et mosquées

Djerba a su s'ouvrir au monde. Favorisée par la douceur de son climat, elle est de plus en plus appréciée des touristes — mieux vaut éviter, toutefois, de la visiter en été, lorsqu'elle est surpeuplée —, comme en témoigne le cordon d'hôtels qui jalonne les plages de la côte orientale. La côte ouest, moins attrayante, ne semble pas devoir connaître le même destin.

Pourtant, l'île était à l'origine une terre assez pauvre, totalement dépourvue de sources et de rivières. En plus de la pluie recueillie dans 2 000 citernes, l'eau est acheminée depuis le continent par une canalisation.

Hormis le tourisme, les principales ressources de l'île restent l'agriculture (oliviers avec quelque 600 000 arbres, figuiers, vergers), la pêche, notamment à l'éponge, et l'artisanat (tissage, poterie).

La poterie est une spécialité de Guellala.

Le tourisme a des répercussions sur le comportement des Djerbiens. Les commerçants, réputés pour leur savoir-faire, ont su s'adapter à la demande et diversifier leurs activités et leurs marchandises. Par ailleurs, il est à noter que les restaurants et les boutiques de souvenirs de Houmt-Souk appartiennent tous à des insulaires. Toutefois, les Djerbiens sont aussi parmi les plus conservateurs des Tunisiens et s'efforcent de préserver leur identité. Ils ont maintenu une très forte tradition religieuse, héritage de la révolte kharidjite menée par leurs ancêtres berbères aux VIIe et VIIIe siècles. En 683, les kharidjites se scindèrent en sectes. La principale d'entre elles, la secte des ibadites, fut ralliée par de nombreux insulaires. Ce mouvement schismatique, considéré comme hérétique, se perpétue sur l'île.

L'importance de la religion dans cette île, somme toute de taille modeste (514 km²), se traduit, notamment, par le nombre de ses édifices religieux (mosquées, zaouïas, marabouts): on n'en dénombre pas moins de 246. Presque toutes les femmes portent le costume traditionnel, blanc ou sombre, ainsi qu'un voile et un chapeau de paille. Il est d'ailleurs déconseillé d'essayer de les photographier.

En signe de reconnaissance.

L'architecture de Djerba se distingue par son originalité. Les paysages de l'île se composent de *menzels*, fermes qui sont souvent des domaines familiaux délimités par des *tabia*, talus surmontés de haies de cactus. Ces maisons cubiques aux toits en forme de coupole, avec leurs fenêtres minuscules haut placées et leurs murs renforcés, témoignent d'un passé mouvementé.

Houmt-Souk

La capitale de Djerba, installée sur la côte nord, est une petite ville agréable. Son artère principale, l'**avenue Habib-Bourguiba**, est orientée à angle droit par rapport au rivage. On traverse, au centre de la ville, les ruelles des **souks** (tissus, orfèvrerie, ferronnerie, tapis). pour gagner, sur la droite, trois mosquées, que les non-musulmans ne peuvent pas visi-

ter, mais dont les coupoles et les minarets aux formes inhabituelles valent le coup d'œil.

Près de la rue Abdel-Hamid-el-Cadi, on rejoint d'abord la **mosquée des Étrangers**, surmontée de plusieurs coupoles, dont le minaret carré est orné d'une inscription coranique. Un peu sur la droite s'élève ensuite la **mosquée Sidi Brahim el-Jamni**, bâtiment trapu et fortifié du XVIIe siècle, surmonté d'une coupole revêtue de tuiles, en forme de cloche. Derrière, enfin, se trouve la **mosquée des Turcs**, édifice blanc au minaret coiffé d'un lanternon, qui se dresse entre la place d'Algérie et la rue Moncef-Bey. Non loin de là, place de l'Église, on aperçoit le beffroi d'une **église catholique**, toute blanche, construite au XIXe siècle pour les pêcheurs maltais, italiens et grecs qui s'étaient établis à Djerba.

On peut également visiter, non loin des souks, d'anciens **fondouks**, ou caravansérails, jadis destinés à héberger les marchands de passage. Certains sont encore habités ou abritent des ateliers d'artisans. Ils se composent d'une cour centrale entourée de colonnes sur deux étages occupés par des cellules à l'intérieur desquelles on entre par une petite ouverture de forme ovale. Le sol des cours de ces bâtiments s'incline légèrement pour permettre de recueillir les eaux de pluie, emmagasinée ensuite dans des citernes.

Deux hôtels, le **Marhalla**, du Touring Club de Tunisie, et l'**El-Aricha**, sont installés dans d'anciens fondouks; la citerne de l'hôtel El-Aricha a même été transformée en petite piscine.

Tout au bout de l'avenue des Martyrs, en bord de mer, se dresse un fort, le **Bordj el-Kébir**. Construit au XVe siècle par le sultan hafside Abou Farès sur les ruines d'une forteresse édifiée par Roger de Loria (1289), il fut réaménagé par Dragut et les Espagnols au siècle suivant. En 1560, c'est dans ce fort que les troupes de Dragut massacrèrent 5 000 à 6 000 Espagnols et entassèrent leurs crânes sur la plage : une stèle proche du port commémore la bataille.

De là, on peut revenir vers la ville et, en tournant à gauche dans l'avenue

Les puits sont des lieux de rencontre.

Abdel-Hamid el-Cadi, visiter le **musée des Arts et Traditions populaires**, installé dans la **zaouïa de Sidi Zitouni** (XVIIIe siècle). On peut y voir une belle collection de costumes locaux et de bijoux fabriqués par les artisans juifs de Djerba ; y sont également exposés des meubles, poteries et accessoires divers.

De là, on peut rejoindre la **place Hedi-Chaker**, lieu le plus animé de la ville. Le café de cette place est fréquenté tant par les visiteurs que par les insulaires ; les restaurants, eux, sont relativement onéreux et principalement tournés vers les touristes.

La zone balnéaire

La zone balnéaire moderne de Djerba se situe assez loin de Houmt-Souk (à 10 km environ), à l'est le long de la **plage de Sidi Maharès** et de la **plage de la Séguia**. On y trouve des hôtels de toutes catégories, des plus luxueux aux plus modestes. Depuis la ville, on peut prendre le bus 11 pour se rendre à la plage où sont proposées toutes les activités et infrastructures

La mosquée des Étrangers, à Houmt-Souk.

habituelles des stations balnéaires (équitation, sports nautiques, parachute ascensionnel, restauration, promenades à dos de chameau et vente de souvenirs et de friandises).

Ceux que les joies de la baignade ne tentent pas peuvent visiter les villages de l'île, de préférence à bicyclette ou à vélomoteur (locations dans les hôtels et les agences de location de voitures).

Er-Riadh, enclave juive

Les premiers représentants de la communauté juive de Djerba seraient arrivés en 586 av. J.-C., après la destruction de Jérusalem par Nabuchodonosor. Les premières preuves de leur présence ne remontent cependant pas au-delà de l'année de la destruction de la Ville sainte par Titus, en 71.

Les deux villages juifs sont **Hara Kebira** (le « Grand Ghetto », à 1 km à l'ouest de Houmt-Souk) et **Hara Seghira** (le « Petit Ghetto », à 7 km de la capitale, à 1 km à l'ouest de la route principale 117), aujourd'hui appelé **Er-Riadh**.

Ils se sont sensiblement dépeuplés à la suite de la fondation de l'État d'Israël en 1948. La communauté n'eut pas à souffrir d'antisémitisme, sauf sous l'occupation allemande en 1943, lorsque, incapables de payer la taxe de 10 millions de francs qui leur était demandée, ils se virent confisquer près de 50 kg d'or.

A Er-Riadh, on peut visiter la synagogue de la **Ghriba**, lieu de pèlerinage fréquenté par des juifs du monde entier. Elle a été reconstruite en 1920 sur les fondations d'une synagogue plus ancienne encore, dont l'emplacement fut choisi, selon la légende, parce qu'une pierre sacrée, tombée du ciel, avait atterri à cet endroit.

Le sanctuaire, où l'on peut voir des vieillards assis sur les bancs lisant les textes sacrés, est orné de carreaux de faïence, de boiseries et de vitraux aux couleurs vives. Dans cette synagogue est conservée l'une des plus vieilles Torahs du monde, ainsi que des plaquettes d'argent sur lesquelles sont gravés les messages laissés par des pèlerins.

D'Er-Riadh, il faut reprendre la route 117 vers la droite en direction de Sedouikech pour atteindre, 2 km plus loin, **El-May**. On peut signaler sa **mosquée**, petit édifice aux murs chaulés, appuyé sur des contreforts massifs et surmonté d'un minaret de forme arrondie.

Par la route 209, à droite, on peut gagner **Midoun**, deuxième agglomération de l'île, célèbre pour son marché du vendredi ou, en continuant jusqu'à Sedouikech (8 km) puis en tournant à droite, rejoindre **Guellala**, à 6 km. Ce village est spécialisé dans les poteries, mais le tourisme a quelque peu gâté l'authenticité et le bon goût des produits.

La côte ouest de l'île reste peu touchée par le tourisme. On peut prévoir au départ de Houmt-Souk, une excursion jusqu'au **Bordj Djillidj** (11,5 km), fort turc du XVIIIe siècle situé à la pointe nord-ouest de l'île. De là, on a une vue sur le large et sur les *zribas*, pêcheries fixes formées de haies de palmes plantées au fond de l'eau, à l'aide desquelles on piège les poissons.

Ci-dessous, la mosquée d'El-May; à droite, dans la Ghriba, principale synagogue d'Afrique du Nord.

LES JUIFS TUNISIENS

La synagogue de Ghriba, sur l'île de Djerba, est, pour les juifs, l'un des lieux saints les plus sacrés d'Afrique du Nord et un lieu de pèlerinage très fréquenté. L'édifice lui-même, reconstruit en 1920 à l'emplacement d'un ancien sanctuaire datant, semble-t-il, du VIᵉ siècle av. J.-C, n'a rien de vraiment remarquable, mais il abrite l'une des plus anciennes Torahs du monde.

Il reflète aussi la curieuse situation des juifs et du judaïsme en Tunisie. Lorsqu'on sait que le siège de la Ligue arabe est installé à Tunis, et que le pays a accueilli les membres en exil de l'O.L.P. (Organisation de libération de la Palestine), on peut s'étonner que cette synagogue ait reçu en visite officielle l'ex-président Bourguiba et qu'on ait accroché sur un de ses murs un portrait de ce dernier pour commémorer l'événement.

L'histoire des juifs tunisiens est assez originale. « On constate avec étonnement que les juifs tunisiens, par bien des aspects, n'ont guère de points communs avec leurs frères des autres nations », remarquait ainsi un anthropologue danois du XIXᵉ siècle. Il avait découvert que l'une des communautés troglodytes de Matmata était juive, et qu'il y avait eu des mariages avec des Berbères. Un autre témoin rapportait qu'à Djerba de jeunes femmes juives pratiquaient le métier, considéré comme peu respectable, de danseuse.

De tout temps, les Berbères ont fait preuve d'une attitude pragmatique en matière de religion, se contentant de suivre les «grands courants» ou accueillant avec tolérance les nouvelles religions. La plupart des tribus passèrent du paganisme au christianisme, puis à l'islam, et certains Berbères se convertirent même au judaïsme.

Par la suite, sous la dynastie des Almohades (XIIᵉ-XIIIᵉ siècle), un certain nombre de Berbères convertis au judaïsme se tournèrent vers l'islam, mais d'autres restèrent fidèles à leur religion. Les vagues successives de réfugiés qui fuyaient les persécutions en Europe et en Asie Mineure vinrent grossir leurs rangs, les souverains arabes, puis turcs de Tunisie leur assurant une relative sécurité.

Les deux communautés juives, tunisienne et européenne, étaient connues sous les noms de *Touensa* et de *Grana*. Beaucoup de similitudes existaient entre les juifs et leurs compatriotes musulmans. Ainsi les femmes portaient-elles aussi la main de Fatima pour repousser les mauvais esprits, ou des colliers de pierres colorées et d'arêtes de poisson censés protéger des maladies.

Les beys turcs, en général tolérants, contraignirent néanmoins les juifs à porter des costumes distinctifs : chemises bleues sans manches, pantalons noirs, chaussons et petite coiffe noire pour les hommes. Il leur était interdit, entre autres, de porter des bas, sauf en hiver, et de seller leurs ânes ou leurs mules.

Ces discriminations prirent fin en 1881 avec l'instauration du protectorat français et, à partir de 1910, les Tunisiens purent opter, s'ils le souhaitaient, pour la nationalité française. Un grand nombre de ceux qui acceptèrent et émigrèrent en France étaient des juifs de la communauté *grana* : leur départ porta un rude coup à l'économie du pays. Ceux qui restèrent furent relativement en sécurité lors de la montée du fascisme en Allemagne et en Italie, mais l'effondrement de la France et l'occupation allemande les mirent gravement en danger. Les juifs de Djerba ne durent leur salut qu'au paiement d'une énorme rançon en or.

L'hémorragie provoquée par la vague d'émigration vers le nouvel État d'Israël commença immédiatement après la guerre. 46 255 juifs quittèrent la Tunisie entre 1948 et 1967. Néanmoins, on estime qu'ils étaient encore 67 000 en 1959, dont 55 000 à Tunis. Les guerres israélo-arabes ont cependant précipité les départs. Il est difficile de se procurer des statistiques récentes mais, désormais, il semble que la communauté juive de Tunisie ne compte pas plus de 2 000 personnes.

LES ILES KERKENNA

A une vingtaine de kilomètres au large de Sfax se trouvent les **îles Kerkenna**, plates (le plus «haut» relief ne dépasse pas 10 m!), sablonneuses et bordées de palmiers clairsemés. L'archipel, auquel on accède par bac (on peut embarquer sa voiture), est formé de deux îles principales — l'**île Gharbi** (15 km sur 7 km), la plus proche du continent, et l'**île Chergui** (42 km sur 8 km) — et de quelques îlots rocheux.

Les deux principales îles sont reliées entre elles par une chaussée, longue d'environ 600 m, qui date de l'époque romaine. Les terres de cet archipel sont arides, peu propices à l'agriculture, et il faut importer la quasi-totalité des aliments frais (fruits, viande et légumes) pour subvenir aux besoins alimentaires des 14 500 insulaires.

Ces îles un peu austères étaient exactement l'endroit recherché par les Romains pour envoyer en exil les agitateurs et autres personnages indésirables. Plus tard, ce fut au tour des Arabes d'exiler les femmes adultères sur ces terres isolées.

Histoire des îles

Connues des Grecs, qui les appelaient Kyrannis, puis des Romains, qui les rebaptisèrent Cercina, les îles furent occupées par les Carthaginois. Elles furent abandonnées, à la suite des conquêtes arabes du VIIe siècle, en raison de leur vulnérabilité, puis elles ont été envahies successivement, comme l'île voisine de Djerba, par l'amiral italien Roger de Loria en 1237 et par Alphonse V d'Aragon en 1424.

Plus tard, l'archipel fut occupé par les Turcs. Les habitations furent saccagées et la population quitta les lieux. L'archipel ne connut jamais une prospérité comparable à celle de sa voisine Djerba. Des villages de pêcheurs ne devaient être réimplantés qu'au XVIIe et au XVIIIe siècle.

Pourtant, en dépit de ces conditions peu favorables, la population des Kerkenna fait preuve d'une remar-

quable ouverture d'esprit. Dans cette région de la Tunisie, où le tourisme est relativement peu développé, la priorité est de se procurer des ressources suffisantes pour vivre. En effet, malgré l'augmentation des prix du poulpe, une des principales espèces pêchées, qui a permis à l'économie de l'île de reprendre un peu de vigueur, les sources de revenus sont rares. De nombreux personnes ont ainsi dû émigrer ou doivent se rendre à Sfax pour travailler.

Tourisme et loisirs

Le tourisme a commencé à se développer sur les îles dans les années 1960, avec la construction d'une zone hôtelière le long de la plage de **Sidi Fredj**, sur la côte est de l'île Chergui. Il est vrai que les plages de ces îles sont particulièrement agréables.

Les loisirs, à Kerkenna, sont nombreux: natation (piscines dans tous les hôtels), planche à voile — les fonds très plats sur une assez grande distance constituent un «terrain» d'entraînement

idéal pour les débutants — , plongée sous-marine, promenades à bicyclette ou en bateau.

L'importance de la pêche

Même si le tourisme procure aujourd'hui à certains insulaires des revenus non négligeables, la pêche demeure la principale ressource de l'île. Les espèces capturées sont l'éponge, qu'on attrape à l'aide d'un long crochet, le mulet et le poulpe. Les Kerkenna se distinguent par l'originalité de leurs techniques de pêche et la beauté de leurs barques à voile latine.

Les palmiers de l'île, qui ne donnent pas de fruits de qualité suffisante pour être consommés, sont utilisés pour leur bois et leurs palmes, avec lesquels on confectionne des haies pour les pêcheries fixes, comme à Djerba. Disposées en pleine mer, en forme de V, elles servent à diriger le poisson vers des nasses. Les palmiers sont également utilisés pour fabriquer des sortes de clayonnages pour la pêche au mulet. Cette technique de pêche est appelée la «sautade» et consiste à rabattre les poissons en frappant l'eau avec des bâtons pour les effrayer et les chasser vers ces claies placées à la surface.

La pêche au poulpe, très lucrative, dont la production est presque entièrement exportée vers le Japon, se déroule entre octobre et mai. Les pêcheurs immergent de nuit plusieurs jarres de terre vides reliées les unes aux autres par un filin, les poulpes cherchant toujours à se nicher dans des cavités; les jarres et leurs proies sont ensuite relevées au matin.

L'arrière-pays

A l'intérieur des terres, on peut éventuellement visiter la capitale de l'île, **Remla** (quelques boutiques, un petit hôtel, une banque et un restaurant): il est ici de coutume de prendre à son bord des auto-stoppeurs. On peut également se rendre jusqu'au **Bordj el-Hissar**, fortin en ruine construit par les Espagnols, à 2,5 km de la zone touristique (côte est), d'où on a une belle vue sur l'ensemble de l'île et la mer.

LES OASIS DU SUD

Au sud de la Tunisie s'étend la région présaharienne du **Nefzaoua**, pays des chotts, sortes de lacs salés, et des oasis clairsemées, entrecoupé de zones désertiques sablonneuses et rocailleuses. Depuis Gabès, sur la côte, la route part vers le nord-ouest vers les oasis de montagne de Tamerza et Chebika, passant par les cités minières de Gafsa et Metlaoui. Vers le sud, elle se dirige vers les oasis de Kébili, Tozeur et Nefta, qui bordent le grand chott el-Djérid, situé de manière presque parfaite au centre géographique de la Tunisie.

De Gabès à Kebili

De **Gabès**, ville côtière prospère et animée, on prend la route 16, qui traverse la **plaine de l'Arad**, solitaire et semi-désertique seulement peuplée de quelques palmeraies; bientôt le paysage se fait plus aride.

A 31 km, on parvient à **El Hamma de l'Arad**, dernier bourg important avant Kebili. Il s'agit en réalité d'une oasis qui comprend plusieurs villages (Ksar, le plus important, Debdaba, Sembat, Bechima et Bou Attouche) et qui compte en tout 5 000 habitants. Elle est célèbre pour ses **sources thermales** sulfureuses très chaudes (47 °C) qui alimentent deux hammans et qui était déjà réputées à l'époque des Romains, lorsque la ville s'appelait encore Aquae Tacapitanae. Les anciens sièges de pierre sont d'ailleurs toujours utilisés.

Vers le nord, le terrain s'incline progressivement vers le **chott el-Fedjaj**, partie orientale du **chott el-Djérid**, le plus vaste de toute l'Afrique du Nord. Il s'étend sur environ 200 km, de la frontière algérienne au golfe de Gabès. Avec le chott el-Fedjaj et la **sebkhet el-Hamman**, il couvre une superficie de 77 000 km². Durant l'été, les chotts sont pratiquement asséchés, mais durant l'hiver, et surtout au printemps, ils deviennent d'immenses mares d'eau saumâtres, mais jamais de véritables lacs.

Au sud, le long de la route, se dressent les crêtes du **djebel Tebaga**, aux sommets usés par l'érosion. On croise, ça et là, paissant parmi les buissons épineux, les troupeaux de chameaux des peuplades semi-nomades.

Kebili

On arrive, 68 km plus loin, à **Kebili** (119 km de Gabès), centre administratif du Nefzaoua. A l'époque du protectorat, une garnison de la Légion étrangère était implantée dans ce village de 5 000 habitants aux maisons basses et blanches où Habib Bourguiba se réfugia en 1934. On y trouve une belle palmeraie alimentée par une source. Jusqu'au siècle dernier, ce bourg fut un important marché d'esclaves originaires du Soudan, dont on peut encore croiser les descendants dans les rues.

Située au bord du rivage du chott el-Djérid, Kebili est le point de départ vers les oasis du sud, proches de Douz, en bordure du Grand Erg oriental, ou vers Tozeur et Nefta, à l'ouest, de l'autre côté du chott que traverse maintenant une chaussée.

Pages précédentes: dans les oasis. A gauche, véhicule du désert; à droite, une habitante de Kebili.

Douz

De Kebili, la route 103 se dirige au sud vers **Douz** (30 km). Peu à peu, la végétation se raréfie ; des haies de palmes bordent les bas-côtés pour empêcher le sable d'envahir la route ; les premières dunes apparaissent. Près de Douz, la vue est saisissante depuis le sommet de ces dunes. On peut voir au loin, vers le nord-est, les crêtes roses du djebel Tebaga.

La ville, véritable dédale de ruelles étroites et de maisons ocre, s'anime le jeudi, jour du **marché** sur la place principale, lorsque les nomades vêtus de burnous viennent des oasis environnantes vendre légumes et étoffes. Ce marché est l'un des plus importants du sud saharien. Douz est aussi célèbre pour la qualité de son artisanat (babouches, vêtements). On y trouve également, et inévitablement, des roses des sables.

La **palmeraie**, très agréable, située derrière l'**hôtel Saharien**, est idéale pour des promenades paisibles sous les arbres. On entend retentir le chant des tourterelles tandis que les gangas, oiseaux terrestres proches du pigeon, se baignent dans les canaux d'irrigation. De temps à autre, un âne passe, tractant une charrette de sable tamisé.

La lutte contre l'avancée du désert est une priorité dans les palmeraies, comme en témoignent les palmes, coupées chaque hiver, avec lesquelles on élève des haies protectrices.

Le chemin se perd ensuite dans le désert, après être passé sous un haut porche de brique rouge. Chaque année, à la fin de décembre, près de 50 000 personnes, nomades, villageois et touristes viennent ici assister à la **fête du Sahara**, où, dix jours durant, ont lieu des fantasias, des courses de chevaux et des charges de chameaux.

Autour de Douz

De Douz, plusieurs pistes partent en direction des oasis et des villages voisins. Celle de l'ouest, rocailleuse et difficilement praticable, qui passe près d'un fort militaire (belle vue sur les dunes), per-

A la lisière du Grand Erg oriental.

met d'accéder à plusieurs oasis très calmes situées au bord du chott el-Djérid: **Zaafrane** (14 km), d'où on peut obliquer vers l'ouest pour rejoindre, par une mauvaise piste, **Nouïl** et **Toulba**. On peut également suivre la route 103 jusqu'à **Sabria** (30 km de Douz), oasis cernée par les dunes et menacée par l'avancée du sable. C'est là que se rassemblent pour l'hiver les membres de la tribu semi-nomade du même nom.

La route des mirages

De Douz, on retourne vers Kebili, en traversant le chott el-Djérid par la route 16 (78 km d'ouest en est jusqu'à Kriz). Jadis, la traversée de ce chott, recouvert de plaques de boue humide elles-mêmes recouvertes de croûtes de sel, était souvent dangereuse, surtout en période de pluie; aujourd'hui encore, la route 103 qui traverse le chott el-Fedjaj n'est pas toujours sans danger. Il paraît qu'un jour une caravane de mille chameaux aurait été engloutie dans le chott sans laisser de trace.

Aujourd'hui, la route 16, une chaussée surélevée construite par l'armée tunisienne, permet de franchir ce chott en toute sécurité de Kebili à Kriz, en direction des belles oasis de palmiers dattiers de Tozeur et de Nefta. Rien ne vient rompre l'uniformité de cette étendue immense et solitaire, baignée de soleil, où les cristaux de sel font scintiller le sable et la boue. Les mirages, dus à la réfraction de la lumière à travers des couches d'air de températures différentes, y sont fréquents: de nulle part, surgissent ainsi des images de palmeraies et de villages.

Tozeur

Après Kriz (qui fait partie de l'ensemble des **oasis d'El Oudiane**), on prend à gauche la route 3 qui mène à **Tozeur** (16 km). Ancienne cité numide, puis ville-frontière romaine, Tozeur, l'antique Tusuros, fut un marché très dynamique au XIVe siècle, avant d'être ravagée par une épidémie au siècle suivant. Cette ville de 17 000 habitants est, de nos

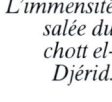

L'immensité salée du chott el-Djérid.

jours, le centre administratif de la région du Djérid («pays des Palmiers»). Compte tenu de l'essor du tourisme durant ces dernières années, un aéroport y a même été construit.

L'architecture de Tozeur se distingue par ses maisons et ses bâtiments en brique, ornés de motifs semblables à ceux qui décorent les tapis de la région. Certaines de ces façades datent du XIVe siècle. Dans le quartier de l'**Ouled el-Hadef**, bien rénové, on peut voir de belles ruelles et des maisons anciennes.

Le **Musée archéologique et traditionnel** de la ville mérite une visite. Il est installé dans la **koubba de Sidi Bou Aïssa** et propose une collection un peu hétéroclite de céramiques, de bijoux et d'objets de tous les jours. On peut également y voir des colonnes et des statues datant de l'époque romaine.

Le site de l'ancienne ville romaine se trouve, lui, à 3 km, à **Bled el-Hader**. La **Grande Mosquée**, qui se dresse au centre du village, date du XIe siècle. Près du cimetière se trouve la **koubba d'Ibn Chabbat**.

La palmeraie de Tozeur

Tozeur doit sa prospérité à la culture des palmiers dattiers. Sa palmeraie, qui ne compte pas moins de 250 000 arbres, est arrosée par 200 sources qui alimentent un réseau de canaux d'irrigation appelés des seguias. Les palmiers sont des arbres sexués, mais on ne compte qu'un plant mâle sur cent. Au printemps, les brindilles des arbres mâles sont prélevées et fixées sur les arbres femelles afin d'effectuer une pollinisation artificielle. Vers septembre, les fruits sont mûrs. Chaque palmier produit entre 100 et 200 kg de dattes, exportées vers l'Europe. Il est bien sûr possible d'en acheter sur place à bon marché; les tarifs varient selon la qualité; toutefois, mieux vaut éviter la variété la moins chère, souvent véreuse. La meilleure est la variété appelée *Deglet en-Nour* («doigts de lumière»), aux fruits légèrement transparents.

Du **belvédère** (2,7 km du centre de la ville), qu'on rejoint par l'avenue Abou-el-Kacem-ech-Chabbi, en passant devant l'hôtel Djérid, puis en suivant une piste qui longe l'oued et traverse une partie de la palmeraie, on a une vue magnifique sur la ville et, au loin, sur le chott el-Djérid et le Sahara. Ce site, qui accueille un petit **camping**, domine des sources dans lesquelles il est possible de se baigner, mais le lieu est surtout fréquenté par les hommes et les jeunes garçons. Les femmes de Tozeur, en effet, ne se montrent guère et portent toujours le haïk, grand voile rectangulaire de couleur noire orné d'une unique bande, blanche à Tozeur, bleue à Nefta, l'oasis voisine.

Nefta, oasis sacrée

De Tozeur, la route 3 s'éloigne vers l'ouest, en direction de la frontière algérienne, et franchit un plateau désertique. On arrive à **Nefta** au bout de 23 km.

Cette ville de 15 000 habitants est la principale agglomération du Djérid et un centre artisanal réputé (tapis et céramiques, notamment). Elle est aussi l'une des villes les plus visitées par les touristes qui viennent admirer son architecture très «saharienne» (maisons à

Joueur de tambour à Douz.

coupoles, façades décorées de briques) et l'immense palmeraie verdoyante qui l'entoure et s'étend sur plus de 1 000 ha.

Nefta est également un haut lieu du soufisme. Il s'agit, en fait, de la deuxième ville sainte de Tunisie après Kairouan. Elle est un but de pèlerinage depuis le IXe siècle : ses 24 mosquées et ses nombreux marabouts blancs surmontés de coupoles (plus d'une centaine) témoignent de l'importance du lieu sur le plan de la religion. Le plus célèbre est le **marabout de Sidi Bou Ali** (saint du XIIIe siècle, originaire du Maroc), qui est le lieu de pèlerinage le plus fréquenté de la ville.

L'oasis est alimentée par 152 sources, certaines chaudes et sulfureuses, et plantée d'environ 380 000 palmiers dattiers. Le meilleur moyen pour admirer la **corbeille de Nefta**, immense cirque de 30 m de profondeur, occupé par des vergers et des palmeraies luxuriantes où coulent des sources, est de se rendre au **café de la Corbeille**, orienté vers le sud-ouest ou, au nord du site, à l'**hôtel Sahara Palace**.

Au pied des palmiers dattiers, sont plantés des jardins dont les propriétaires ont diversifié les cultures. Ces jardins, entretenus par des familles, existaient déjà il y a plusieurs siècles. On y trouve des grenadiers, des orangers, mais aussi des haricots, de l'orge et des oignons.

Il est agréable de se promener le long des sentiers qui les parcourent, et il n'est pas rare, au détour d'un chemin, de surprendre un des nombreux oiseaux qui vivent dans la palmeraie : une cigogne, une aigrette et parfois un ibis falcinelle. Il est aussi possible de louer un dromadaire ou une calèche pour faire le tour de la Corbeille.

Oasis du nord et cités minières

En empruntant la route 3 en direction du nord, on repasse par Tozeur, avant d'atteindre **Metlaoui** à 51 km. Comme Gafsa, 42 km plus loin, il s'agit d'une ville minière spécialisée dans le traitement des phosphates, dont les gisements furent découverts par le Français Philippe Thomas en 1896.

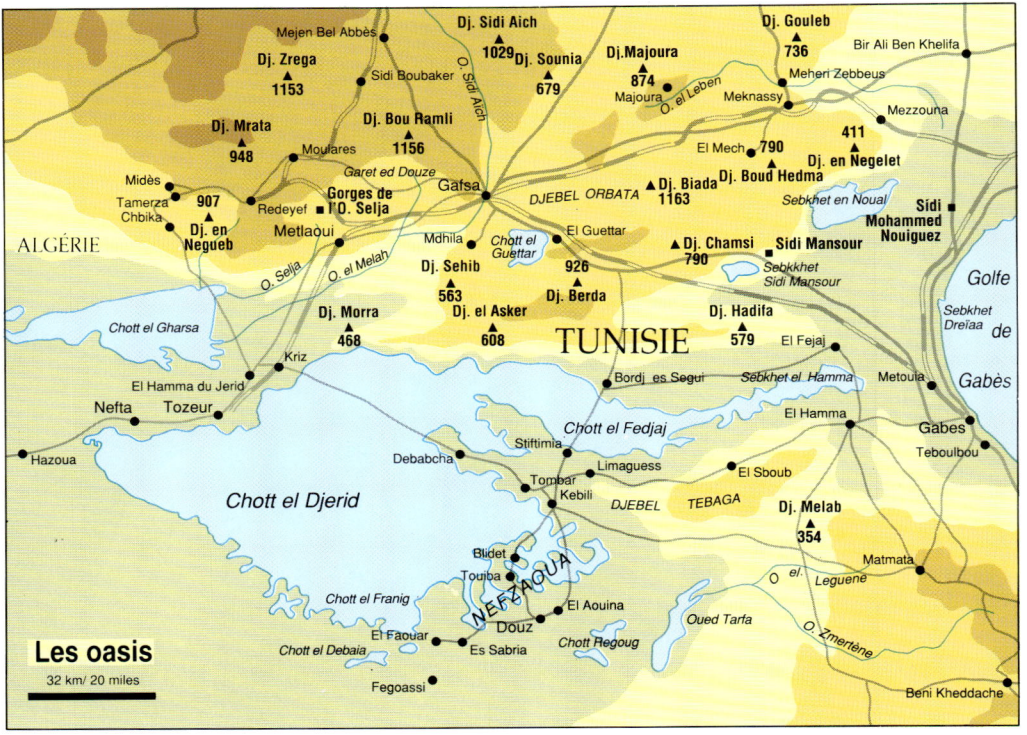

Les oasis

32 km/ 20 miles

Gafsa est une ville de 55 000 habitants qui tire beaucoup de ses ressources de l'exploitation de son oasis qui emploie près d'un tiers des habitants. L'agglomération fut presque entièrement reconstruite après la Seconde Guerre mondiale, à la suite des destructions causées par les bombardements de l'aviation alliée qui combattait l'Afrikakorps.

Elle ne présente pas d'intérêt particulier, hormis sa palmeraie et les vestiges de ses **piscines romaines**, dans lesquelles les enfants plongent dans l'espoir d'obtenir une pièce ou deux. On peut également signaler la **kasbah** construite en 1434, sous la dynastie hafside. Elle fut très endommagée en 1943 par l'explosion d'un dépôt de munitions allemand, mais elle a été restaurée.

Metlaoui, au sud-ouest de Gafsa, n'a rien de bien remarquable non plus. Cette autre cité minière est cependant le point de départ des excursions dans les belles **gorges du Seldja**, et vers les oasis de montagne de Chebika et Tamerza. On atteint les gorges par une piste carrossable (5 km) ou, en été, on peut emprunter un petit train minier, appelé le Lézard rouge, qui s'arrête à proximité. La piste débouche devant un défilé par lequel on gagne à pied un cirque naturel aux parois abruptes d'une grande beauté, et au fond duquel, sur un lit sablonneux, coule l'oued Seldja. Il est conseillé de faire attention aux serpents, nombreux à cet endroit.

Pour se rendre à l'oasis de **Tamerza** (83 km), on quitte Metlaoui par la route 16 en direction des centres miniers de Moularès (37 km) et Redeyef (18 km plus loin). On arrive à Tamerza, l'antique Ad Turres romaine, au bout de 28 km. On peut admirer une splendide cascade et un ancien village en pisé, aujourd'hui abandonné ; il existe un petit hôtel dans le nouveau village. En continuant encore 14 km, on rejoint **Chebika**, ancien poste militaire romain d'Ad Speculum. Avec son vieux village accroché à flanc de montagne, proche des sources qui prennent naissance un peu plus haut, et sa jolie palmeraie, Chebika est certainement l'une des plus belles oasis de montagne de Tunisie.

Ci-dessous, vente de moutons à Douz ; à droite, le principal, pour affronter le désert, est d'être bien équipé.

A L'ASSAUT DU DÉSERT

Si on en a l'occasion, une expédition dans le désert est une chose à faire lors d'un voyage en Tunisie. Malheureusement, les petites voitures de tourisme ont leurs limites, et les agences de location laissent tout au plus leurs clients s'aventurer sur les pistes difficiles du circuit des ksour, villages fortifiés, situés au sud de Médenine. Dans les stations balnéaires, certaines agences de voyages proposent des excursions dans le désert en véhicules tous terrains, durant une journée ou une semaine; le matériel de camping est fourni, et l'agence se charge d'engager des chauffeurs. Toutefois, la location des voitures tous terrains est encore coûteuse et mieux vaut disposer de son propre véhicule (mais être quand même accompagné).

Le choix d'un bon véhicule est conditionné par un certain nombre de facteurs : prix, facilité à se procurer des pièces de rechange, capacité de charge et type de moteur (diesel ou à essence). Les moteurs diesels sont plus faciles à entretenir, leur consommation est moindre ; en outre, le gazole est meilleur marché. D'un autre côté, les moteurs à essence permettent d'atteindre des vitesses moyennes plus élevées et sont moins bruyants. Certes, les modèles actuels de moteurs diesels sont très sophistiqués, et leurs performances (turbocompresseur, refroidissement) approchent celles des moteurs à essence, mais il n'est pas certain que vous trouviez à les faire réparer en cas de panne.

La Land Rover reste le «véhicule roi» au Sahara. Tous les garagistes savent réparer ce type d'engin en cas d'incident, et on trouve sans difficulté des pièces de rechange, surtout d'occasion, dans toute la Tunisie. Les «tous terrains» japonais, en particulier les Toyota, sont également très répandus dans le pays.

La capacité de charge du véhicule reste un facteur primordial. La plupart des véhicules tous terrains sont proposés avec un empatte-ment court ou long; mieux vaut choisir cette dernière formule qui évite les problèmes en cas de surcharge. La Land Rover peut transporter jusqu'à cinq passagers, et un vaste espace libre à l'arrière permet éventuellement d'en loger un sixième.

Il est très important que les pneus soient neufs ou aient peu servi. Il faut en vérifier la pression chaque jour. Le choix de la bande de roulement dépend du terrain: une bande très accrochante, par exemple, adaptée à des parcours en terrain boueux, ne conviendra pas pour le sable. Le pneu doit au contraire offrir une large surface, presque lisse, permettant aux roues du véhicule de «flotter» sur le sable au lieu de «mordre» dans celui-ci. Certains pneus sont conçus spécialement pour le sable, mais ne sont pas adaptés aux terrains rocailleux. Dès lors, il vaut mieux choisir un pneu à usage général.

Le choix des roues de secours est aussi important. Plutôt que d'en emporter plusieurs, il est conseillé de prendre des démonte-pneus et un kit de réparation. Il faut également disposer d'une suspension robuste pour garantir une meilleure sécurité : un véhicule mal suspendu est aussi moins stable, de même qu'un véhicule trop chargé. Ainsi, il faut faire attention à ne pas surcharger les galeries. Le mieux est d'y installer le matériel de réparation (cric, cordes, pelle, jerrycans) et non pas des bagages trop lourds.

Les pièces de rechange sont un élément essentiel. L'âge du véhicule et la durée du voyage détermineront celles qu'il est utile d'emporter. Elles doivent être correctement empaquetées, et le mieux est de les placer dans des boîtes d'acier cadenassées qu'il faut fixer sur la galerie.

Enfin, il convient d'étudier soigneusement l'itinéraire afin de pouvoir estimer la consommation en huile et en carburant. Dernière chose, il est fortement conseillé de s'entraîner à la conduite «sportive» avant de s'engager dans une telle aventure, le mieux est peut-être de suivre quelques cours dans une école spécialisée !

LE SUD
ET LES KSOUR

Aux portes de la région des ksour se trouvent Gabès et sa superbe palmeraie. André Gide déclarait avoir découvert un avant-goût de paradis dans l'oasis côtière de Gabès, et Georges Bernanos, qui séjourna en Tunisie où il termina sa pièce *Dialogue des carmélites*, céda aussi au charme du lieu.

Au-delà, plus au sud, le paysage se fait plus sauvage, le sable et les collines de pierre monopolisent le décor. Mais attention, le paysage est trompeur ou plutôt les villages discrets, au point de se confondre avec les reliefs naturels. Le Grand Sud est riche en surprises et en découvertes, mais il ne se visite cependant pas comme les autres régions. Certaines précautions sont à prendre. Les zones sahariennes n'offrent pas toujours des routes, parfois seulement des pistes difficilement praticables. Ainsi, tout voyage dans le Sahara doit se faire en groupe et par convoi.

Gabès, une ville en pleine essor

Gabès a, de tout temps, occupé une position stratégique le long d'un étroit couloir côtier protégé par la passe de Gabès. Celle-ci — délimitée par les chaînes montagneuses des **monts des Ksour**, au nord, et par le **djebel Tebaga**, au sud-est, que prolonge le formidable obstacle naturel des chotts — constitue le seul accès à la mer. Lieu de passage des différents envahisseurs et des caravanes transsahariennes qui rapportaient or, ivoire et esclaves, elle fut pendant des siècles réputée pour ses tribus belliqueuses et ses pillards.

Ancien comptoir carthaginois, puis colonie romaine connue sous le nom de Tacapae, on retrouve ensuite trace de la ville au VIIe siècle. Puissante cité fortifiée du Moyen Age au XVIe siècle, elle connut une relative période de déclin à la veille du protectorat. Les Français en firent une place forte qui est à l'origine de la ville moderne actuelle; elle fut assez largement détruite lors de la Seconde Guerre mondiale en raison de la proximité de la ligne Mareth, construite en 1939 par la France pour barrer la route aux forces italiennes basées en Libye.

Il y a encore quelques années, Gabès n'était qu'un port de taille moyenne, principalement orienté vers les industries alimentaires. Aujourd'hui, cette ville de 65 000 habitants est un port important, spécialisé dans l'exportation de produits chimiques (phosphates, acide sulfurique, engrais), et un centre artisanal réputé (tapis et couvertures, essentiellement). La ville est ainsi appelée à devenir le principal centre industriel du sud de la Tunisie.

Elle doit aussi son essor économique à l'exploitation de gisements de pétrole off-shore, dont le plus récent fut découvert en 1988. Gabès, qui est aussi une station balnéaire, n'est certes pas une ville exceptionnelle, mais elle mérite néanmoins une courte visite. Elle possède, au nord, une grande oasis qui s'étend jusqu'à la mer, où, sous les palmiers, poussent aussi arbres fruitiers et légumes divers.

Pages précédentes: le ksar Ouled Soltane; marchand de tapis à Tataouine. A gauche, l'étonnant site de Toudjane; à droite, filage de la laine.

Visite de Gabès

La ville moderne, dont la principale rue commerçante est l'avenue Habib-Bourguiba, se concentre au sud de l'oued Gabès. En suivant cette avenue vers l'ouest, on arrive au quartier de la Grande Jara, qui est aussi le quartier des **souks**. On peut voir à proximité la **Grande Mosquée** et, en face, une petite place commerçante pleine de charme. Plus au sud, autour de la gare routière, se concentrent les cafés, hôtels, restaurants et autres magasins.

Pour rejoindre le **bord de mer**, il suffit de suivre l'avenue Habib-Bourguiba en sens inverse, en direction de l'est, de gagner la place de la Libération et de s'engager dans l'avenue Habib-Thameur. Le littoral, séparé du reste de la ville par un camp militaire, comprend un port, des hôtels récemment construits ainsi qu'un casino et son cortège de bars et de restaurants. Sur la gauche, on trouve l'ancien port de pêche et la nouvelle zone portuaire industrielle. Sur la droite commence une immense plage.

A la découverte du Grand Sud

Gabès est également le point de départ des excursions à destination des régions des environs. Les routes qui partent en direction de l'ouest mènent aux chotts de la région du Djérid et aux oasis de Kebili, Douz et Tozeur. La principale route qui se dirige vers le sud permet de découvrir Médenine, l'île de Djerba et d'atteindre la frontière libyenne. Enfin, au sud-ouest, se trouvent les collines qui abritent les villages troglodytiques, et notamment le village de Matmata, dans le djebel Dahar, et les villages fortifiés du Grand Sud, les ksour.

Les routes pour y accéder sont à certains endroits difficilement praticables mais, en évitant certaines pistes, il est toutefois possible d'effectuer la plus grande partie de ces itinéraires avec une simple voiture de tourisme, même s'il est préférable de s'y engager au volant d'un véhicule tous terrains. Le principal est qu'il s'agisse d'un véhicule en bon état. Par ailleurs, il n'est peut-être pas superflu de rappeler quelques conseils de pru-

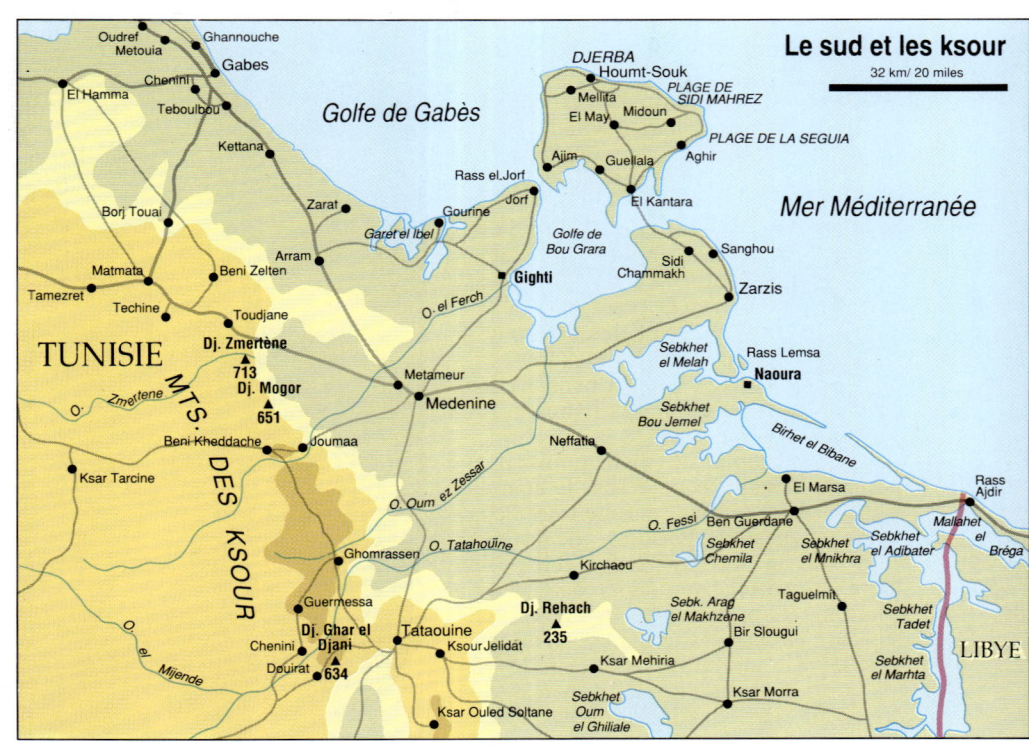

dence: toujours se munir d'une gourde ou d'un bidon d'eau potable et, en cas de panne, ne jamais partir chercher du secours quand le soleil est encore trop haut, mais attendre à l'ombre de sa voiture que la température baisse un peu. En été, il est également obligatoire de porter un chapeau, des vêtements légers et des lunettes de soleil.

Les habitations troglodytiques

On quitte Gabès par la route 107 pour atteindre Matmata, à 43 km. Le pays, dominé par la chaîne du djebel Dahar, est aride et ses reliefs érodés. Si Matmata est le plus célèbre des villages troglodytiques, il en existe plusieurs autres à proximité, plus petits et souvent fort bien dissimulés dans le paysage (Beni Zelten, Tijma et surtout **Haddège**).

Les habitations donnent sur de vastes cirques, dont les parois sont creusées de chambres reliées entre elles par des galeries et, à l'extérieur, par des escaliers ou des échelles. Aménagées au-dessus de ces pièces d'habitation, on peut voir des niches servant de greniers et qui ne sont accessibles que par une corde. L'accès au cirque se fait par un tunnel ou un escalier. Le long de ce tunnel sont creusées des pièces pour ranger les outils, et des étables.

Ce type d'habitat répond aux mêmes besoins que les ksour (groupements de ghorfas ou petits fortins, selon la région): il s'agit à la fois de lieux de réunion, de magasins, de marchés et de lieux où se protéger. Les habitations troglodytiques se trouvent principalement dans la région de Matmata, ainsi qu'à l'ouest de Médenine et de Tataouine.

Matmata, une cité souterraine

Matmata se distingue par son étonnant paysage lunaire. Dans ce décor de collines arides frappées par le soleil, on aperçoit des petites maisons cubiques blanches et de palmiers longilignes clairsemés, tandis que les cirques des demeures troglodytiques forment de véritables cratères.

Matmata et son paysage lunaire.

Le site figurant quasi systématiquement dans les programmes des circuits touristiques, il est conseillé de réserver si on souhaite passer une nuit dans l'un des hôtels aménagés dans les anciennes maisons.

Certains offrent tout le confort (**hôtel Matmata**, deux étoiles, air conditionné et piscine), d'autres sont moins équipés (**hôtel Les Berbères**, sans eau chaude). Quant aux habitants, la plupart ont quitté leur demeure et ont été relogés à **Nouvelle Matmata**, à 15 km de l'ancien village. Elle fut construite en 1961 à l'instigation de Bourguiba, mais n'a pas véritablement réussi à attirer la population des montagnes. La Nouvelle Matmata ne compte aujourd'hui que 3 000 habitants, mais possède cependant toutes les infrastructures nécessaires à un plus large développement : école, poste, stade, etc.

Le président de l'époque estimait que les maisons souterraines de Matmata étaient impropres à abriter des êtres humains. Dans un discours prononcé en 1960, il présentait ainsi l'aménagement du nouveau village : « *La tâche qui doit être accomplie sous le contrôle de l'État durant les trois années à venir est destinée à faire oublier ces huttes de boue qui gâchent notre paysage et à libérer la population locale et les touristes de ce spectacle dégradant.* »

À l'est de Matmata, si les conditions climatiques le permettent, on peut atteindre par une route goudronnée (route 104) le petit village berbère de **Tamezret** (10 km), peu fréquenté par les touristes. De ce village perché et fortifié aux maisons de pierre sèche, on jouit d'un splendide panorama : nuances roses et bleues du djebel Tebaga dans le lointain, vert des cultures en bas des ravins, coupoles blanches des maisons se détachant sur les collines brunes.

De Matmata à Métameur

Au sud-est de Matmata, une piste suit la crête des collines dans la direction de Métameur, à 55 km. Le revêtement est neuf jusqu'à Téchine (12 km), et elle est

Toudjane se trouve au bout d'une piste périlleuse.

accessible aux voitures de tourisme mais, pour la suite du chemin, il est conseillé d'utiliser un véhicule tous terrains. Il en va de même en direction de l'ouest, après Tamerzet. Néanmoins, les difficultés de la route sont amplement compensées par la grande beauté des paysages: du haut des crêtes, on peut voir la plaine se déroulant au loin jusqu'à la mer.

A mi-chemin entre Matmata et Métameur, on parvient au village de **Toudjane**, beau village de pierre au pied d'une colline, le kef Toudjane (632 m). Les murs des maisons aux toits plats et la paroi rocheuse se confondent et, de loin, on ne distingue qu'avec peine le village, que seules signalent les taches de couleur formées par les vêtements mis à sécher sur des fils. Le village est d'autre part réputé pour ses tissages.

Après Toudjane, la piste reste tortueuse et accidentée, mais devient plus praticable au fur et à mesure qu'elle redescend vers la plaine pour rejoindre Métameur. Les voyageurs aventureux peuvent éventuellement faire un détour par **ksar el-Hallouf** et Beni Kheddache

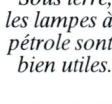

Sous terre, les lampes à pétrole sont bien utiles.

(piste à droite), situé dans un paysage grandiose. Il est cependant conseillé de rejoindre ces villages par la route de Médenine (103).

Ghorfas et ksour

Perché sur un monticule, au pied d'un ksar, à 32 km de Toudjane, on parvient au village de **Métameur**, à droite de la route. On peut y admirer les premières ghorfas, bien que celles-ci soient très abîmées. Les ghorfas sont des cellules voûtées en terre sèche, de forme ovale. Construites côte à côte sur plusieurs étages (au maximun sur huit étages reliés entre eux par des échelles ou des escaliers), elles forment un ksar, ou village fortifié. Situées en général sur une hauteur, mais parfois aussi au fond d'une vallée, ces constructions, principalement destinées au stockage des céréales, servaient parfois d'habitation.

Ksour et ghorfas sont des modèles architecturaux typiques du sud tunisien (villages de Chenini, de Douirat). Certains seraient vieux de six siècles, âge calculé d'après leurs fondations, car les cellules elles-mêmes, vite détériorées en raison des intempéries, faisaient régulièrement l'objet de réparations et de modifications.

Les ksour ont été progressivement abandonnés depuis l'époque du protectorat, perdant non seulement leur rôle de grenier, mais aussi d'habitation. Beaucoup de villageois ont en effet été relogés dans des maisons neuves ou ont émigré dans les grandes villes. Très souvent, en fonction de leur village d'origine, ils exercent certains types de métier, ainsi les personnes originaires de Chenini deviennent habituellement vendeurs de journaux.

Médenine, à 6 km (route 1), est le centre administratif de la région (la Djeffara). La ville moderne, avec ses 16 000 habitants, voisine avec l'ancien ksar où on peut voir les ghorfas des anciennes tribus nomades des Touazines et des Khezours. Autrefois très nombreuses, beaucoup ont malheureusement été démolies. Entre 1959 et 1962, plus de 30 ksour et de 6 000 ghorfas ont été détruits. Il s'agissait du plus vaste complexe de ce genre en Tunisie. Médenine est assez fréquentée des touristes, malgré le peu d'intérêt que présente la ville, car c'est un excellent point de départ pour se rendre dans les villages de montagne du sud du Dahar.

A la découverte des ksour

Officiellement, les voyageurs qui poursuivent leur route au-delà de Médenine pour visiter les ksour doivent signaler leur itinéraire aux autorités; en réalité, cela n'est obligatoire que si on souhaite faire du tous terrains et quitter les routes, ou aller au-delà de **Remada**, à 128 km au sud (route 19, contrôles de police).

La route 113 qui relie Médenine à ksar Djouama et Beni Kheddache, large et rénovée, monte en lacet dans le djebel Dahar; des aires de parking ont été aménagées pour les cars de touristes qui sont assez nombreux. Même si cela lui ôte un peu de son charme, cette route reste un moyen rapide de regagner Médenine

Le soir tombe sur le djebel Dahar.

pour ceux qui auraient atteint Beni Kheddache par un itinéraire plus éprouvant, en passant par Toudjane au nord ou Ghomrassen au sud.

A 26 km de Médenine, perché sur un piton rocheux, se dresse le village de **ksar Djouama**, que ses habitants ont aujourd'hui abandonné pour un village moderne tout proche. Il se compose de ghorfas aveugles aux toits voûtés, qui forment comme une enceinte protectrice. L'entrée, datée de l'an 1178 de l'hégire (1764), ouvre sur une cour intérieure équipée de citernes et entourée de deux étages de cellules (autrefois trois).

On arrive, 10 km plus loin, au village moderne de **Beni Kheddache**, situé sur un haut plateau. L'ancien ksar de ce bourg rural animé — avec son marché, ses cafés, ses modestes restaurants et ses épiceries — a été détruit en 1958, mais on peut encore voir quelques ghorfas à l'entrée du village, près de la mosquée.

Au-delà du village, la route disparaît plus ou moins. Cependant, une piste en assez bon état conduit au nord vers Métameur, en passant par ksar el-

Hallouf (8 km), où on peut admirer, sur une hauteur, quelques ghorfas ordonnées autour d'une place, non loin d'une oasis.

La piste de l'ouest (114), dangereuse, qui traverse une plaine rocailleuse et désertique, est réservée aux voyageurs qui possèdent un véhicule tous terrains et une bonne carte.

De Beni Kheddache, on reprend la route 114 vers le sud, vers ksar Kherachfa et ksar Haddada (27 km). Cet itinéraire est plus fréquenté, mais il n'est pas facilement praticable pour autant, et ne doit pas être entrepris en fin de journée.

A 15 km, une piste part sur la gauche vers l'est pour rejoindre, à 4 km, **ksar Kherachfa**, village fortifié en assez mauvais état, perché sur une colline, avec deux étages de ghorfas.

Il faut reprendre la route principale pour arriver, 12 km plus loin, à **ksar Haddada**. L'ensemble des ghorfas chaulées de blanc, reliées entre elles par des passages et des cours, est assez remarquable et a été transformé en hôtel.

Un village dans la montagne: Chenini.

La route, désormais goudronnée, aboutit 6 km plus loin, à **Ghomrassen**. Très fréquenté par les touristes, on peut voir dans ce village de 5 000 habitants des habitations troglodytiques et des ghorfas. Les quartiers modernes (marché, commerces divers, banque) sont situés dans une vallée encaissée, les habitations anciennes sont aménagées dans les falaises et sur les éperons rocheux qui entourent le site.

A **Ras el-Aïn**, à proximité de Ghomrassen sur la route de Tataouine, on peut voir les vestiges d'un ancien camp romain datant des IIIe et IVe siècles qui faisait partie du limes tripolitanus.

De Ghomrassen, on gagne, par la route 114 puis 19, Foum Tataouine (24 km). Ceux qui désirent faire un détour peuvent, avant de s'engager vers Tataouine, prendre la piste 114 à droite et visiter le spectaculaire village perché de **Guermessa** (20 km environ), aux maisons creusées dans la falaise. Ce village de 3 000 habitants est également très apprécié des touristes. On peut y voir un **ksar** du XIIIe siècle.

Tataouine et Chemini

Tataouine, à 50 km au sud de Médenine, est un bourg animé et un bon point de départ pour découvrir les ksour environnants. Son marché (le lundi et le jeudi) attire marchands et fermiers de toute la région. Les restaurants, peu chers, sont nombreux (mais ferment tôt), et on y trouve un hôtel deux étoiles confortable, l'**hôtel la Gazelle**. Tataouine, qui compte aujourd'hui environ 7 000 habitants, a été fondé en 1912 pour accueillir une unité de la Légion étrangère française, dont la mission était de surveiller les tribus rebelles de la région, puis transformé en colonie pénitentiaire.

De Tataouine, il est possible de gagner facilement, par de bonnes routes, les plus beaux villages de la région: Chenini, Douirat et ksar Ouled Soltane. L'itinéraire compte aussi des ksour plus petits, plantés aux sommets des collines.

Il faut pour cela prendre la route de Remada (112) et emprunter à gauche la piste qui mène au village berbère de **Chenini** (18 km). Compte tenu de sa beauté et de sa facilité d'accès, il est très touristique et mieux vaut, pour le visiter en toute tranquillité, s'y rendre tôt le matin ou une ou deux heures avant le crépuscule.

Accroché aux flancs d'une colline rocheuse, Chenini est un ancien village de ghorfas et d'habitations troglodytiques excavées dans les parois d'une falaise dominée par l'ancien ksar. Au pied de cette falaise se dresse une **mosquée** toute blanche. Le village moderne, où la vie se concentre dans les cafés et autour du puits, se niche au pied de l'escarpement. On peut également visiter des **huileries** et, à 1 km du village, une **mosquée souterraine**. Près de cette mosquée se trouvent une dizaine de tombes d'une taille impressionnante qui, semble-t-il, sont celles de chrétiens.

Du haut du ksar, qu'on atteint par un petit sentier, on a une vue magnifique sur les vallées plantées de palmiers et les cours des maisons troglodytiques, encore habitées. Dans ce décor minéral silencieux, aux multiples nuances brunes, la blancheur de la mosquée et les couleurs vives des *sifsaris* rouges des femmes ressortent étonnamment.

Femme tatouée.

A la limite du Grand Erg

Le village de **Douirat**, qui domine une vallée magnifique, peut être rejoint par une courte piste difficilement praticable, au départ de Chenini. On peut également reprendre la route qui relie Tataouine à Remada, en faisant un détour par **ksar Ouled Debbab**. Des ghorfas sont alignées de chaque côté d'une rue qui conduit à un ksar. 9 km après ce village, il faut tourner à droite puis, 2 km plus loin, s'engager (de nouveau à droite) sur une piste de 20 km pour atteindre Douirat.

Après avoir dépassé le bourg moderne, on atteint le vieux village situé au centre d'un cirque et formé de demeures à demi excavées dans le roc. Il est dominé par une falaise couronnée par un **ksar** et des **ghorfas**. Les habitations sont en général précédées d'une cour et de ghorfas qui servent d'étables et de greniers. On peut aussi visiter les **huileries**, toujours en activité. Douirat fut jadis très peuplé, comme en témoigne son cimetière où se dressent des centaines de pierres tombales grossièrement taillées. De nos jours, la population habite dans le bourg moderne ou a quitté la région pour gagner les grandes villes. Les quelques familles qui vivent encore dans le vieux village tirent leurs ressources de maigres cultures.

De Douirat, ou de Chenini, si on possède un véhicule tous terrains, il est possible d'emprunter vers l'ouest une piste d'environ 80 km qui conduit à **ksar Ghilane**. Située à la limite du Grand Erg, cette oasis saharienne, entourée par les dunes, possède des jardins où évoluent de nombreux oiseaux, des sources thermales réputées et des plantations de tamaris.

Ksar Ouled Soltane

Avec les villages berbères de Chenini et Douirat, ksar Ouled Soltane, au sud-est de Tataouine, est l'un des plus beaux ensembles de **ghorfas** de la région. Pour s'y rendre, il faut quitter, à 1 km, la route principale 19 vers Remada pour emprunter à gauche une piste goudron-

La vie quotidienne des tribus nomades.

née de 22 km. De petits ksour, aujourd'hui très abîmés, dominent les hauteurs; ils ne valent pas tous le détour, excepté le ksar de **Beni Barka** (2,5 km) et le **ksar Kédim**, (9 km, juste après le bourg de Maztouria), dont la porte voûtée en pierre est assez remarquable. Après le village de Tamellest (16 km), on parvient enfin à **ksar Ouled Soltane**.

Ce ksar occupe un site assez anodin, sur une colline basse; à droite se trouve le village moderne, animé, où l'on peut trouver un café, une épicerie et une poste. Les ghorfas, parmi les plus belles de la région, sont réparties sur quatre étages, reliés par des marches et des corniches assez vertigineuses, et s'ordonnent autour de deux cours.

A l'extrémité du village, la colline plonge abruptement vers une plaine. Par beau temps, la vue est splendide, les couleurs très douces. Il n'est cependant pas conseillé d'essayer de traverser cette plaine caillouteuse, où la route continue sur quelques kilomètres avant de se transformer en une piste après le village de Mghit.

Au-delà d'Ouled Soltane, une piste, asphaltée sur 8 km, part sur la droite en direction de Rmatha, puis continue ensuite jusqu'au poste militaire de Remada, à 80 km de Tataouine (véhicules tous terrains obligatoires). Il s'agit d'un parcours monotone, si ce n'est quelques maisons isolées en bord de route dont les habitants s'étonnent de voir passer des étrangers, qui n'offre pas d'intérêt particulier par rapport à la route 112, qui permet également de rejoindre Remada.

Vers l'Algérie et la Libye

Les voyageurs qui souhaitent se rendre au-delà de Remada (il n'y a pas d'hôtel dans cette ville) doivent se procurer un laissez-passer auprès des autorités militaires, en particulier pour les expéditions transsahariennes vers l'Algérie et la Libye. Malgré l'amélioration des relations entre la Tunisie et la Libye et la réouverture des frontières depuis 1988, ces formalités restent malgré tout obligatoires.

Le chameau est la richesse du Nefzaoua.

De Remada, on peut emprunter deux itinéraires : la route principale 112 remonte vers le nord en longeant la frontière libyenne et retourne vers la région de Gabès ; une seconde route (19, puis 101) s'engage vers l'extrême sud. Ce parcours est beau et longe parfois les dunes du Grand Erg. Il arrive que des gazelles franchissent la route ; il n'existe aucune trace d'habitation, excepté à **Mechiguig**, en bordure de la Libye, où s'élève un ancien fort de la Légion étrangère, aujourd'hui occupé par l'armée tunisienne. On peut y voir un obélisque qui commémore l'assassinat d'un aventurier français, Morès, par des Touaregs, en 1896. Enfin, à l'extrême pointe méridionale du pays, à l'endroit où se rejoignent les frontières tunisienne, algérienne et libyenne, on parvient, au pied du Grand Erg, à **Bordj el-Hattaba**, oasis défendue par un fort.

Pour emprunter l'autre itinéraire, il faut prendre la route 112 jusqu'à Dehiba (49 km), puis la route 203, qui remonte vers le nord, le long de la frontière, et franchit une plaine caillouteuse où poussent des buissons d'alfa. Après 166 km, on atteint **Ben Gardane**, bourgade créée au XIXᵉ siècle par les Français, sans grand caractère, mais animée. Ses environs ont bien été mis en valeur (grandes olivaies, cultures) et la ville possède un marché important. Dernière ville avant la frontière libyenne, c'est aussi un important lieu d'échanges et de passage.

Retour sur Djerba

De là, on peut, après les difficiles pistes des ksour, le désert et les steppes arides, remonter jusqu'à l'île de Djerba (67 km par la route côtière 109) en passant par le joli petit port d'**El Marsa** (7 km), sur la lagune de Bahiret el-Bihane séparée de la mer par deux étroites bandes de sable, puis par **Zarzis** (station balnéaire, 40 km) et **El Kantara** (20 km). Djerba était, prétend la légende, cette île des Lotophages que les compagnons d'Ulysse ont difficilement quittée. Nul doute que ses rivages feront oublier aux voyageurs les fatigues des pistes des ksour.

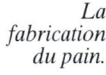

La fabrication du pain.

LES TROGLODYTES

Matmata fait parfois penser à un paysage lunaire, surtout au crépuscule, lorsque les rayons déclinants du soleil font s'allonger les ombres des collines et que de minces filets de fumée s'échappent des habitations troglodytiques et s'élèvent du ras du sol. L'image solitaire d'un paysan qui mène une mule se dessine à l'horizon pour disparaître aussitôt, comme avalée par la terre.

Le terme troglodyte désigne à l'origine une demeure aménagée dans une caverne ou une cavité et, par extension, ses habitants. Les peuplades troglodytes tunisiennes possèdent une riche culture tribale. Dans le domaine de la religion par exemple, avant leur conversion à l'islam, les tribus troglodytes ont érigé de nombreux autels en l'honneur de leurs dieux. Le choix de ce mode d'habitat a été dicté par des impératifs pratiques, compte tenu de l'environnement naturel.

L'un des premiers Européens à traiter en amis les troglodytes de Tunisie les décrivit comme des «gens enjoués (...) toujours souriants». Ce témoignage date du XIXe siècle, de l'époque du protectorat français, mais les troglodytes de Tunisie sont mentionnés dans les textes historiques depuis l'époque de l'historien grec Hérodote (v. 484-v. 420 av. J.-C.). On sait ainsi que les tribus troglodytes ont longtemps dû subir les attaques des tribus voisines qui les pourchassaient montées sur leurs chars.

Un anthropologue danois, contemporain de cet observateur amical et désireux, lui aussi, de mieux connaître le passé de ces habitants souterrains, partit à leur rencontre. Il fut parfaitement bien accueilli par ces peuplades sédentaires d'origine berbère, qui lui proposèrent de rester vivre parmi eux durant quarante années, et il se vit même offrir une femme, insigne marque d'honneur. En effet, les femmes étaient, à cette époque, sévèrement «gardées».

Cet anthropologue fut l'un des premiers, mais loin d'être le dernier, à découvrir que les troglodytes présentaient beaucoup d'intérêt pour un observateur étranger. En effet, les visiteurs sont aujourd'hui nombreux mais, à la différence de ce savant danois, ils ne restent pas plus d'une demi-heure. Certains auront néanmoins une expérience de vie sous terre, les cellules ayant souvent été transformées en chambres d'hôtel.

En fait, il ne recueillit guère d'informations sur leur histoire, sinon que les troglodytes commettaient souvent des pillages jusqu'à l'arrivée des Français. Durant ces expéditions, ils ne se contentaient pas de dépouiller les propriétaires de leurs biens, ils leur ordonnaient également de se déshabiller et de ne garder sur le corps qu'«un morceau de tissu qui couvrait à peine le corps».

Il rapporte également une coutume suivie par les jeunes mariés: l'homme tendait sous le nez de sa femme un bâton de parfum et déclarait sentencieusement: «Aussi longtemps que tu seras une bonne épouse, ta vie sera douce et agréable comme ce parfum... Deviens misérable et tu seras sévèrement châtiée.» Les jeunes époux s'installaient ensuite dans une de ces cellules presque invisibles depuis la «surface».

Il a aussi laissé un témoignage sur la façon dont étaient meublées ces demeures, où «marmites et pots étaient joliment disposés le long des murs intérieurs». Les lits, rapporta-t-il, étaient recouverts d'un tapis sur lequel les habitants dormaient tout habillés. Il remarqua, d'autre part, la présence «d'illustrations assez peu réussies, représentant le Prophète, sans doute achetées bon marché à Gabès, et qui font penser à ces portraits du Christ qu'on trouve dans les fermes d'Europe». Il faut dire que les membres des tribus berbères de Matmata n'ont jamais été des fidèles très zélés.

Ces habitations sont situées dans de vastes excavations circulaires à ciel ouvert, d'environ 9 m de diamètre et de 6 à 7 m de profondeur (mais les plus profondes peuvent atteindre jusqu'à 12 m). Les pièces — chambres,

12 m). Les pièces — chambres, étables — sont creusées dans les parois. Ces cirques servent de cour; les différentes pièces sont reliées entre elles par des couloirs souterrains. Les demeures sont en général disposées sur deux niveaux; on accède à l'étage supérieur par des escaliers creusés dans la roche. L'accès au cirque se fait par un tunnel incliné, ce qui donne l'impression, de loin, que les habitants sont avalés par la terre.

On a longtemps cherché la raison de l'apparition et du succès de ce type d'habitation. Certains ont avancé la théorie selon laquelle la région, qui s'est toujours trouvée sur le chemin des envahisseurs venus de Libye et de l'arrière-pays africain, aurait connu un passé si

par le dangereux chott el-Djérid. Durant certaines périodes de l'année, il est en effet très dangereux de se déplacer sur les croûtes salées des chotts, qui peuvent céder d'un instant à l'autre et, dit-on, engloutir une armée entière. Cependant, les motivations d'ordre exclusivement stratégique ne semblent pas être les seules causes de la construction de ces «caves». En effet, dans d'autres pays, comme sur l'île de Malte, il existe aussi (et toujours) des habitations de ce genre, qui ne répondent pour autant à aucun impératif de défense.

En réalité, l'habitat troglodytique semble avoir été choisi pour des raisons plus simples et, avant tout, pratiques. Dans ce pays sans arbres, les matériaux de construction étaient

mouvementé que ses habitants, las des invasions répétées, auraient choisi de vivre sous terre pour se mettre à l'abri en temps de guerre. Protégée du nord au sud par une chaîne montagneuse parallèle à un étroit corridor côtier, cette région occupe en effet une position stratégique, commandant la passe de Gabès, unique accès à la mer et au reste de la Tunisie, le passage par l'ouest étant barré

A gauche, une grand-mère troglodyte; ci-dessus, les «puits» dans les parois desquels sont creusés les greniers et les habitations troglodytiques. Page suivante: le train le «Lézard rouge» qu'on peut prendre l'été pour se rendre dans les gorges du Seldja.

insuffisants. En revanche, la terre friable et facile à creuser permettait d'aménager des abris solides. L'habitat souterrain fournissait, en outre, la possibilité de profiter d'une excellente isolation thermique: malgré le climat rude de la région, dans ces habitations il fait frais en été et doux en hiver. Et, si la famille s'agrandissait, il n'était pas difficile d'ajouter une nouvelle pièce…

Matmata est un village exemplaire, mais il en existe de nombreux autres qui forment comme un véritable «pays des troglodytes». De nos jours, les maisons troglodytiques sont un passage obligé des circuits touristiques, et il n'est pas rare de se voir proposer, moyennant un pourboire, la visite de l'une d'elles.

INFORMATIONS PRATIQUES

PRÉPARATIFS ET FORMALITÉS DE DÉPART

Passeports et visas

Les Européens, dont les ressortissants de France, Benelux et Suisse, ainsi que les Canadiens, peuvent séjourner jusqu'à 3 mois en Tunisie avec un passeport en cours de validité, sans visa.

Un visa est requis après cette période, et mieux vaut accomplir par avance les formalités de prolongation afin d'éviter une attente parfois longue.

Ambassades

Ambassade de France
25, rue Barbet-de-Jouy, 75007 Paris,
tél. 01 45 55 95 98
Consulat de France
17, rue de Lubeck, 75116 Paris,
tél. 01 45 53 50 94
Il y a des représentations consulaires à Grenoble, Lille Lyon, Marseille, Nice Strasbourg et Toulouse.

Ambassade de Belgique
Avenue de Terviesen 278, 1150 Bruxelles,
tél. (02) 77 17 395

Ambassade de Suisse
Kirchenfeldstrasse 63, 3006 Bern,
tél. (31) 44 82 26

Ambassade du Canada
Oscannor Street 515, Ottawa,
tél. (613) 237 03 30

Offices du tourisme

France
32, avenue de l'Opéra, 75002 Paris,
tél. 01 47 42 72 67
12, rue de Sèze, 69006 Lyon, tél. 04 78 52 35 86
Belgique
Galerie Ravenstein 60, 1000 Bruxelles,
tél. (02) 511 11 42
Suisse
Tunesisches Fremdenverkehrsbüro,
Bahnhofstrasse, 8001 Zürich,
tél. (1) 211 48 30 ou 31
Canada
McGill College 1153, bureau 655, Montréal,
Québec H3 B2 Y5, tél. (514) 397 11 82

Santé

Aucun vaccin n'est obligatoire pour entrer en Tunisie, sauf pour les personnes qui sont originaires d'un pays où sévit la fièvre jaune ou le choléra.

Il est préférable de se renseigner, un mois avant de partir, sur les éventuelles épidémies qui se manifestent de temps à autre dans le pays. La rage étant toujours présente en Tunisie, contacter un médecin au plus vite en cas de morsure ou de griffure. Dans les régions désertiques, il est prudent d'être vacciné contre l'hépatite A et B.

Pour plus de précisions, consulter le service de médecine tropicale de l'hôpital Bichat-Claude Bernard.
Infos voyages
Tél. 01 40 25 88 86
De 9 h à 12 h 30.

Climat

Dans le nord, le climat est méditerranéen, avec des étés chauds et secs et des hivers doux et humides. Dans le sud, le climat devient désertique avec de grandes variations de température. Le printemps et l'automne sont les saisons les plus agréables pour visiter la Tunisie, malgré les pluies, plus fréquentes en octobre, et les soirées parfois fraîches. Au printemps, l'intérieur des terres présente un magnifique spectacle des fleurs sauvages. La mer est plus chaude en automne, surtout sur la côte nord.

L'été, les régions désertiques ne sont pas conseillées en raison de la température, uniquement supportable très tôt le matin ou tard le soir. La poussière rend la vie difficile.

En hiver, les journées sont très ensoleillées, mais les nuits très froides. Mis à part Hammamet et Sousse où il fait environ 23 °C, la température moyenne est plutôt de l'ordre de 15 °C et il neige sur les montagnes de Kroumirie, autour d'Aïn Draham.

Vêtements à emporter

En dehors de la belle saison, prévoir des vêtements chauds pour le soir et parfois pour la journée. Avant mai et après septembre, un vêtement imperméable est nécessaire en cas d'averses torrentielles ou de crachin persistant (octobre est le mois où il pleut le plus).

En été, il peut faire extrêmement chaud et il est donc recommandé de prendre des vêtements légers et amples, de préférence en coton, ainsi que de bonnes lunettes et un chapeau adapté pour se protéger du soleil et du sable.

Il est évidemment recommandé de porter des tenues décentes et discrètes : pas de shorts, de vêtements trop décolletés ou trop courts. Dans les quelques mosquées et zaouïas ouvertes aux non-musulmans, des foulards et des robes longues sont en général à la disposition des visiteurs imprévoyants. On se déchausse avant d'entrer.

Pour le Sahara, prévoir un sac à dos et un duvet légers, sans armatures, des vêtements et des sous-vêtements de rechange, des chaussettes en coton et des chaussures souples spéciales pour la marche, ainsi qu'un petit matériel : canif, lampe avec recharge, gourde et quelques produits pharmaceutiques pour les premiers soins.

DÉCALAGE HORAIRE

La Tunisie ne pratique pas le changement d'heure. L'hiver, elle est la même qu'en France et l'été, il faut retarder sa montre d'une heure.

ALLER EN TUNISIE

EN AVION

Les compagnies Tunisair et Air France proposent de nombreux vols au départ de Paris pour toute la Tunisie. Des vols sont également assurés de Bordeaux, Lille, Lyon, Marseille, Nice et Strasbourg. Air Inter Europe et Air Liberté programment aussi des liaisons régulières.

Au départ de Bruxelles, des vols quotidiens relient Tunis par Sabena et Tunisair. De Zurich et Genève, plusieurs vols par semaine desservent Tunis par Swissair et Tunisair

Tunisair
17, rue Daunou, 75002 Paris, tél. 01 42 96 10 45
Bordeaux, tél. 05 56 44 05 22
Lille, tél. 03 20 74 99 98
Lyon, tél. 04 72 77 37 37
Marseille, tél. 04 91 54 20 00
Nice Aéroport, tél. 04 93 21 35 05
Strasbourg, tél. 03 88 32 55 05
Toulouse, tél. 05 61 62 99 70
Air France
Paris, tél. 01 44 08 24 24
Air Inter Europe
Paris, tél. 01 45 46 90 00
Air Liberté
Paris, 01 40 28 47 31

Sabena
Bruxelles, tél. (02) 723 31 11
Swissair
Genève et Zurich, tél. (22) et (1) 0848 800 700

● **Tour-opérateurs**
De nombreux spécialistes organisent en Tunisie des itinéraires culturels et sportifs, ainsi que des séjours en villégiature. La liste suivante n'est donc pas exhaustive.

Aeromarine
Paris, tél. 01 43 29 30 22, télécopie 01 46 34 16 97
Arts et Vie
Paris, tél. 01 44 19 02 02, télécopie 01 45 31 25 71
Club Aventure
Paris, tél. 01 46 34 22 60, télécopie 01 40 46 87 56
Club Méditerranée
Paris, tél. 01 42 86 40 00, télécopie 01 42 86 46 16
Comptoir des Déserts
Paris, tél. 01 40 26 19 40, télécopie 01 42 21 47 07
Destinations Golf
Paris, tél. 01 47 54 82 82, télécopie 01 47 54 82 80
Eden
Paris, tél. 01 40 06 88 00, télécopie 01 42 65 17 82
Explorator
Paris, tél. 01 42 66 66 24, télécopie 01 42 66 53 89
Jet Tours
Paris, tél. 01 45 15 70 00, télécopie 01 45 15 70 08
Mevlana
Paris, tél. 01 47 42 80 84, télécopie 01 49 24 01 94
Nomade
Paris, tél. 01 46 33 71 71, télécopie 01 43 54 76 12
Reshot
Paris, tél. 01 45 74 74 35, télécopie 01 45 72 16 96
Tunisie Contact
Paris, tél. 01 42 97 14 10, télécopie 01 42 97 14 25
Voyages Gallia
Paris, tél. 01 42 66 48 71, télécopie 01 47 42 18 16

EN BATEAU

La réservation sur les ferries et les hydroglisseurs doit se faire plusieurs mois à l'avance.

En effet, les travailleurs émigrés reviennent au pays pour les vacances d'été.

Ces ferries desservent Tunis, principalement au départ de Marseille (durée de la traversée environ 22 h), et de Toulon au mois d'août. En Italie, les embarquements pour Tunis se font au départ de Gênes et de Naples. Une nouvelle liaison est assurée de Barcelone.

La C.T.N. (Compagnie tunisienne de navigation a des agences générales et des délégations qui suivent.

France (S.N.C.M.)
Marseille, tél. 04 91 56 30 10,
télécop. 04 91 56 35 86
Paris, tél. 01 47 42 17 55, télécop. 01 49 24 24 77
Lyon, tél. 04 72 41 84 84, télécop. 04 72 41 70 00
Belgique (S.N.C.M.)
Bruxelles, tél. (02) 51 33 818,
télécopie (02) 51 34 137
Anvers, tél. (03) 22 21 601,
télécopie (03) 22 21 607
Italie (Tirrenia)
Gênes, gare maritime Ponte Colombo,
tél. (10) 25 80 41, télécopie (10) 26 98 255
Naples, gare maritime Moloangiono,
tél. (81) 55 12 181

Un service d'hydroglisseurs de la compagnie Alscafi Navigazione fonctionne de juillet à septembre entre Trapani, en Sicile, et Kelibia, au cap Bon. Le trajet dure un peu moins de 3 h. Les bureaux de la compagnie se trouvent au port de Trapani.

EN VOITURE

Prendre un ferry de France ou d'Italie coûte cher. Il en est de même pour la location d'une voiture en Tunisie. Cependant, il est préférable de prendre son propre véhicule si le séjour ne dépasse pas un mois et s'il n'est pas prévu de réserver sur place un 4 x 4 pour la traversée du désert. Cet embarquement doit se réserver plusieurs mois à l'avance.

Pour entrer en Tunisie avec un véhicule, il faut être âgé de vingt et un an, être titulaire d'un permis de conduire national ou international et justifier être le propriétaire du véhicule en présentant la carte grise et la carte verte d'assurance. Si la Tunisie ne fait pas partie des pays que couvre ladite assurance, il est possible d'en souscrire une sur place, pour 2 jours, 7 jours ou 21 jours.

A la grande déception des travailleurs émigrés et de certains touristes entreprenants, il n'est plus possible d'importer et de vendre des voitures ayant plus de deux ans. Des dérogations peuvent être accordées, à condition d'avoir acquitté les droits de douane.

A L'ARRIVÉE

Une carte de débarquement doit être remplie, indiquant le nom, l'adresse, la profession, la durée du séjour et le lieu de résidence en Tunisie.

Dans le cas d'un séjour excédant trois mois, il faut se rendre au commissariat de police du lieu d'hébergement et donner les motifs de ce prolongement.

DOUANE

Tout adulte de plus de dix-huit ans a le droit d'entrer avec : 400 cigarettes ou 500 g de tabac, 1 l d'alcool de plus de 25 °, 2 l d'alcool de moins de 25 °, 0,25 l de parfum et 1 l d'eau de toilette. Les magasins hors taxes des aéroports n'acceptent pas l'argent tunisien.

Pour simplifier les formalités d'entrée et de sortie du territoire, prévoir d'emporter les factures des appareils photo et caméra (protégés par des boîtes étanches), et le permis pour un fusil de chasse. Sur place, on trouve aisément des films diapositives (100 ASA) et papier (100 et 200 ASA).

Les photographes professionnels qui comptent entrer en Tunisie avec un matériel important doivent demander à l'office du tourisme tunisien une lettre d'introduction et une autorisation spéciale, ce qui peut prendre quelques semaines.

Afin d'éviter des difficultés, au retour, il est également conseillé de déclarer, dès l'arrivée, les objets de valeur.

MONNAIE ET DEVISES

Le dinar tunisien se divise en 1 000 millimes, parfois appelés francs, ce qui peut entraîner quelques confusions.

L'importation de devises, que ce soit en espèces ou en chèques de voyage, n'est pas limitée, mais il est interdit de faire entrer ou sortir des dinars tunisiens. C'est pour cette raison que les guichets de change des aéroports sont ouverts, à l'arrivée des vols internationaux, 24 h sur 24.

Le taux de change est le même partout (banques et hôtels) ainsi que la commission forfaitaire (environ 300 millimes). Un dinar tunisien (DTU) vaut environ 5,50 FF.

Pour les voyages dans des régions reculées, il faut s'assurer qu'on aura assez d'argent liquide pour deux ou trois jours au moins. Il est important de se rappeler que les banques ferment à 11 h du matin l'été, durant deux heures pour le déjeuner l'hiver et tous les après-midi pendant le Ramadan.

Il ne faut pas compter changer de l'argent dans un hôtel si l'on n'y réside pas. Les bureaux de change des hôtels ont en général les mêmes horaires que les banques et, pour résoudre les questions d'argent, il faut soit se rendre au bureau de change de l'aéroport le plus proche, soit envoyer une télécopie à sa banque pour en obtenir en 24 h. Toutes les banques tunisiennes d'une certaine importance se chargent de l'opération.

En quittant le pays, seulement un tiers des dinars restants peut être reconverti, avec présentation de tous les reçus des opérations bancaires effectuées pendant le séjour.

LIAISONS AVEC L'AÉROPORT

L'autobus n° 35 ou un taxi peuvent conduire de l'aéroport de Tunis au centre de la ville.

Des trains et des taxis font le trajet de l'aéroport de Monastir en direction de Monastir et de Sousse. En principe, le tarif de ces trajets est fixe, mais il vaut mieux le vérifier avant auprès du bureau d'information ou d'un représentant d'une agence de voyages. Il ne faut pas oublier que les tarifs des trajets à partir des aéroports sont toujours plus élevés que ceux d'une simple course.

Pour ceux qui ont loué une voiture à l'aéroport et dont l'avion a du retard, il n'y a aucun problème, la compagnie sera prévenue et un agent attendra, même si l'avion arrive en pleine nuit.

CARTES ET SIGNALISATION

La signalisation routière est relativement satisfaisante. Dans les régions fréquentées, les panneaux sont en arabe et en français. Dans la plupart des villes (excepté Tunis), les hôtels sont signalés.

Il est conseillé d'acheter la carte Michelin Algérie-Tunisie N° 958, l'une des meilleures, ainsi que la Kummerly Frey de Tunisie, également bonne. On les trouve aussi sur place dans certaines papeteries, ainsi qu'une carte détaillée de Tunis. Actuellement, il n'existe pas de carte valable sur les régions désertiques. Cela dit, aucune n'est exempte d'erreurs et d'omissions.

En dehors de la capitale, les plans des villes sont disponibles dans les offices du tourisme, qui en fournissent de simples (éviter celui de Houmt-Souk à Djerba car il est difficile de s'en servir !).

A SAVOIR SUR PLACE

POIDS ET MESURES

Ancien protectorat français, la Tunisie emploie le système métrique.

ÉLECTRICITÉ

Le 220 V est en usage dans presque tous les établissements. Seuls quelques hôtels utilisent toujours le 110 V. Les touristes canadiens doivent se munir d'un adaptateur pour les prises de courant.

HEURES D'OUVERTURE

Les horaires d'été et d'hiver varient sensiblement, ainsi qu'aux périodes du Ramadan, qui dure un mois et se déroule, selon le calendrier musulman, au cours de l'une ou l'autre saison : été : mi-juin à mi-septembre ; hiver : mi-septembre à mi-juin.

Banques
Été	
Du lundi au vendredi	8 h à 11 h
Hiver	
Du lundi au jeudi	8 h à 11 h 30
	14 h à 17 h
Le vendredi	8 h à 11 h
	13 h 30 à 16 h
Ramadan	8 h à 11 h 30
	13 h à 14 h 30

Poste
Été	
Du lundi au samedi	8 h à 13 h
Hiver	
Du lundi au vendredi	8 h à midi
	14 h à 18 h
Le samedi	8 h à midi
Ramadan (du lundi au samedi)	8 h à 15 h

Magasins

Les horaires sont plus souples mais les magasins ferment en général entre midi et 16 h (midi et 15 h en hiver). Pendant le Ramadan, quelle que soit la période de l'année, les boutiques ferment au coucher du soleil mais rouvrent dès que les commerçants ont rompu le jeûne. En effet, c'est à cette période qu'ils vendent les plus de vêtements et de jouets.

En ville, le vendredi est un jour de travail normal ; dans les campagnes, c'est le jour de repos. Le dimanche est le jour de fermeture habituel pour la plupart des magasins.

FÊTES ET JOURS FÉRIÉS

● Fêtes religieuses

Les fêtes religieuses se répartissent selon le calendrier lunaire de l'hégire (date à laquelle Mahomet s'enfuit de La Mecque pour se réfugier à Médine, en 622 de l'ère chrétienne) et leur date change donc chaque année (douze jours plus tôt, d'une année sur l'autre). Il faut se renseigner avant de partir :
Aïd es-Seghir : fin du Ramadan
Aïd el-Kebhir : commémoration du sacrifice d'Abraham
Ras el-Am Hejri : nouvelle an musulman
Mouloud : anniversaire du Prophète

● Jours fériés

1er janvier : nouvel an
20 mars : fête de l'Indépendance
21 mars : journée des Jeunes
9 avril : journée des Martyrs
1er mai : fête du Travail
25 juillet : fête de la République
13 août : journée de la Femme
7 novembre : anniversaire du changement de régime

POSTES ET TÉLÉCOMMUNICATIONS

● Postes

Il faut compter environ cinq jours pour l'acheminement du courrier vers l'Europe et près de deux semaines vers l'Amérique du Nord. Les bureaux de poste des grandes villes proposent un service de poste restante et de télécopie. Quelques papeteries et hôtels d'une certaine importance sont équipés de télécopieurs.

A Tunis, le courrier poste restante doit être adressé à la poste centrale.

Poste centrale
Rue Charles-de-Gaulle
Pour tout retrait, il est nécessaire de présenter une pièce d'identité. L'été, elle est également ouverte l'après-midi de 17 h à 19 h et le dimanche de 9 h à 11 h toute l'année.

Centre d'exploitation des télécommunications
29, rue Gamal Abdelnasser
Pour passer un télex ou un télégramme.

● Téléphone

Le réseau s'est modernisé ces dernières années et les appels automatiques sont possibles dans toutes les régions. En dehors des bureaux de poste, on trouve dans tout le pays des téléphones à pièces dans les taxiphones, pour contacter un correspondant en Tunisie en dehors.

Pour appeler la Tunisie, composer le 00, puis le 216, suivi de l'indicatif de région, ci-après, puis le numéro du correspondant.
1 - Tunis, Ariana, Ben Arous
2 - Bizerte, Korbous, Nabeul, Zaghouan
3 - Mahdia, Monastir, Port el-Kantaoui, Sousse
4 - Kerkennah, Sfax
5 - Douz, Gabès, Djerba, Kebili, Matmata, Medenine, Tataouine, Zarzis
6 - Gafsa, Nefta, Sidi Bouzid, Tozeur
7 - Kairouan, Kasserine
8 - Aïn Draham, Béja, Le Kef, Djendouba, Siliana, Tabarka
Pour appeler d'une région à l'autre, composer le 0, puis l'indicatif de la région, suivi du numéro du correspondant.
Pour appeler de Tunisie, composer le 00, puis l'indicatif du pays (France 33, Belgique 32, Suisse 41, Canada 1), suivi du numéro du correspondant.

INFORMATION

● Presse

Les premiers journaux publiés en Tunisie l'étaient en italien : *Il Giornale di Tunisi*, en 1838, et *Il Corriere di Tunisi*, en 1855. En 1860 parut le premier quotidien en langue arabe. Sous le protectorat français, de nombreux journaux virent le jour, dont *le Réveil de Tunis* et *le Progrès tunisien*. Aujourd'hui, il existe plusieurs quotidiens en arabe et en français. Les principaux sont *Es-Sabeh*, *la Presse*, *le Renouveau* et *le Temps*, tous proches du parti au pouvoir, le R.C.D. (Rassemblement constitutionnel démocratique). Au printemps 1990, le contrôle de la presse s'étant un peu relâché, les intégristes, jusque-là non reconnus par le gouvernement, ont été autorisés à publier leur journal. Des quotidiens indépendants sont également diffusés, dont *Echourouq* et *Erray al-Elam*.

Jeune Afrique, magazine publié en France sous la direction d'un Tunisien contraint de s'exiler sous Bourguiba, est la revue la mieux considérée, mais la plus controversée.

A Tunis et dans les villes les plus touristiques, on peut trouver la presse étrangère.

● Télévision

Depuis 1962, la plus ancienne des chaînes implantée en Tunisie, la R.A.I., diffuse les mêmes programmes qu'en Italie.

En 1966 fut inaugurée la première chaîne nationale, Canal 7, au départ bilingue, franco-arabe, progressivement devenue arabophone, et actuellement émettant par satellite.

Le canal hertzien a permis la réception des émissions de France 2 en 1989. Trois années plus tard, Canal Horizons, filiale de Canal Plus, en diffusait les programmes, selon le même système d'abonnements.

Une deuxième chaîne nationale, Canal 21, lancée en 1994, est consacrée aux jeunes. Elle ajoute à ses propres créations, des émissions mondiales de variétés.

● **Radio**

Elle compte huit chaînes : trois chaînes à diffusion nationale : en langue arabe 24 h sur 24, pour les jeunes, et internationale — en provenance de France, d'Italie, d'Allemagne et d'Angleterre ; cinq chaînes à diffusion régionale : radio Sfax, Monastir, Le Kef, Gafsa et Tataouine.

SANTÉ ET URGENCES

L'infrastructure sanitaire est moderne. Il suffit de prendre quelques précautions afin d'éviter les ennuis les plus courants : troubles intestinaux et insolations.

Pour limiter les risques, il est préférable de boire de l'eau minérale, de peler avec soin fruits et légumes et de choisir des restaurants fréquentés, même s'il s'agit des plus modestes, garants d'une certaine fraîcheur en ce qui concerne les aliments.

L'embarras gastrique se soigne en buvant beaucoup d'eau minérale et en mangeant quelques figues de Barbarie. Il s'agit d'un remède traditionnel très efficace et peu cher.

Contre les vomissements ou les diarrhées, il faut user d'une solution réhydratante afin de renouveler les sels minéraux. Si les symptômes persistent au-delà de trois jours, la consultation d'un médecin est indispensable. La dysenterie amibienne peut avoir des conséquences graves et il faut la soigner rapidement

Les premières précautions à prendre sont d'utiliser une crème solaire haute protection (il est parfois difficile d'en trouver sur place), rechercher l'ombre les premiers jours, porter un chapeau, boire plus d'eau et manger plus salé et éviter de se déplacer aux heures chaudes.

Hôpital Aziza Othmana
Place du Gouvernement, La Kasbah, Tunis,
tél. (1) 662 292

Ailleurs, les soins d'urgence sont prodigués par les hôpitaux régionaux. A la sortie, l'administration de ces hôpitaux délivre un certificat de soins et une quittance pour la compagnie d'assurance.

Les médecins se trouvent dans l'annuaire à la rubrique « docteurs ». Les consultations ne sont pas très chères. Pour les dentistes, il faut chercher à la rubrique « chirurgiens-dentistes ».

Les pharmaciens sont très compétents et peuvent souvent résoudre les petits ennuis de santé. Ils délivrent des antibiotiques, mais sur ordonnance uniquement. Pour connaître les pharmacies de garde dans les grandes villes, il faut consulter les journaux, *la Presse* ou *le Temps*.

Pharmacie ouverte tard le soir
43, avenue Habib Bourguiba, Tunis

Les consuls ne sont pas habilités à payer les frais médicaux des particuliers, mais ils peuvent aider à joindre famille ou amis.

On ne dispose pas de beaucoup d'informations sur l'étendue de l'épidémie du sida en Tunisie, mais il ne semble pas qu'elle ait pris des proportions trop importantes. Les hôpitaux et les cliniques sont tout à fait fiables mais, en cas de doute concernant les conséquences liées à d'éventuels soins médicaux, il est possible d'acheter une trousse contenant du plasma et des seringues (dans toutes les grandes pharmacies).

Sur la plupart des plages, la baignade est sans danger pour les enfants. La nourriture tunisienne, épicée, ne convient pas toujours aux plus jeunes mais, dans la plupart des restaurants, il est possible de demander des plats que les enfants aiment, comme une omelette ou un poulet avec des frites.

Dans les régions les plus touristiques, nombre d'établissements proposent des menus spéciaux pour enfants. Sinon, une épicerie est toujours ouverte jusqu'à 21 h ou 22 h pour acheter des laitages, des fruits et du pain, même dans les petits villages.

SÉCURITÉ ET VOL

La Tunisie est un pays relativement sûr. Les touristes y sont moins fréquemment victimes de vol qu'en France, aux États-Unis ou en Hollande. Cependant, il ne faut pas faire étalage de son argent. Rester vigilant dans les restaurants et les cafés, fermer la voiture à clef et utiliser les coffres-forts des hôtels sont des précautions nécessaires, faciles à prendre.

Pour bénéficier des services d'un avocat, il faut s'adresser à son ambassade qui fournira une liste des avocats parlant la langue du pays, sans garantie, toutefois, de leurs compétences.

La drogue n'est pas un problème majeur en Tunisie. Il est rare d'être abordé par des revendeurs. Cependant, la possession, l'usage et le trafic de drogue sont illégaux et sévèrement réprimés par un emprisonnement et une amende.

EN CAS DE PERTE

La perte d'un objet de valeur doit être déclarée sans tarder à la police, qui délivre un certificat de perte à présenter à la compagnie d'assurance. S'il s'agit de la perte d'un passeport, il faut faire immédiatement une déclaration à la police et à l'ambassade.

**Direction générale de la sûreté nationale
Bureau des objets trouvés**
Caserne de Bouchoucha, Le Bardo, Tunis

SHOPPING

L'artisanat tunisien propose des cuivres travaillés, de la maroquinerie (vestes, sacs, babouches), des poteries, des bijoux en or et en argent, des tapis et des broderies. Le plus souvent, les produits vendus dans les souks sont de qualité médiocre; on y trouve même des objets bon marché venus d'Extrême-Orient, comme à peu près partout dans le monde. Seules quelques boutiques de Tunis, Hammamet, Sousse et du souk de Djerba proposent des marchandises de bonne qualité.

L'Office national de l'artisanat tunisien (O.N.A.T.), qui a pour objectif de promouvoir l'artisanat traditionnel, contrôle la qualité des tapis qu'il estampille («qualité supérieure», «premier choix», «deuxième choix»). Tous ces tapis sont faits main, certains sont tissés (*mergoum*), d'autres, les plus chers, sont noués. Plus il y a de nœuds au mètre carré, meilleure est la qualité de l'ouvrage. Pour avoir une idée des prix, il est conseillé d'aller voir dans un magasin de l'O.N.A.T., même si les achats se font ailleurs.

Il arrive que les *mergoum* soient abusivement présentés comme des tapis anciens. Les magasins de l'O.N.A.T. à Gabès et à Kairouan vendent d'authentiques tapis anciens qui permettent de se faire une idée.

Certaines régions sont réputées pour un artisanat particulier. Tabarka est connu pour son corail, Aïn Draham pour ses objets en bois (beaux saladiers en particulier, bien moins chers qu'en Europe), Hammamet pour ses gilets de soie brodés, Djerba pour ses filigranes en argent et Kairouan pour ses tapis.

Sauf dans les magasins de l'O.N.A.T., où les prix sont fixes, il faut marchander. On peut observer les Tunisiens faisant leurs achats; ils commencent par suggérer un prix au vendeur, qui propose un prix beaucoup plus élevé. L'acheteur fait une nouvelle offre, le vendeur fait quelques concessions jusqu'à ce que l'affaire soit conclue. En général, les touristes préfèrent laisser l'initiative au marchand, puis font une offre bien inférieure (on peut parfois acquérir ce qu'on désire au quart du prix annoncé). Marchander peut être un jeu ou se révéler fastidieux. L'achat d'un tapis fait en général l'objet de longs marchandages arrosés de plusieurs verres de thé à la menthe.

Dans les régions les plus touristiques, quelques boutiques acceptent les règlements par carte de crédit pour les gros achats (American Express, Diners'Card, Visa et Mastercard). Les magasins de l'O.N.A.T. doivent, en principe, concéder 10 % de remise si le paiement s'effectue en espèces, mais il vaut mieux s'en assurer avant. Les magasins de tapis se chargent de l'expédition, le plus souvent gratuitement (en fait, les frais d'expédition sont compris dans le prix du tapis). Il faut compter deux mois de transport. Il est préférable de régler l'achat avec une carte de crédit, la souche faisant foi en cas de litige. Les magasins de l'O.N.A.T. sont tout à fait fiables.

Office national de l'artisanat tunisien
Avenue Mohamed-V, Tunis, tél. (1) 346 899
Ouvert du lundi au samedi de 8 h à 19 h, le dimanche de 8 h à 12 h. Des représentations locales de l'O.N.A.T. sont également réparties à l'intérieur du pays.

● **Exportation**

L'exportation est autorisée, sans frais de douane, pour certains articles, notamment l'artisanat, dont la valeur ne dépasse pas environ 10 000 FF. La douane est en droit de demander toutes les factures.

Il ne faut pas oublier l'interdiction d'exporter des dinars tunisiens. Par ailleurs, l'exportation des animaux et celle des antiquités sont soumises à l'autorisation du gouvernement.

● **Marchés**

Les jours de marché, les villes tunisiennes sont particulièrement animées; voici la liste des principaux marchés et leurs jours d'ouverture.

Lundi
Aïn Draham, Chebba, Houmt-Souk, Kairouan, Mahares, Makthar, Mareth, Tataouine.
Mardi
Béja, Ghardimaou, Haffouz, Kasserine, Ksar Hellal, Menzal Temime.
Mercredi
Djendouba, Moknine, Nefta, Sbeitla.
Jeudi
Bou Salem, Douz, Gafsa, Menzel Bouzelfa, Siliana, Teboursouk.
Vendredi
Ksar Essaf, Mahdia, Mateur, Midoun, Nabeul, Sfax, Tabarka, Testour, Thala, Zaghouan, Zarzis.
Samedi
Ben Guerdane, El-Alia, El-Fahs, Monastir, Thibar.
Dimanche
El-Djem, Enfidha, Fernana, Hammam Lif, Ksar Hellal, Sousse.

COMMENT SE DÉPLACER

OÙ SE RENSEIGNER

Ambassade de Belgique
47, rue du 1er-Juin, Tunis, tél.(1) 781 655
Ambassade du Canada
3, rue du Sénégal, Tunis, tél. (1) 796 577
Ambassade de France
Place de l'Indépendance, Tunis, tél. (1) 347 838
Ambassade de Suisse
12, rue El-Chenkiti, Mutuelville, Tunis, tél. (1) 783 997
Consulat du Luxembourg
47, rue du 1er-Juin, Tunis Belvédère

O.N.T.T.
Office national du tourisme tunisien
1, avenue Mohamed-V, Tunis, tél. (1) 341 077, télécopie (1) 350 997
Des Commissariats régionaux au tourisme sont installés dans plusieurs villes.
Bizerte
Tél. (2) 423 703, télécopie (2) 438 600
Djerba-Houmt-Souk
Tél. (5) 650 016, télécopie (5) 650 581
Monastir
Tél. (3) 461 205, télécopie (3) 463 219
Nabeul
Tél. (2) 286 737, télécopie (2) 223 358
Sousse
Tél. (3) 225 157, télécopie (3) 224 262

Tabarka
Tél. (8) 644 491, télécopie (8) 643 428
Tozeur
Tél. (6) 454 503, télécopie (6) 452 051

AVION

La Tunisie est un petit pays et les transports sont bien organisés. Toutefois, l'avion peut être utile pour relier une ville importante d'où part un itinéraire. La compagnie intérieure, Tuninter, dessert plusieurs fois par semaine les principales destinations. Voici quelques compagnies aériennes installées à Tunis.
Air France
1 rue d'Athènes, tél. (1) 355 422
Sabena
5, avenue Mohamed V, centre commercial hôtel Abou Nawas, tél. (1) 259 922
Swissair
Boulevard du 7-Novembre, immeuble Maghribia, tour B, tél. (1) 705 311
Tunisair
8, avenue Habib-Bourguiba, tél. (1) 259 189
Tuninter
Boulevard du 7-Novembre, Immeuble Maghribia, tour B, tél. (1) 701 717

AUTOCAR

La S.N.T.R.I., compagnie nationale, installée à Tunis, assure des trajets confortables et économiques, souvent avec climatisation. Le « métro léger » mène aux deux gares qui desservent le pays.
Régions du Nord
Gare routière de Bab Saadoun, tél. (1) 562 299
Régions du Sud
Gare routière de Bab Alioua, tél. (1) 495 255
Des départs d'autres villes sont également programmés par la S.N.T.R.I. et les transporteurs régionaux.

TRAIN

Les chemins de fer ne sont pas toujours rapides mais assez ponctuels. Sur le réseau grandes lignes, la S.N.C.F.T. (Société nationale des chemins de fer tunisiens) propose 40 trains quotidiens qui sillonnent le pays. Ils se divisent en trois classes, dont la « confort », qui peut être choisie pour la climatisation, appréciable en été durant les longs trajets. Plus cher, l'express est également climatisé. La S.N.C.F.T. relie aussi la banlieue.

La S.M.L.T. (Société du métro léger de Tunis) dessert les environs de la capitale). Le tramway, surnommé Métro Léger, mène rapidement et confortablement à des centres d'intérêt, comme le musée du Bardo.

Le T.G.M. (Tunis-La Goulette-La Marsa) passe par la région côtière du nord, à Carthage et Sidi Bou Saïd, avant d'atteindre la très belle plage de La Marsa.

● **Gares à Tunis**

S.N.C.F.T.
Place Mongi Bali, tél. (1) 244 440
S.M.L.T.
6, rue de Khartoum, Belvédère, tél. (1) 780 100
T.G.M.
Avenue Habib-Bourguiba

TAXI « PAR LOUAGE »

Ce système de transport, très prisé des Tunisiens, consiste à charger au maximum cinq personnes dans une voiture de tourisme à bandes rouges, qui prend le départ dès qu'elle est pleine. L'avantage réside dans la rapidité et le tarif, à peine plus cher qu'en autocar ou en train. Cependant, si la voiture part avec moins de cinq passagers, ce qui arrive parfois quand le chauffeur est pressé de rentrer chez lui, le prix est à discuter.

Une station de louage est installée dans chaque ville. Le prix est fixe, sauf pour les longues distances, dont il faut négocier le prix avant d'embarquer.

LOCATION DE VOITURE

Louer une voiture en Tunisie revient assez cher, en particulier d'avril à septembre, période où les véhicules disponibles sont rares. Le meilleur choix est de louer avant de partir auprès d'une compagnie internationale, car le tarif est souvent plus intéressant que sur place.

Hors saison, la location est plus aisée et moins chère, surtout à partir d'une semaine, et il est préférable de choisir le kilométrage illimité.

Cependant, il faut vérifier l'état des pneus, de la courroie de ventilateur et des freins, s'assurer de la présence d'une roue de secours et d'un cric. Ne pas oublier non plus le contrôle du niveau d'huile et d'eau, les loueurs omettant souvent de le faire. Avant de partir, le contrat d'assurance doit être vérifié, pour s'informer des clauses restrictives.

La plupart des compagnies — et pas seulement les sociétés internationales — ont des comptoirs dans les aéroports de Tunis et de Monastir. A Djerba, il existe de nombreux loueurs de voitures et de bicyclettes, avenue Abdelhamid-Cadhi. Les amateurs d'îles préféreront la location d'une bicyclette.

● **Tunis**

Cartha-rent
59 Avenue Habib-Bourguiba,
tél. (1) 347 015, 347 088
Ben Jemaa
15, rue de Cologne, Belvédère, tél. (1) 801 637
Europcar
17 avenue Habib-Bourguiba, tél. (1) 340 348,
340 303
Garage Lafayette
84, avenue de La Liberté, tél. (1) 287 284
Assez onéreux.
Carthago
3, avenue Habib-Bourguiba, tél.(1) 349 168
Mattéi
19, rue du Libéria, tél.(1) 281 399

● **Hammamet**

Cartha-rent
Avenue Dag Hammarskjoeld,
tél. (2) 281 926, (2) 282 880
Mattéi
Route des Hôtels Nord,
rue Assad Ibn el-Fourat, tél. (2) 278 705

● **Nabeul**

Express car
146, avenue Habib-Thameur, tél.(2) 286 873,
287 014

● **Sousse**

Cartha-rent
Avenue Habib-Bourguiba, tél. (3) 227 954,
(3) 227 992
Europcar
Route de la Corniche, tél. (3) 227 562

● **Police**

Les contrôles de police sont fréquents. Il s'agit souvent d'un simple contrôle d'identité. L'excès de vitesse (vitesse limitée à 50 km/h en ville, à 90 km/h sur route et à 110 km/h sur autoroute) ou quelque autre infraction, est au moins passible d'un avertissement. Une amende peut être exigée immédiatement.

● **Parcs de stationnement**

A Tunis et à Houmt-Souk, à Djerba, des parcmètres sont installés dans le centre de la ville. Ailleurs, un ticket est délivré par l'un des employés en uniforme (ou en civil) censés surveiller les voitures et qui, parfois, proposent même de les laver pour un prix modique.

A l'aéroport de Tunis et au centre de la ville, un « sabot » est la sanction pour un stationnement irrégulier. Il faut faire attention aux Land Rover jaunes de surveillance !

● **Carburant**

L'essence est un peu moins chère qu'en Europe et des stations-service sont installées presque partout.

Cependant, il faut éviter de tomber en panne d'essence dans les régions reculées et faiblement peuplées. La promenade forcée jusqu'au village voisin, sous le soleil brûlant, n'a rien d'agréable. L'essence sans plomb est disponible dans la plupart des stations-service.

● **Panne**

Les garages des grandes et petites villes font de petites réparations à des prix très abordables. Pour des réparations plus onéreuses, il faut demander une facture, à remettre à l'agence de location. Dans le cas d'une crevaison, ce qui arrive fréquemment, il faut faire réparer la roue sans tarder en s'adressant à une « clinique du pneu » ou à un réparateur signalé par un gros pneu de tracteur sur le bord de la route. Il est conseillé de gonfler les pneus un peu moins que dans les pays tempérés.

● **Conduite dans le désert**

La meilleure saison pour voyager dans le désert se situe entre le mois d'octobre et le mois de mai. L'été, la température monte jusqu'à 50 °C.

Quelle que soit la période de l'année, il faut avertir la garde nationale de Medenine de l'itinéraire choisi et du temps prévu à passer dans le désert. A moins d'avoir un véhicule à quatre roues motrices ou d'être accompagné d'un guide local, il faut rester sur les routes goudronnées ou sur les pistes signalisées. Il est essentiel d'avoir suffisamment d'essence et d'eau.

Dans le cas d'un voyage au sud de Tataouine, il est obligatoire d'informer le gouvernorat de Tataouine (qui délivrera une autorisation de circuler) de l'identité des participants, du numéro d'immatriculation du véhicule, de l'itinéraire et de la durée du voyage. L'ambassade à Tunis peut également

délivrer cette autorisation. Il faut prévoir la présence d'un guide.

Même pour une petite excursion, les précautions à prendre sont : une quantité d'eau suffisante, correspondant à 5 l par personne et par jour ; de la nourriture en grande quantité ; une crème solaire haute protection, une pommade pour les lèvres, des pastilles de sel, un grand foulard, protégeant du vent et le sable, un chapeau, des lunettes de soleil, une pelle et une grosse toile, pour l'éventualité d'un ensablement. En cas de tempête de sable, éviter de rouler face au vent et surtout, surtout rester auprès du véhicule.

Gouvernorat de Tataouine
Tél. (5) 860 352

MARCHE À PIED

Sauf en plein été, la Tunisie est un pays qui doit plaire aux marcheurs. Les distances à parcourir ne sont pas très importantes, mais les routes calmes et en bon état traversent de beaux paysages. Au nord et à l'intérieur, de nombreuses collines, peu élevées, ne demandent pas un entraînement professionnel pour être escaladées.

Les amateurs de camping pourront planter leur tente n'importe où (sauf à proximité d'une base militaire), mais après en avoir, au préalable, demandé l'autorisation.

L'auto-stop ne pose pas de problèmes.

TRANSPORTS URBAINS

● **Autobus**

Les bus sont très bon marché, mais bondés le plus souvent et, comme dans toutes les villes du monde, il n'est pas toujours très facile de s'y reconnaître. Dans les localités importantes, les destinations sont indiquées en arabe et en français. A la campagne, c'est rarement le cas et il vaut mieux se renseigner auprès du chauffeur.

● **Taxis**

Dans les villes, le tarif est indiqué sur le compteur. La prise en charge est de 300 millimes environ, plus 100 millimes par bagage. Entre 21 h et 5 h, le tarif est majoré de 50 %. Les taxis prennent au maximum quatre passagers.

Dans certaines régions, en l'absence de compteur, il faut se renseigner sur le prix de la course avant le départ, pour négocier éventuellement.

POUR MIEUX CONNAITRE LA TUNISIE

RÉGIONS

D'une superficie de 164 000 km², la Tunisie est bordée au nord et à l'est par la Méditerranée, à l'ouest par l'Algérie et au sud par la Libye et le Sahara.

La chaîne de l'Atlas, qui commence au Maroc, à 1 800 km de là, domine la région du nord, qui se compose de forêts, de vallées et de plaines fertiles.

Au sud-ouest de la Medjerda, seul fleuve du pays qui ne s'assèche jamais, s'étendent les hauts plateaux du Tell, bande fertile qui descend doucement vers des steppes faiblement peuplées où pousse l'alfa.

Plus au sud se trouve la région des chotts, immenses étendues d'eau saumâtre, du désert et des oasis.

Sur la côte est, la plus riche et la plus peuplée, sont implantés les centres industriels et commerciaux et les sites touristiques les plus importants (Tunis, Sfax, Sousse).

Au cap Bon, au sud-ouest de Tunis, sont cultivés les agrumes.

Le Sahel, région côtière au sud de Sfax, est le domaine des immenses plantations d'oliviers qui font de la Tunisie le quatrième producteur mondial d'huile d'olive.

POPULATION

Le premier recensement, effectué en 1984, faisait état de 7 millions d'habitants. En 1999, on estimait le nombre des Tunisiens à environ 9,3 millions. La population choisit de plus en plus de vivre dans les villes (60 %) mais l'État tente de freiner cet exode par une politique de soutien à l'agriculture. L'objectif de la politique de contrôle des naissances est de réduire sensiblement le taux de natalité d'ici l'an 2021. L'espérance de vie en Tunisie est d'environ soixante-cinq ans.

GOUVERNEMENT ET VIE POLITIQUE

Après la destitution du bey et la déclaration d'indépendance du 20 mars 1956, la Tunisie est devenue une république gouvernée par un président élu, Habib Bourguiba. Malheureusement, après quelques années, le régime n'avait plus grand-chose de démocratique. Bourguiba réprimait les partis d'opposition, contrôlait la presse et finit par être élu président à vie en 1975, ce qui semble être la cause principale de sa mise à l'écart du pouvoir le 7 novembre 1987, à l'âge de quatre-vingt-quatre ans.

En 1987, son successeur, Ben Ali, institua un régime plus démocratique et prit quelques mesures libérales : élections du président au suffrage universel tous les cinq ans, avec au maximum trois mandats consécutifs, introduction prudente du multipartisme, libéralisation de la presse, permettant aux intégristes de lancer un journal, et fondation du Conseil supérieur du pacte national, chargé d'accélérer le processus de démocratisation.

Cependant, en raison d'une loi qui interdit la formation de partis basée sur la religion, la race, le sexe ou la région, les intégristes n'ont pas été reconnus en tant que parti et se sont présentés en candidats libres aux élections de 1989.

Ce fut un véritable affrontement entre deux projets, l'un, moderne, prôné par le parti élu, le R.C.D. (Rassemblement constitutionnel démocratique) et l'autre, nettement plus traditionaliste, voulu par les intégristes du Hezb Ennahda, étroitement surveillés par le président Ben Ali.

Les médias demeurent très pro-gouvernementaux et omettent, la plupart du temps, de faire entendre l'opinion de l'opposition, ou bien encore les dénigrent systématiquement. Un des plus importants obstacles à l'établissement d'une véritable démocratie reste le système électoral qui a permis au R.C.D. de remporter tous les sièges à la Chambre des députés lors des élections.

En 1990, les intégristes ont provoqué une forte agitation estudiantine à laquelle les autorités ont réagi durement, employant des méthodes proches de celles de l'ancien pouvoir.

Grâce à un amendement au code électoral, et après les élections législatives de 1994, la Chambre des députés est désormais constituée de six partis d'opposition, face au R.C.D., dont quatre sont représentés au parlement. Toutefois, il leur reste à consolider leurs positions.

ÉCONOMIE

Les principaux produits que la Tunisie exporte sont le pétrole, les phosphates et l'huile d'olive. La Tunisie importe principalement des produits alimentaires (la France fournit 25 % des importations tunisiennes). Le pays a connu une forte croissance économique dans les années 70 en raison des prix élevés du pétrole et de l'essor du tourisme.

Au cours des années 80, l'effondrement des cours du pétrole et des sécheresses répétées ont entraîné une grave crise, au point qu'en 1986 le gouvernement a été contraint de faire appel au Fonds monétaire international. La situation, redevenue meilleure en 1987, s'est de nouveau aggravée en raison d'une nouvelle sécheresse et d'une invasion de sauterelles.

La Tunisie cherche un équilibre entre l'expansion de la population, l'évolution du chômage, estimé à 15 %, et l'augmentation des ressources. Depuis dix ans, elle applique une politique de libéralisme, afin de se conformer aux normes économiques et financières mondiales. Pour ce faire, elle a dû diversifier ses exportations et dévaluer le dinar, rendant ainsi ses produits plus compétitifs. Parallèlement, elle a stimulé l'agriculture et encouragé les investissements étrangers. Le tourisme est devenu la première source de devises, avec 4 millions de visiteurs annuels.

En juillet 1995, la Tunisie fut le premier pays du sud de la Méditerranée à signer un accord d'association avec l'Union européenne.

RELIGION

Dans son ensemble, la Tunisie apparaît comme un « pays laïque ». Les quartiers d'affaires de Tunis ou de Sfax ne sont pas fondamentalement différents de ceux des grandes villes d'Europe. Cependant, il ne faut pas sousestimer le rôle joué par la religion dans le pays.

Le président Bourguiba l'a appris à ses dépens ! Il avait tenté de réduire l'influence de l'islam sur la vie quotidienne et pensait que la pratique religieuse était un facteur qui faisait obstacle au progrès.

L'islam est, plus qu'une religion, un mode de vie, transmis par l'intermédiaire d'un jeune marchand du nom de Mahomet (570-632). Homme de bien, respecté de tous et issu d'une bonne famille, mais ne sachant ni lire ni écrire, ce qui était courant à cette époque, Mahomet eut un jour la vision de l'archange Gabriel dans une grotte où il avait l'habitude de se retirer pour méditer. On dit que pendant vingt-trois ans Gabriel apprit à Mahomet le Coran, la parole de Dieu, pour qu'il la transmette. Dans un premier temps, Mahomet ne fit part de ses révélations qu'à un cercle de proches composé de sa femme et de quelques amis mais, très vite, la nouvelle religion se propagea plus largement.

Les dirigeants de La Mecque, polythéistes, ne purent accepter une religion dont la doctrine institue un Dieu unique, et Mahomet

dut s'enfuir à Médine (en 622). Cet événement marque le début de l'an I du calendrier de l'ère musulmane : l'hégire, c'est-à-dire la fuite. Après quelques années d'exil, Mahomet revint entouré d'adeptes et prit sa revanche sur ses anciens adversaires.

Le Prophète vécut jusqu'à l'âge de soixante-trois ans, et déjà l'islam s'était répandu dans toute la péninsule arabique. A sa mort, son plus proche compagnon, Abou Bakr, lui succéda, devenant ainsi le premier calife, puis ce fut au tour d'Umar (Abou Hafsa ibn al-Khattab), autre compagnon de Mahomet. Après la mort d'Umar, des schismes ne tardèrent pas à se produire.

Le Prophète n'avait laissé aucun enseignement à propos du mode de désignation d'un successeur. Certains pensaient qu'il fallait l'élire, d'autres que l'héritier légitime était Ali, époux de Fatima (fille de Mahomet) et cousin du Prophète. Les partisans d'Ali furent à l'origine du plus grand schisme de l'islam (les chiites) et fondèrent le mouvement qui se sépara du mouvement majoritaire (les sunnites). Puis de nouvelles querelles séparèrent encore les musulmans. Le mouvement des kharidjites prit naissance, mouvement strict et puritain, favorable à une doctrine plus « démocratique », dont les fidèles se recrutèrent surtout en Afrique du Nord, notamment chez les Berbères, mécontents des califes des régions orientales qui amassaient richesses et pouvoir. On trouve encore quelques communautés kharidjites çà et là, en particulier à Djerba. Un autre courant de l'islam, le soufisme, représenté dans tout le monde musulman, privilégie le côté mystique de la religion.

L'interprétation du Coran provoqua d'autres divisions. Il faut savoir que, pour les musulmans, la charia, la loi de Dieu, est édictée par le Coran ; Dieu est ainsi le législateur. Cependant, la charia ne donne pas toutes les réponses pour tous les domaines de l'existence, notamment quand il s'agit de sociétés qui se modernisent et évoluent rapidement, et des interprétations divergentes existent. Par ailleurs, les sermons prononcés par Mahomet (qui ne sont, en principe, pas considérés comme des paroles divines) sont également pris en compte.

Il existe pourtant cinq principes sur lesquels tous les musulmans s'accordent : il n'y a qu'un seul Dieu et Mahomet est son Prophète ; il faut prier Dieu cinq fois par jour entre le lever et le coucher du soleil ; chaque fidèle se doit d'entreprendre, s'il en a les moyens physiques et financiers, un pèlerinage à La Mecque (hadj), au moins une fois dans sa vie ; il faut observer le Ramadan chaque année (aucune nourriture ni boisson, ni tabac, ni rapport sexuel avant le coucher du soleil pendant un mois) et faire l'aumône aux plus démunis.

Les musulmans ne croient pas, bien entendu, que Jésus est le fils de Dieu : ils le considèrent comme un prophète parmi les autres. A leurs yeux, les deux autres religions ont été perverties par la parole des hommes, alors que le Coran transmet directement la parole de Dieu.

LOISIRS ET SPECTACLES

VIE NOCTURNE

Ailleurs qu'à Tunis, le quartier des hôtels de luxe se trouve être aussi celui de la vie nocturne. Sousse, Port el-Kantaoui et Hammamet offrent, sans doute, le plus grand choix de distractions. La soirée commence invariablement par un spectacle de cabaret (souvent avec danses du ventre), se poursuit par un concert ou un récital de chanteurs arabes et se termine dans une boîte de nuit.

Les « simples » établissements de trois et quatre étoiles n'offrent qu'une boîte de nuit avec, éventuellement, un spectacle pour touristes donné par des musiciens ou des danseurs locaux.

Dans les petites villes, les seuls lieux animés le soir sont les bars des hôtels ou les cafés.

A Tunis, l'essentiel de la vie nocturne se concentre autour de l'avenue Habib-Bourguiba. La médina est très calme le soir, sauf pendant le Ramadan. La place Halfaouine, juste devant la porte nord de la médina, devient alors l'endroit le plus vivant de la capitale. On peut signaler les quelques adresses suivantes.

Crazy Horse
45, avenue Habib-Bourguiba
Jockey Club
Hôtel International
Tunis Club
Avenue de Paris
Monseigneur
11, rue de Hollande
Africa Méridien.
50, avenue Habib-Bourguiba
Boîte de nuit de l'hôtel du même nom.

Sidi Bou Saïd est toujours animé le soir. Les étudiants se retrouvent au café des Nattes et au bar de l'hôtel Sidi Bou Saïd. Pour une soirée chic, avec dîner et spectacle, le choix se portera sur La Barraka.

VISITES ET EXCURSIONS

Les distances ne sont jamais très importantes en Tunisie. En une journée de voiture, il est possible de se rendre d'un bout à l'autre du pays.

● **De Tunis**

Carthage et Sidi Bou Saïd
Il faut bien une journée entière pour visiter les ruines de Carthage, qui sont dispersées sur une grande étendue. Le village de Sidi Bou Saïd est un endroit parfait où se reposer, prendre un verre ou dîner après la visite. Le train T.G.M., à prendre au bout de l'avenue Habib-Bourguiba, s'arrête dans tous les sites de Carthage et de Sidi Bou Saïd ; il est ponctuel (toutes les 20 mn), bon marché et commode.
Thuburbo Majus, Zaghouan, Takrouna, Hammamet
En voiture, ce circuit prend une journée. L'arrivée à Hammamet se fait tard dans l'après-midi, juste à temps pour visiter la kasbah et dîner. Si le projet est également de se baigner, il faut arriver plus tôt et « sacrifier » Zaghouan. Le même circuit peut se faire en autocar ou en « grand taxi » , à prendre à Bab Alioua, à l'extrémité sud de l'avenue de Carthage, à Tunis.
Utique, Ghar el-Mehl,
Sidi Ali el-Mekki ou Raf-Raf
Cette région, qui s'étend dans le nord-est de la Tunisie, se trouve à une heure de route de Tunis. Il s'agit d'une excursion qui combine la traversée de beaux paysages de campagne, la visite des ruines romaines d'Utique et du village de Ghar el-Melh et l'arrivée sur les plages de Sidi Ali el-Mekki ou de Raf-Raf. Les personnes qui disposent de deux jours peuvent également se rendre jusqu'à Bizerte et au lac Ichkeul.
Dougga
A environ 2 h de Tunis, il s'agit probablement du site romain le plus impressionnant, assez peu fréquenté par les touristes.
Dougga, Bulla Regia, Aïn Draham
En deux jours, il est possible de se rendre à Bulla Regia, puis de passer la nuit à Aïn Draham dans les montagnes de Kroumirie. Retour *via* Tabarka.
Le cap Bon
Les voyageurs, qui disposent d'un véhicule et apprécient les découvertes, peuvent y passer une journée entière. A voir : les plages calmes,

le fort de Kelibia, le site punique de Kerkouane et les grottes d'El-Haouaria. Les paysages sont merveilleux et c'est un endroit idéal pour pique-niquer.

● **D'Hammamet**

Le cap Bon, Tunis, Sidi Bou Saïd et Carthage
Même avec une voiture, cet itinéraire nécessite au moins deux jours : un pour Carthage et Sidi Bou Saïd et un autre pour Tunis et le musée du Bardo.

Thuburbo Majus, Zaghouan et Dougga
Une journée pour découvrir les vestiges romains et de délicieux paysages, en particulier au printemps. .

Takrouna et Kairouan
Takrouna, vieux village perché qui fut le lieu d'une bataille célèbre durant la Seconde Guerre mondiale, ne vaut pas, en soi, une visite, mais ce peut être une bonne étape sur le chemin de Kairouan, ancienne capitale politique et religieuse de la Tunisie. Voir la grande mosquée, la zaouïa de Sidi Sahib et l'ancienne médina.

● **De Sousse**

Kairouan, El-Djem Takrouna, Mahdia
Mahdia est la capitale de la dynastie des Fatimides ; tous ces sites sont à 1 h de Sousse. Les transports en commun les desservent. On peut prolonger ces trajets jusqu'à Tunis (2 h de route) et Dougga.

Les oasis, le Grand Sud
Des excursions pour des oasis comme Tozeur, Nefta et Douz, ou vers Matmata et les ksour, sont organisées à partir de Sousse (voir les agences de voyages). Il faut compter, au minimum, trois jours entiers.

● **De Djerba**

Matmata et les ksour
Il est possible de visiter le village (et les superbes paysages alentour) troglodytique de Matmata et les ksour autour de Medenine et de Tataouine en une seule journée, mais c'est épuisant. Il est plus raisonnable d'en prévoir une de plus.

Le chott el-Djérid, Douz, Tozeur et Nefta
Il faut au moins deux jours entiers pour apprécier le chott et les oasis du désert.

● **Des îles Kerkenna**

Sfax
Il s'agit de l'endroit le plus proche. Sfax est

une ville intéressante, malgré son allure industrielle. Elle possède une médina impressionnante et un beau musée populaire.

El-Djem
L'amphithéâtre spectaculaire, situé au milieu d'une olivaie, se trouve juste au nord de Sfax. Avec une voiture, il est recommandé de continuer vers Mahdia ou Kairouan.

Kairouan et Sousse
Très agréable excursion à faire en une journée. Il faut prévoir d'être à temps pour attraper le dernier ferry de Sfax.

Le chott el-Jérid, Douz, Tozeur et Nefta
Deux jours sont à peine suffisants pour ce circuit. Mieux vaut le faire en trois jours et visiter les gorges du Selja.

Les ksour
Il faut compter au minimum deux jours au départ de Kerkenna.

MUSÉES

● **Tunis**

Musée du patrimoine traditionnel
Rue Turbet el-Bey ou souk des Teinturiers
Ouvert tous les jours, sauf dimanche et jours fériés, de 9 h 30 à 16 h 30. Entrée payante, mais gratuite le vendredi.

Musée de la céramique
Angle de Bab Sidi Kacem et du boulevard du 9-Avril
Ouvert tous les jours, sauf lundi et jours fériés, de 8 h à 18 h. Entrée libre.

Musée du Bardo
C'est ancien palais beylical du XIXe siècle. Il abrite une exceptionnelle collection de mosaïques romaines. Ouvert tous les jours, sauf lundi et jours fériés, de 9 h 30 à 16 h 30 (9 h à 18 h l'été).

Parc du Belvédère
Il abrite un petit musée de l'Armée, deux théâtres en plein air et un zoo. Ouvert de 9 h 30 à 16 h 30, dès 7 h pour le zoo et jusqu'à 19 h en été.

● **Djerba**

La Griba
Ouvert du dimanche au vendredi de 8 h à 18 h.
Musée d'Art et Traditions populaires
Ouvert tous les jours, sauf le vendredi de 9 h à 12 h et de 14 h à 17 h 30. Entrée payante.

● **Hammamet**

Centre culturel international
Ouvert de 9 h à 12 h et de 14 h à 17 h 30.

● **Kairouan**

Office du tourisme
Face à l'hôtel Continental
C'est obligatoirement là qu'on achète les billets pour visiter tous les monuments. Ouvert du samedi au jeudi de 7 h 30 à 13 h 30 et de 15 h à 17 h, le vendredi de 7 h 30 à 12 h.
Musée Raqqada
Ouvert tous les jours, sauf lundi et jours fériés, de 9 h à 16 h. Entrée gratuite.
Grande mosquée
Ouverte le mardi, mercredi, jeudi et samedi de 9 h à 16 h ; le vendredi de 9 h à 12 h.

● **Monastir**

Musée et Ribat
Contient une pièce unique : un astrolabe de Cordoue, datant de 927. Ouvert tous les jours, sauf lundi et jours fériés, de 9 h à 12 h et de 14 h 30 à 18 h.

● **Sousse**

Les catacombes
Ouvertes du mardi au dimanche de 9 h 30 à 12 h et de 14 h à 18 h.
La Grande Mosquée
Ouverte tous les jours, sauf le vendredi, de 8 h à 12 h.
Musée de la kasbah
Ouvert durant l'été du mardi au dimanche de 9 h à 12 h et de 15 h à 18 h 30 et, durant l'hiver, du mardi au dimanche de 9 h à 12 h et de 14 h à 17 h 30.
Ribat
Ouvert du mardi au dimanche de 9 h 30 à 12 h et de 14 h à 18 h.

● **Sfax**

Musée archéologique
Ouvert à la mairie, tous les jours de 9 h à 12 h et de 14 h à 16 h 30.
Musée d'Art et Traditions populaires
Ouvert tous les jours, sauf lundi et jours fériés, de 9 h à 12 h et de 14 h à 16 h 30.

SITES ARCHÉOLOGIQUES

Les étudiants bénéficient de réductions pour accéder à certains musées et sites, à condition d'avoir une carte internationale d'étudiant.

Bulla Regia
Ouvert du mardi au dimanche de 8 h 30 à 17 h 30.

Carthage
Ouvert du mardi au dimanche de 8 h 30 à 17 h 30. Les droits d'entrée sont majorés si l'on prend des photographies.
Dougga
Ouvert du mardi au dimanche de 8 h 30 à 17 h 30.
El-Djem
Ouvert tous les jours de 8 h 30 à 17 h 30.
Kerkouane
Ouvert du mardi au dimanche de 8 h 30 à 17 h 30.
Makthar
Ouvert du mardi au dimanche de 8 h 30 à 17 h 30 (15 h l'hiver).
Sbeitla
Ouvert tous les jours de 8 h 30 à 17 h 30.
Thuburbo Majus
Ouvert du mardi au dimanche de 8 h 30 à 17 h 30
Utique
Ouvert du mardi au dimanche de 8 h 30 à 17 h 30 (7 h à 19 h en été).

THÉÂTRE

A Tunis, le théâtre construit par les Français, au croisement de l'avenue Habib-Bourguiba et de la rue de Grèce, sommeille en été, s'éveille en octobre et reste actif jusqu'en juin.
Les spectacles sont variés : pièces classiques européennes, concerts de musique arabe, comédies en arabe et accueil des tournées de compagnies françaises ou italiennes. Il n'est pas nécessaire de réserver, le théâtre étant rarement plein.

CINÉMA

La Tunisie compte plus de 80 salles de cinéma. La plupart proposent des films d'horreur, de karaté ou d'aventure, à côté desquels les films de James Bond ou de Clint Eatwood paraissent intimistes. A Tunis, cependant, de bons films français et tunisiens (en général sous-titrés en français) se jouent. Les programmes sont annoncés dans les journaux. L'une des meilleures salles se trouve à l'hôtel Africa Méridien, avenue Habib-Bourguiba.
Les Journées cinématographiques de Carthage, consacrées au cinéma du tiers monde, sont organisées tous les deux ans pour faire connaître la jeune création.

CONCERTS

Pour savoir où ont lieu les concerts de *malouf* (musique classique tunisienne), de *rai* algérien, ou les concerts de chanteurs populaires arabes, il faut consulter les quotidiens, en particulier *la Presse* et *le Temps*.

Les concerts de musique classique occidentale, qui débutent vers 22 h, sont annoncés dans les journaux, mais aussi par voie d'affiches dans les ambassades.

FETES ET FESTIVALS

En Tunisie, les fêtes régionales ne manquent pas : célébrations de la moisson, d'un saint local, fêtes de villages, entre autres, auxquelles s'ajoutent quelques festivals artistiques.

La liste suivante concerne les principales manifestations. Il faut se renseigner sur les dates exactes auprès de l'office du tourisme tunisien, car elles changent chaque année.

Avril-mai
Menzel Bouzelfa, fête des Oranges, folklore et attractions. El-Haouaria, fête de l'Épervier, fauconnerie et folklore.

Juin
Testour, festival de malouf. Houmt-Souk, célébration d'Ulysse, festival folklorique jerbain. Dougga, festival de Dougga, théâtre classique dans les ruines romaines de Dougga.

Juillet
Kerkenna, fête des Sirènes, commémoration d'Ulysse,mariages traditionnels.

Juillet-août
Carthage, festival de Carthage, musique, danse, théâtre. Tabarka, festival du Corail, artisanat, musique, folklore.

Août
Hammamet, festival d'Hammamet, théâtre et concerts organisés au centre culturel international. Sousse, festival Aossou, musique et folklore.

Septembre
Grombalia, fête des Vendanges. Kairouan, festival de Cavalerie, fantasias et démonstrations équestres.

Octobre
Carthage, Journées cinématographiques de Carthage.

Décembre
Douz, fête des Oasis.

Décembre-janvier
Tozeur, festival du Sahara, fantasias, courses de chameaux, danses folkloriques

SPORTS

GOLF

Ces dernières années, le gouvernement a consenti un important effort financier pour aménager des terrains de golf. L'Open de Tunisie, qui se tient en avril, est désormais compétition importante.

Il existe sept terrains de golf, admirablement situés dans des forêts d'oliviers, de pins ou de palmiers, surplombant la mer. Le droit d'entrée se paie en dinars. On peut louer le matériel à la journée. Il est recommandé de réserver. Pour tous renseignements, contacter :
Fédération tunisienne de golf
P.O. Box 179, 1009 El-Ouardia,
tél. et télécopie (1) 396 612

● **Djerba**

Djerba Golf Club
Zone touristique, 4116 Midoun, tél. (5) 658 449
18 et 9 trous.

● **Hammamet**

Golf Yasmine
Bir Bou Rekba, tél. (2) 227 001
18 trous sur 6 km, 9 trous sur 2 km.
Golf Citrus
Tél. (2) 226 500
Autour de six lacs, deux parcours sur 6 km : « la forêt » et « les oliviers », et une école de 9 trous sur 1,2 km.

● **Monastir**

Golf de Monastir
Route de Ouardanine, tél. (3) 461 148
18 trous sur 6 km. Le parcours le plus beau et le plus difficile dans un site très vallonné.

● **Sousse**

Golf d'El-Kantaoui
Station touristique d'El-Kantaoui,
tél. (3) 241 500
27 trous. Championnats Messieurs sur 9,5 km et championnats dames sur 9 km.

● **Tabarka**

Golf Montazah
Route touristique El-Morjane, tél. (8) 644 028
18 trous sur 6 km et école de 9 trous.

● **Tunis**

Golf de Carthage
La Soukra, tél. (1) 765 919
18 trous sur 24 ha.

TENNIS

L'office du tourisme tunisien édite une pla-
quette qui répertorie les hôtels équipés d'un
ou plusieurs courts de tennis. Voici certains d
ceux qui ont les meilleurs terrains.

● **Djerba**

Club Méditerranée
Tél. (5) 657 129
20 courts.
Dar Djerba
Tél. (5) 657 191
Complexe deux et trois étoiles, 8 courts.

● **Hammamet**

El-Fell ***
Tél. (2) 280 118
5 courts.
Salambo
Tél. (2) 280 197
Village de vacances, 7 courts.

● **Korba**

Club Méditerranée
Tél. (2) 288 411
5 courts.

● **Nabeul**

Al Diana Club ***
Tél. (2) 285 400
10 courts.
Les Pyramides ***
Tél. (2) 285 775
5 courts.

● **Port el-Kantaoui**

El-Hambra
Tél. (3) 240 300
Complexe d'appartements, 11 courts.
Les Maisons de la Mer
Tél. (3) 241 799
11 courts.
Hasdrubal ***
Tél. (3) 241 944
6 courts.
Open Club ***
Tél. (3) 248 063
11 courts.

● **Mahdia**

Club Cap Mahdia ***
Tél. (3) 680 300
7 courts.

● **Monastir**

Regency *****
Tél. (3) 460 033
8 courts.
Club Méditerranée
Tél. (3) 466 003
12 courts.
Club Robinson ****
Tél. (3) 427 515
10 courts.
Sahara Beach ***
Tél. (3) 461 088
10 courts.

● **Sousse**

Tour Khalef ***
Tél. (3) 241 844

● **Tunis**

Cap Carthage ***
Gammarth , tél. (1) 740 064
30 courts.
Dar Naouar
Tél (1) 741 000
Village de vacances.

CHASSE

De l'automne au printemps, le vendredi, le
samedi et le dimanche, les chasseurs enva-
hissent les collines qui dominent Korbous, au
cap Bon, et les monts de Khroumirie, aux environs d'Aïn Draham et de Tabarka. On y
chasse le sanglier, le chacal, le renard, la man-
gouste et la genette de fin octobre à fin
janvier ; la grive et le petit étourneau de la mi-
novembre à la mi-mars. Les dates changeant
chaque année, il faut se renseigner auprès de
l'office du tourisme.

Il est possible d'organiser les parties de
chasse sur place, mais l'office du tourisme
recommande vivement de le faire par l'intermédiaire d'une agence de voyages, avant le
départ ou à l'arrivée en Tunisie. L'agence se
charge du permis de chasse et de l'autorisation
requise pour importer une arme à feu en
Tunisie. Elle s'occupe aussi des réservations
d'hôtels dans la région choisie, bon nombre
d'établissements étant fermés l'hiver.

Pour une organisation à titre personnel, il faut adresser une demande de permis de chasse à la Direction des forêts et une autorisation d'importation d'armes à feu au ministère de l'Intérieur. Cette demande doit parvenir à ces services au moins dix jours à l'avance. Les chasseurs de nationalité étrangère peuvent importer 50 cartouches pour le sanglier et 500 pour la grive et l'étourneau. L'entrée des chiens de chasse est strictement interdite.

Fédération tunisienne de chasse
Club de Chasse, Radès, tél. (1) 296 910
Direction des forêts
30, rue Alain Savary, Tunis

ÉQUITATION

On trouve de nombreux clubs équestres sur la côte est, notamment à Djerba. Ils font souvent partie d'un complexe hôtelier. Chevaux et poneys sont généralement bien soignés et les tarifs sont raisonnables (environ 6 DTU l'heure). En revanche, les cavaliers ne sont pas toujours très bien encadrés, aussi convient-il de surveiller les enfants trop intrépides.

VOL À VOILE

Fédération de vol à voile tunisienne
Tél. (1) 906 712
Établie à Djebel Rassal (à 25 km de Tunis), loue des planeurs aux sportifs expérimentés.

NATATION

Tous les hôtels cinq étoiles ont une piscine. Ceux qui ne sont pas clients doivent payer un droit d'entrée très raisonnable. Dans le sud, où il fait très chaud, on trouve même des piscines dans certains hôtels modestes. Tunis compte trois piscines municipale.

Piscine d'El-Gorjani
1, boulevard du 9-Avril
Piscine municipale du Belvédère
Place Pasteur
Piscine d'El-Menzah
Cité olympique Bourguiba
Chauffée l'hiver.

SPORTS NAUTIQUES

Sur la plupart des plages tunisiennes, il est possible de faire de la planche à voile, du parachute ascensionnel et des balades en scooter des mers. Certaines offrent, en outre, la possibilité de faire du ski nautique et de la voile. Les plages de Sousse, Port el-Kantaoui,

Monastir, Hammamet-Nabeul et Djerba sont les mieux équipées. Pour pratiquer des sports nautiques à Tunis, il faut contacter le Club nautique.
Club nautique
Sidi Bou Saïd, tél (1) 270 689

PÊCHE ET PLONGÉE SOUS-MARINE

La richesse de la faune aquatique fait la joie des pêcheurs : mulets, brèmes, perches de mer, merlans, sardines, anguilles, poulpes et langoustines. L'office du tourisme édite une brochure qui indique les meilleures périodes et les meilleurs endroits de pêche. Aucun permis n'est requis pour la pêche à la ligne et le matériel nécessaire est à facile à trouver sur place. Il est souvent possible de partir en mer avec les pêcheurs. Pour cela, il faut se renseigner dans les ports et auprès des offices du tourisme locaux.

La pêche sous-marine est très réglementée. Les plongeurs doivent adresser une demande, accompagnée d'un certificat médical prouvant l'aptitude à la plongée et d'une attestation d'assurance tous risques à la Direction des pêches, ou à sa représentation locale. Pour tous renseignements, s'adresser à l'office du tourisme ou au Centre nautique de Tunisie.
Centre nautique de Tunisie
22, rue de Médine, Tunis, tél. (1) 282 209
Il édite un guide de la plongée sous-marine et peut aider les plongeurs dans leurs démarches. Certaines agences de voyages peuvent se charger des formalités.

Trois centres s'occupent de plongée sous-marine et louent l'équipement nécessaire. On peut demander une adhésion temporaire.

● **Port el-Kantaoui**

Centre international de plongée
Port el-Kantaoui, tél. (3) 241 799

● **Sidi Bou Saïd**

Club nautique
Avenue Kennedy, Sidi Bou Saïd, tél. (1) 740 381

● **Tabarka**

Yachting Club
Port de plaisance, tél. (8) 644 478

RANDONNÉES ORNITHOLOGIQUES

Le lac Ichkeul, dans le nord de la Tunisie, est l'une des réserves d'oiseaux aquatiques les plus importantes au monde. On peut y observer un grand nombre d'espèces en hiver (d'octobre à février), dont le canard siffleur, l'oie cendrée et le chevalier des sables. D'autres oiseaux se reproduisent dans les nids de roseaux du lac, notamment les hérons et les oiseaux de proie (faucons pèlerins, crécelles et busards des marais).

Le cap Bon offre également de bons postes d'observation, surtout au printemps, quand les éperviers et les faucons pèlerins nidifient.

La petite île de Zembra, non loin de la côte, est le sanctuaire des goélands et des hirondelles de mer. En avril et en mai, les busards, les milans et les aigles partent du cap Bon pour l'Europe. Le long de la côte ouest se rassemblent les flamants roses et les avocettes.

A Tunis même, on trouve une incroyable quantité d'oiseaux. La partie méridionale du lac de Tunis devient, en hiver, la « résidence » des flamants roses.

Certaines agences organisent des séjours ornithologiques, il faut se renseigner avant de partir. Ils aident à choisir le meilleur moment et à connaître les meilleurs endroits.

OÙ SE RESTAURER

CUISINE TUNISIENNE

On retrouve en Tunisie les mêmes traditions culinaires que dans les autres pays du Maghreb. Le couscous ou les tajines (viande, poisson ou poulet, légumes, œufs et fromage râpé) sont d'origine berbère. Les Arabes ont introduit les épices et le *smen* (beurre cuit qui se conserve très longtemps), les Maures ont rapporté d'Andalousie les olives, l'huile d'olive, les fruits secs et les fruits dans la préparation des plats. Les Turcs ont introduit les pâtisseries très sucrées, trempées dans le miel. Plus récemment, les Français ont influencé la cuisine des restaurants et introduit des menus composés de plusieurs plats. Le meilleur moyen de goûter à la véritable cuisine tunisienne c'est, bien sûr, d'être invité chez un particulier. Quelques rares restaurants offrent une cuisine traditionnelle de qualité, dont **M'Rabet**, à Tunis, probablement le plus connu. La plupart des bons restaurants servent de la cuisine française et un ou deux plats du jour tunisiens.

Il ne faut pas bouder les rôtisseries (poulet, frites, salade pour un prix modique) et les restaurants populaires, non seulement il est possible d'y trouver de la place, mais ils sont en général très bons. Les menus sont invariables : *chorba* (soupe épaisse), *kebab* (brochettes), *kefta* (boulettes d'agneau parfumées), poulet, omelettes, merguez ; quelquefois du steak ou du poisson, de la salade tunisienne (tomates coupées en dés, poivrons, oignons) et la salade *mechouia* (délicieuse purée de piments, tomates, oignons et, éventuellement, aubergines). Tout est accompagné de *harissa* (piments rouges concassés) et du pain arabe plat ou français. Mais la spécialité la plus courante en Tunisie est le « brik à l'œuf », fine crêpe enveloppant un œuf saupoudré de cumin et de coriandre, plongé dans la friture bouillante. C'est délicieux, arrosé d'un jus de citron. Il existe aussi des briks à la kefta, au poisson ou aux pommes de terre. La *kémia,* accompagne l'apéritif. Il s'agit de petites assiettes garnies de fèves cuites, de pommes de terres ou de carottes marinées dans la harissa. Elle est apportée dans les bars qui servent de l'alcool.

Durant le Ramadan, presque tous les musulmans jeûnent. La plupart des restaurants et des cafés sont fermés jusqu'au coucher du soleil. Quelques restaurants sont autorisés à rester ouverts dans les stations touristiques comme Sousse ou Hammamet. Cependant, certains en profitent pour prendre leurs congés annuels. Les autres restaurants et les bars ne servent pas d'alcool durant cette période. La nourriture et les boissons pourront être achetés dans les magasins, mais la courtoisie commande de manger discrètement. Il est très mal vu de manger et de fumer en public, que l'on soit musulman ou non.

RESTAURANTS

La plupart des Tunisiens prennent leurs repas chez eux, même à midi, et la majorité des restaurants accueillent donc des hommes célibataires. Les femmes fréquentent uniquement les établissements situés dans des zones touristiques. Tunis et sa banlieue font exception à la règle. La classe moyenne dîne couramment dehors, en famille, d'où le nombre important de bons restaurants agréables. Il est d'usage de laisser 10 % de pourboire, même dans les petits cafés. Dans la plupart des restaurants indiqués ci-après, il n'est pas nécessaire de réserver, sauf s'ils donnent leur numéro de téléphone.

● Aïn Draham

Établissements simples dans la rue principale. Pour ceux qui souhaitent faire un repas un peu plus élaboré, arrosé de vin, il faut se rendre au restaurant à l'atmosphère feutrée de l'**hôtel Beau Séjour** ou à celui de l'**hôtel Rayhane**, bien situé, mais sans la même originalité, à la sortie du village.

● **Bizerte**

Hôtel Corniche
Le meilleur de la ville, a une bonne table.
Le Petit Mousse
Route de la Corniche
Petit hôtel qui surplombe la mer, à 2 km de là, restaurant réputé de bonne qualité (beaucoup de produits de la mer) pour un prix meilleur.

● **Djerba**

Son centre touristique, Houmt-Souk, compte le plus grand nombre de restaurants. La plupart, situés près de la place Hedi Chaker, sont des restaurants pour les touristes. Ils sont souvent de bonne qualité avec un grand choix de viandes ou de fruits de mer.
Princesse d'Haroun
Sur le port, excellents plats de poisson.
Les Sportifs
Avenue Habib-Bourguiba
Restaurant Central
Avenue Habib-Bourguiba
Ces deux restaurants sont bon marché, propres et servent une bonne cuisine, quoique moins variée, mais pas d'alcool.

● **El-Haouaria**

Plusieurs propositions à prix abordables peuvent être choisies, dont le restaurant de l'**hôtel L'Épervier** (moins cher au bar), dans la rue principale, le **Restaurant Fruits de Mer** ou le **Restaurant Les Grottes**. Les cafés, nichés sur les falaises qui surplombent les grottes, bénéficiant de la brise et d'une vue splendide, servent des repas, mais leurs prix ont tendance à prendre également de la hauteur.

● **Hammamet**

Hammamet compte de nombreux restaurants parmi lesquels on peut citer les suivants .
La Perle du Golfe,
Avenue de la République, tél. (2) 282 110
La Pergola,
Centre commercial, avenue Habib-Bourguiba
Ces deux restaurants sont les plus chics et les plus chers, mais valent le détour.
Pomo d'Oro
6, avenue Habib-Bourguiba, tél. (2) 281 254

est un bon restaurant franco-italien mais il pratique également des tarifs élevés.
Restaurant de la Poste
Le Berbère
Donnent tous deux sur la kasbah, prix plus abordables.
Le Bistro
Avenue du Koweït
Carte variée et petits prix.
Café Sidi M'Nasser
Café maure dans le centre commercial, lieu touristique également fréquenté par la jeunesse locale. Il est agréable d'y prendre un verre après le dîner.
Café Sidi Bou Sahid
Niché dans la kasbah.

● **Kairouan**

La ville n'a qu'un nombre restreint de bons restaurants.
La Fleur
Route de Tunis
Le Roi du Couscous
Rue du 20-Mars
Hôtel Splendid
Avenue du 9-Avril
Excellent restaurant.
Sabra
Près de l'hôtel Tunisia. Bon également et moins cher.
Fairouz
Avenue Habib-Bourguiba
Le sympathique patron sert pour un prix raisonnable d'excellents briks, une salade mechouia, du steak au poivre et des tajines.

Kairouan compte de multiples rôtisseries, pour la plupart situées au-delà de l'office du tourisme, à l'extérieur de la médina. De nombreux vendeurs de merguez s'activent avenue de la République et proposent aussi des frites et des salades.

● **Le Kef**

Il n'y a presque pas de restaurants à Le Kef, mais le chef de l'**hôtel Sicca Veneria** s'arrange pour servir un dîner convenable. Toutefois, les petits déjeuners et les déjeuners ne sont guère attrayants.

● **Mahdia**

Mahdia a le charme des lieux peu fréquentés mais n'offre que peu de restaurants, en dehors de ceux des hôtels. Près du marché se trouve le modeste **El-Medina** et, tout aussi simples, **Le**

Quai et **Le Lido** font face au port de pêche. Le restaurant Moez est à éviter.

● **Nabeul**

Les restaurants des grands hôtels sont à éviter, ainsi que le restaurant Moderne, dont le patron n'est guère affable et la nourriture sans grand intérêt.
Les Oliviers
Pour s'y rendre, il suffit de suivre les nombreux panneaux indicateurs. Les repas sont chers, mais bons. Au menu, presque exclusivement de la cuisine française.
hôtel Jasmines
Pension des Oliviers
Route d'Hammamet
Restaurants entourés de jardins, à 1 km de la ville (à gauche après le tapageur restaurant Yougoslavie). Prix raisonnables.
La Bonne Heure
Place Farhat-Hached
Nourriture simple (sans alcool).

● **Sfax**

A l'entrée de Bab Diwan, rue Mongi Slim, un grand choix de restaurants simples proposent spaghettis, poulet, omelettes ou briks.
Hôtel Oliviers
Avenue Habib-Thameur
Ambiance reposante, propice à la dégustation de bons plats servis dans une salle à manger raffinée. Pas d'alcool pendant le Ramadan.

● **Sousse**

De nombreux restaurants et pizzerias jalonnent l'avenue Habib-Bourguiba et la route de la Corniche. Beaucoup sont vides hors saison.
L'Escargot
Le Pacha
Route de la Corniche
Restaurants de cuisine française de qualité.
Le Bonheur
Place Fahrat-Hached
Bonne cuisine à prix raisonnable.
Les Sportifs
Avenue Habib-Bourguiba
Excellent rapport qualité-prix.

TABARKA

La Montaza
Avenue Habib-Bourguiba
L'un des meilleurs restaurants de fruits de mer, à prix abordables; ses portions de crevettes sautées sont généreuses.

Hôtel Mimosa
Le restaurant de cet hôtel a la meilleure carte de la ville.
Hôtel de France
Bons plats simples (soupe ou salade suivie d'une entrecôte, de côtes d'agneau ou de poisson grillé). Son «menu table d'hôte» offre un grand choix et un très bon rapport qualité-prix.
Triki
Rue Farhat Hached
L'un des nombreux petits établissements qui proposent des fruits de mer simplement préparés et des grillades.

● **Tataouine**

Plusieurs restaurants simples se regroupent dans le centre, bien meilleurs que ceux des hôtels de la ville. Il faut d'arriver tôt car le service s'arrête vers 20 h 30.

● **Tozeur**

Les restaurants des grands hôtels de *l'avenue Abou el-Kacem Chebbi* reçoivent tous des clients autres que leurs pensionnaires, mais les plats sont nettement plus savoureux dans les deux restaurants suivants.
La République
Le Paradis
Près de l'avenue *Habib Bourguiba*
Deux restaurants sans prétention. Bonne qualité, produits frais, bien préparés et bon marché.

● **Tunis**

La capitale propose la plus grande variété de restaurants (attention, même à Tunis, on ne peut pas se faire servir après 21 h 30). Beaucoup se situent dans les rues au sud de l'avenue Habib-Bourguiba. Les restaurants des rues autour de la grande mosquée et de la médina proposent de bons repas à des prix modiques. Il faut arriver tôt car ils sont très fréquentés par les hommes d'affaires. La liste qui suit est une sélection, non exhaustive, des meilleurs restaurants de la ville.
L'Astragale
17, Avenue Charles-Nicolle, tél. (1) 785 080
Restaurant français de grand renom. Cuisines traditionnelle et nouvelle.
Le Baghdad
29, avenue Habib-Bourguiba, tél. (1) 259 068
Restaurant qui cherche surtout à attirer les touristes. Bons tajines couscous, viandes et poissons. Service peu empressé.

Le Capitole
60, avenue Habib-Bourguiba, tél. (1) 246 601
La salle à manger de l'hôtel Capitole n'est pas l'endroit le plus animé de la ville, mais les repas sont convenables et bon marché. Vue sur l'avenue Habib-Bourguiba.

Chez nous
5, rue de Marseille, tél. (1) 243 043
Restaurant populaire, rénové récemment. Cuisine française à des prix raisonnables.

Le Colibri
218, avenue Habib-Bourguiba, tél. (1) 731 317
Cuisine française.

Le Cosmos
7, rue Ibn Khaldoun, tél.(1) 241 610
Petit restaurant et personnel affairé. Clientèle de touristes et de Tunisiens amateurs de cuisine française avec, à l'occasion, une spécialité tunisienne. Toujours un bon choix de poissons. Fermé pendant le Ramadan.

Dar el-Jeld
5, rue Dar el-Jeld, tél. (1) 256 326
Cuisine raffinée. Il est conseillé de réserver.

L'Étoile
3, rue Ibn Khaldoun, tél. (1) 240 514
S'il n'y a plus de place au Cosmos, on vous dirigera vers ce restaurant. Il est un peu plus cher et l'ambiance plus calme.

Le Malouf
108, rue de Yougoslavie, tél. (1) 243 180
Savoureuse cuisine tunisienne. Fermé le dimanche et pendant le Ramadan.

M'Rabet
Souk el-Trouk, tél. (1) 263 681, 261 729
Restaurant célèbre au cœur de la médina, tout près de la grande mosquée. Cuisines française et tunisienne.

L'Orient
7, rue Ali Bach Hamba, tél. (1) 242 258
Cuisine et service de qualité. Le menu comprend une ou deux spécialités tunisiennes. Un peu éloigné des circuits touristiques, il est dans une rue calme au nord-est, juste derrière l'avenue Habib-Bourguiba (en face des bureaux du quotidien *la Presse*).

Le Pub
1, rue Kamel Attaturk, tél. (1) 243 436
Grandes pizzas de bonne qualité dans une caverne peu éclairée. Pas très bon marché.

● La Marsa et La Goulette

Renommés pour leurs restaurants spécialisés dans le poisson. Les serveurs attendent les touristes, en rang sur les trottoirs.

Au Bon Vieux Temps
1, rue Abou el-Kacem Chebbi, La Marsa, tél. (1) 271 322

● Sidi Bou Saïd

Le Typique
Spécialités locales sur une terrasse à l'ombre d'un cyprès.

Dar Zarrouk
Au centre du village.

Pirates
Restaurant cher, en contrebas, près du port de Sidi Bou Saïd, servant des spécialités de poisson.

Le Cherguii
Restaurant-café moins onéreux entouré d'un jardin, où les Tunisiens vont déguster en famille des grillades : kebab et poulet. Cuisine française également au menu.

● Carthage

Résidence Carthage
Rue Hannibal, tél. (1) 731 072
Proche des sanctuaires puniques. Chic mais cher.

Le Saf-Saf
Café installé sous la galerie marchande dans la rue principale, réputé pour ses bricks et ses encas.

● Gammarth

Le Pêcheur
Tél. (1) 270 955
Réputé pour ses plats de poisson et sa salle de danse orientale (mieux vaut réserver).

Les Coquillages
Le Phénicien
Baie des Singes

BARS ET CAFÉS

Comme dans la plupart des pays méditerranéens, les cafés sont le centre de la vie sociale. Les hommes viennent jouer aux dominos ou aux cartes, fumer la *chicha*, sorte de narguilé, regarder la télévision ou simplement converser. La plupart ne servent que du thé et du café (soit *kawa bi halib*, avec du lait, soit *kahwa kahla*, noir) ou des sodas et de la limonade. Certains, en particulier les plus chics, où les femmes osent s'aventurer, proposent du thé à la menthe, du thé parfumé à la fleur d'oranger ou aux pignons ; du café aromatisé à l'eau de rose, à la cannelle ou à la cardamome ; du café turc, des jus de fruits fraîchement pressés et des milk-shakes au coulis de fruits.

Pour ceux qui désirent des gâteaux, ils peuvent en acheter dans une pâtisserie, les serveurs ne s'en formalisent pas.

ALCOOLS ET VINS

Normalement, on ne sert d'alcool que dans les bars, les hôtels ou les restaurants huppés. Cependant, on en trouve aussi dans les quelques « cafés-brasseries » de style colonial qui ont survécu, notamment au café de Paris.

Les vins tunisiens viennent du nord du pays, en particulier du cap Bon. Les vins rouges sont « robustes » : coteaux de Carthage, haut-mornag. Le rosé sidi rais est très apprécié des amateurs. Les vins blancs secs sont moins bons, sauf le délicieux muscat sec de Kelibia, au cap Bon. Il existe aussi d'excellents vins de dessert tels que le muscatel (vérifier sur l'étiquette l'appellation vin muscat de Tunisie). On trouve encore des vins rouges acceptables comme le coteaux de Khanguet, le tyna, le teboura, le saint-cyprien et le sidi tabet.

La bière locale, celtia, est légère et blonde. Parmi les boissons plus « fortes », il faut signaler la boukha, alcool de figue qui fait penser au schnaps, le laghmi, vin de palme, et le thibarine, également à base de figue. Les prix des alcools et les bières importés sont élevés.

Café de Paris
Avenue Habib-Bourguiba

OÙ LOGER

HÔTELS

Les hôtels sont classés en cinq catégories : de une à cinq étoiles (pas de catégorie Luxe), et non classés (dans la liste qui suit, ce type d'hôtel ne porte aucune étoile). On trouve aussi un grand nombre de pensions de famille qui réservent un accueil modeste mais convenable pour un prix raisonnable. Les hôtels cinq étoiles sont comparables, pour le confort et le service, aux bons hôtels d'Europe, mais il s'agit de constructions modernes qui, parfois, manquent de charme. Dans l'ensemble, les prix sont raisonnables : une chambre double pour une nuit coûte, de cinq à une étoile, respectivement (et environ) 70, 50, 25 à 40, 20 à 25, 15 à 20 DTU et, pour les hôtels non classés, 15 DTU. Cependant, les tarifs varient avec la saison : à Sousse et à Hammamet, ils sont sensiblement plus élevés l'été, jusqu'à 100 DTU pour la meilleure catégorie. Il est préférable de vérifier si le prix s'entend par personne ou pour la chambre ; dans la plupart des hôtels modestes, c'est un prix par personne. Il inclut normalement un petit déjeuner, y compris dans les hôtels non classés.

Dans les établissements deux étoiles et au-dessus, le confort minimal devrait inclure une salle de bains privée, de la plomberie en bon état et le chauffage central en hiver. Certains hôtels deux étoiles ont une piscine. Les hôtels une étoile (en général simples, mais propres), et même certains hôtels non classés ont quelques chambres avec douche ou baignoire privée. Si la chambre proposée ne convient pas, il faut demander s'il n'y en a pas une autre. Partout sauf à Tunis, les hôtels sont signalés.

L'office du tourisme publie une brochure qui répertorie des hôtels pour toutes les bourses.

● **Aïn Draham**

Hôtel Hammam Bourguiba ***
Hammam Bourguiba, tél.(8) 647 227
Hôtel de cures sous contrôle médical, situé au cœur de la forêt entre Tabarka et Aïn Draham, près de la frontière algérienne.

Hôtel Rayhane **
Tél.(8) 647 931
Nouvel hôtel, sans grand caractère, mais avec une belle vue et des chambres confortables, au bout du village.

Hôtel Les Chênes
Tél. (8) 647 211
Auberge ayant du cachet. Sur la route, entre Aïn Drhaham et Djendouba.

Hôtel Beau Séjour
Tél. (8) 647 005
Rendez-vous de chasseurs. Cheminée dans une salle à manger confortable et chauffage central dans les chambres l'hiver. Accueil agréable.

● **Béja**

Hôtel Vaga **
Tél. (8) 650 818
Fonctionnel, mais convenable. Restaurant, chauffage central en hiver.

● **Bizerte**

Hôtel Corniche ***
Tél. (2) 431 844
Bien tenu avec un bon restaurant. Nombreux équipements, dont boîte de nuit et piscine.

Hôtel Nador **
Tél. (2) 439 309
Hôtel classique de vacances. Bon rapport qualité-prix. Tennis, piscine, boîte de nuit.

Hôtel Petit Mousse
Route de la Corniche, tél. (2) 432 185
Il y a rarement de la place dans ce petit hôtel et il faut réserver longtemps à l'avance. Excel-

lent restaurant qui domine la mer, et pizzeria dans le jardin.

● **Djerba**

La plupart des hôtels se situent sur la côte orientale de l'île, plus précisément entre la plage Sidi Mahrez et la plage de la Séguia, à quelques kilomètres de Houmt-Souk, capitale de l'île. Ils sont en général réservés à l'avance par les agences mais, l'hiver, de nombreuses chambres sont libres. Deux hôtels cinq étoiles offrent un excellent confort.

Hôtel Hasdrubal *****
Tél (5) 657 650
Cesar Palace *****
Tél. (5) 658 600
Plus intime que le précédent.
Hôtel Abou Nawas ****
Tél. (5) 657 022
Luxueux, mais sans excès, c'est l'un des meilleurs hôtels de l'île.
Hôtel Tanit **
Tél. (5) 657 132
A l'extrême pointe est de l'île, excellent rapport qualité-prix.

Les hôtels d'Houmt-Souk sont nettement plus modestes, mais commodes pour ceux qui ont envie de se promener dans la ville le soir.
Hôtel Erriadh *
Tél. (5) 650 756
Cachet et confort.
Hôtel des Sables d'Or
Tél. (5) 650 423
Délicieux petit hôtel dans une maison ancienne. Douche privée. Cabinets communs mais très propres.
Touring Club de Tunisie Marhala
Tél (5) 650 146
Ancien foundouk de charme, juste derrière la place Hedi-Chaker. Salles de bains communes, propre et très bon marché.
Hôtel Arischa
Tél (5) 650 384
Autre foundouk. Sa citerne à recueillir l'eau de pluie, a été transformée en petite piscine.

● **Douz**

Hôtel Mehari ***
Tél. (5) 495 149
Nouvel hôtel à la lisière des dunes. Bon restaurant, piscine.
Hôtel Touareg ***
Tél. (5) 495 285
Vaste et nouvel hôtel en bordure des dunes. Il est notamment équipé d'une piscine.

Hôtel Sahara Douz ***
Tél. (5) 495 246
Au milieu de la palmeraie, sur la route au sud de la ville. Piscine.
Hôtel Saharien
Tél. (5) 495 337
Dans la palmeraie, l'un des meilleurs hôtels bon marché (les autres hôtels non classés sont situés dans le centre).

● **El-Haouaria**

Hôtel L'Épervier **
Tél. (2) 297 017
Chambres convenables mais restaurant dont le service manque de simplicité. Possibilité de dîner au bar. Animé et bruyant. Fermé hors saison.
Hôtel Dar Toubib
Tél. (2) 297 165
Seul autre hôtel de la ville. Chambres simples aux couleurs vives, vue sur les collines. Possibilité de chambre avec douche et cabinets. Humide hors saison.

● **Gabès**

Hôtel Oasis ***
Tél. (5) 270 728
Le meilleur des deux hôtels du bord de mer. Piscine, boîte de nuit.
Hôtel Nejib **
Angle de l'avenue Habib-Bourguiba et de l'avenue Farhat-Hached, tél. (5) 271 686
Bien tenu et confortable.
Hôtel Atlantic *
Tél. (5) 270 034
Bon hôtel de style colonial.

● **Gafsa**

Hôtel Maamoum ***
Tél. (6) 222 432
Restaurant, piscine et air conditionné.
Hôtel Gafsa **
Tél. (6) 224 000
Le meilleur par rapport aux autres hôtels.

● **Hammamet**

Hôtel Sinbad *****
Avenue des Nations unies, tél. (2) 280 122
Grand, luxueux, central. Toutes les commodités.
Hôtel El-Manar *****
Tél. (2) 281 333
Pas très beau, mais équipé de tennis, d'une salle de remise en forme et de piscines cou-

vertes et de plein air. A 5 km d'Hammamet, en direction de Nabeul. Assez cher en séjour individuel.

Hôtel Abou Nawas **
Tél. (2) 281 344
Dans le secteur de Nabeul. Très bien équipé.

Hôtel Yasmina **
Tél. (2) 280 222
Plus de caractère que la plupart des hôtels de la station. Piscine très agréable, jardins ombragés et court de tennis.

Hôtel Sahbi **
Avenue de la République, tél. (1) 280 807
Agréable et lumineux. Chambres confortables qui donnent sur une terrasse. Belles salles de bains.

Hôtel Alya **
Rue Ali Belhouane, tél. (2) 280 218
Bien placé et bien tenu.

● **Kairouan**

Hôtel Continental **
Tél. (7) 280 456
Restaurant convenable. Piscine et jardin.

Tunisia Hotel **
Avenue de la République, tél. (7) 221 855
Spacieux, accueillant, chambres confortables.

Hôtel Sabra
Rue Ali Belhouane, tél. (7) 220 260
Au-dessus de Bab ech-Chouhada. Propre, bien tenu. L'établissement ne dispose pas de salles de bains individuelles.

● **Kelibia**

En basse saison, il est possible de trouver des chambres dans deux clubs de vacances, le **Mammounia**, près de la plage, et **El-Mansourah**, série de bungalows situés sur le promontoire derrière le fort.

Hôtel Florida **
tél. (2) 296 248
Convenable mais service négligé. Agréable terrasse sur la mer, restaurant.

Hôtel Ennasim
Tél (2) 296 245
Acceptable. Restaurant.

● **Le Kef**

Hôtel Sicca Veneria **
Tél. (8) 221 561
Au cœur de la vieille ville. Propre, eau chaude à volonté. Le personnel est méfiant et l'entretien a des lacunes. Le restaurant, fréquenté par la population locale, sert une bonne nourriture.

● **Mahdia**

Hôtel El-Mehdi **
Tél. (3) 696 300
Hôtel pour voyages organisés au bord de la mer. Boîte de nuit, piscine, coiffeur.

Hôtel Sables d'Or **
Tél. (3) 681 137
Bon marché. Accueille des voyages organisés. Bon rapport qualité-prix.

El-Jazira
Tél. (3) 680 274
Établissement simple au nord-est de la médina. Belle vue sur la mer. Douches chaudes. Très bon marché.

● **Matmata**

Plusieurs habitations troglodytes ont été aménagées en hôtels. C'est souvent complet, il faut réserver ou arriver tôt dans l'après-midi. Pas de restaurants à Matmata, il vaut donc mieux opter pour la demi-pension.

Hôtel Matmata **
Tél. (5) 230 066
Petit hôtel confortable. Air conditionné et piscine.

Touring Club de Tunisie Marhala
Tél. (5) 230 015
Il faut réserver, il s'agit d'une étape pour voyages organisés. A la réputation d'être l'hôtel troglodytique le moins cher. Des scènes de *la Guerre des étoiles y* ont été tournées.

Hôtel Sidi Driss
Tél. (5) 230 005
Immense labyrinthe mais bonnes douches.

Hôtel Les Berbères
Tél. (5) 230 024
Considéré, un peu à tort, comme un pis-aller, en raison des douches froides (bienvenues l'été). Propriétaire charmant.

● **Monastir**

A l'arrivée à l'aéroport, sans réservation, il est préférable de se rendre directement à Sousse, qui offre un plus large éventail d'hôtels. La plupart des hôtels sont situés sur la plage, à côté de l'aéroport, et assez loin de la ville — mais près du golf.

Hôtel Regency ***
Tél. (3) 460 033
Proche du port de plaisance du cap Monastir. Très bien équipé. Proche du centre.

Esplanade Hotel **
Tél. (3) 460 148
Situé près du centre, juste à côté de la grande mosquée, près de la plage municipale. Piscine.

Hôtel Yasmin
Route de la Falaise, tél. (3) 462 511
Confort acceptable. Il s'agit du seul hôtel bon marché de la ville. Grandes salles de bains, eau chaude à volonté. Pas très loin de l'aéroport, à 15 mn à pied de la ville. Mieux vaut réserver.

● **Nabeul**

La multiplication des hôtels entre Nabeul et Hammamet fait qu'il n'y a plus de démarcation réelle entre les deux villes.
Kheops Hotel **
Tél. (2) 286 555
Le plus luxueux, avec grandes piscines, couvertes et en plein air, bar panoramique, tennis, jacuzzi et coiffeur. Un peu en retrait de la plage, il possède un emplacement réservé pour ses clients. Assez proche du centre.
Hôtel Les Pyramides **
Tél. (2) 285 773
Ce complexe (hôtel et appartements) domine la plage de la ville. Bien équipé, mais rien ne le distingue des hôtels pour voyages organisés.
Hôtel Jasmins *
Tél. (2) 285 343
Pension reposante dans les olivaies, à 2 km de Nabeul sur la route d'Hammamet, près de Néapolis. Bar et restaurant convenables.
Pension Les Oliviers
Tél. (2) 286 865
A côté de l'hôtel Jasmins, agréable également, à 5 mn de la plage. Fermé en hiver.
Pension Korbi Mustapha
Avenue Habib el-Karma, tél. (2) 222 262
Nouvelle pension de famille au nord de la ville, vers le marché aux chameaux. Malgré un aspect peu engageant et sa situation au croisement de deux routes fréquentées, c'est un endroit agréable, propre et gai.

● **Nefta**

Sahara Palace Hotel **
Tél. (6) 457 046
Peu élégant, mais avec piscine, boîte de nuit et coiffeur, à la lisière du désert.
Hôtel Marhala Nefta
Tél. (6) 457 027
Hôtel du Touring Club de Tunisie qui offre un bon rapport qualité-prix. Confort simple.

● **Sbeitla**

Sufetula Hotel **
Tél. (7) 465 244
L'eau chaude ou, hors saison, le chauffage central, ne sont fournis que lorsque des groupes de touristes arrivent. Belle vue, piscine.

Bakini Hotel **
Tél. (7) 465 074
Meilleur rapport qualité-prix que le Sufetula, , mais moins bien situé. Piscine. Bungalows pour 2 personnes.

● **Sfax**

Sfax Centre ***
Avenue Habib-Bourguiba, tél. (4) 225 700
Hôtel de luxe pour hommes d'affaires. Bien situé, près de la médina.
Syphax Novotel **
Jardin public Sfax, tél. (4) 243 333
Grand bâtiment dans de vastes jardins. Bien équipé, mais sans charme particulier. Mieux placé par rapport à l'aéroport qu'à la médina.
Hôtel Les Oliviers *
Avenue Habib-Thameur, tél. (4) 225 188
Vieil hôtel élégant et plein de charme. Jolies chambres, terrasse et piscine, bon restaurant.
Hôtel Alexandre *
Rue Alexandre-Dumas, tél. (4) 221 911
Hôtel convenable. Situation centrale.

● **Sousse**

A partir de début juin, tous les hôtels du nord de la ville sont complets. Aucune chambre bon marché n'est disponible. Mais, hors saison, les prix baissent nettement, surtout avant avril. En général, les grands hôtels sont proches de Port el-Kantaoui. Le soir, il faut prendre un taxi pour se rendre à Sousse. On trouve à Sousse des hôtels plus petits et moins chers.
Hôtel Justinia *
Avenue Hedi-Chaker, tél. (3) 226 381
Petites chambres confortables avec balcon, donnant sur la plage.
Hôtel Claridge *
Avenue Habib-Bourguiba, tél. (3) 224 759
Hôtel simple au cœur de la ville, avec un café fréquenté au rez-de-chaussée.
Hôtel Médina
Tél. (3) 221 722
Hôtel apprécié de la médina avec une jolie cour. Propre et ambiance vivante.

● **Tabarka**

Hôtel Abou Nawas **
Tél. (8) 643 508
Nouveau complexe luxueux qui s'étire le long de la baie.
Hôtel Mimosas *
Tél. (8) 643 028
Bien placé sur une colline au-dessus d'une petite ville aux jardins ombragés. Bar, restaurant convenable. Il faut réserver.

Hôtel Les Aiguilles **
Avenue Habib-Bourguiba, tél. (8) 644 250
Assez récent. Confortable avec des prix raisonnables. Propriétaire sympathique.

Hôtel de France *
Avenue Habib-Bourguiba, tél. (8) 644 577
Vieil hôtel qui ne manque pas de caractère, propre et assez confortable. C'est là que les Français ont retenu Bourguiba prisonnier.

● **Tamerza**

Tamerza Palace ****
Tél. (6) 453 722
Belle architecture pour une nouvelle construction. Piscine.

Hôtel Les Cascades
Tél. (6) 445 365
Confort simple. Douches et repas à la demande.

● **Tataouine**

Hôtel Dakyanus***
Tél. (5) 863 499
Récent et très confortable.

Hôtel La Gazelle **
Tél. (5) 860 009
Propre, lits confortables et vaste restaurant.

● **Teboursouk**

Hôtel Thugga **
Tél. (8) 465 713
Dans d'agréables jardins. Chambres disposées autour d'une cour, toutes équipées de cabinets et salle de bains. Chauffage l'hiver. L'entretien pourrait être meilleur. Restaurant à prix raisonnable. Bon point de départ pour Dougga.

● **Tozeur**

Les trois premiers hôtels ci-dessous sont situés au bord de la palmeraie et possèdent jardins et piscines.

Hôtel Continental ***
Tél. (6) 450 411
Agréable hôtel avec des chambres donnant sur la piscine et sur les jardins.

Hôtel El-Hafsi ***
Tél. (6) 452 558
Parfaitement équipé. Proche du Belvédère.

Hôtel Oasis Dar Tozeur ***
Tél. (6) 452 300
Joli hôtel, rénové récemment.

Hôtel El-Jerid *
Tél. (6) 450 488
Moins chic, mais aussi le long de la palmeraie. Piscine, air conditionné.

Hôtel Splendid *
Tél. (6) 450 053
Moins cher, dans le centre. Arriver tôt car les chambres sont inégales. Elles sont propres et situées autour de la cour centrale plantée d'un énorme palmier. Personnel serviable.

● **Tunis**

Hôtel Africa Méridien *****
50, avenue Habib-Bourguiba, tél. (1) 347 477
A sa construction, dans les années 60, il subit de vives critiques. Le mieux situé de la ville, juste après le café de Paris. Il a un cinéma mais, à part la boîte de nuit, tous les services s'arrêtent avant 23 h.

Hôtel Oriental Palace *****
29, avenue Jean-Jaurès, tél. (1) 348 846
Nouvel hôtel. Toutes les commodités dont une piscine couverte. Personnel prévenant.

Hôtel Le Belvédère ****
10, avenue des États-Unis d'Amérique,
tél. (1) 783 133
Petit et confort discret.

Hôtel Majestic ***
36, avenue de Paris, tél. (1) 332 666
Beau et confortable, de style colonial. Les gens de Tunis y donnent des réceptions de mariage.

Hôtel Capitole *
Avenue Habib-Bourguiba, tél. (1) 244 941
Hôtel apprécié dont les prix sont gonflés du fait de sa situation privilégiée. Bonne cuisine.

Hôtel Salambo *
Tél. (1) 244 252
Style ancien hôtel, propre et bien tenu. La plupart des chambres sont bien équipées.

Hôtel Transatlantique *
106, rue de Yougoslavie, tél. (1) 240 680
Bon rapport qualité-prix.

● **Sidi Bou Saïd et Carthage**

Pour fuir la chaleur et la poussière de Tunis, il faut faire comme les beys : aller à Sidi Bou Saïd ou à Carthage respirer l'air du large.

Hôtel Sidi Bou Saïd ****
Tél. (1) 740 411
Cadre magnifique, bien tenu. Il faut demander une chambre avec une belle vue. Excellent accueil et bon rapport qualité-prix.

Hôtel Dar Zarrouk **
Sidi Bou Saïd, tél. (1) 740 591
Occupe une vaste maison ancienne, à gauche du café des Nattes.

Résidence Carthage **
16, rue Hannibal Salambo, Carthage,
tél. (1) 731 072
Petit établissement confortable et bien tenu. Bon restaurant.

AUBERGES DE JEUNESSE

Les auberges de jeunesse sont souvent mal situées et souvent réservées à l'avance. Elles ne sont pas spécialement destinées aux jeunes mais aux détenteurs d'une carte de membre.
Association tunisienne des auberges de jeunesse
63, avenue Habib-Bourguiba, tél. (1) 246 000

ANNEXES

NUMÉROS DE TÉLÉPHONE UTILES

Appels en P.C.V.	17
Télégrammes téléphonés	14
Médecins de nuit	71 71 71
Police-secours	198
Samu	190

ADRESSES COMMERCIALES

Pour tous renseignements concernant les investissements en Tunisie, l'organisme suivant a été fondé en collaboration avec la chambre de commerce de Paris. Il se charge également des formalités à remplir.
**Agence de Promotion
et d'Investissements extérieurs**
*8, rue de la Bienfaisance, 75008 Paris,
tél. 01 45 22 68 57, télécopie 01 45 22 68 53*
Siège social
*63, rue de Syrie, 1002 Tunis Belvédère
tél. (1) 792 144, télécopie (1) 782 971*

LA LANGUE

L'arabe classique est la langue officielle (employée principalement par les médias), mais la langue parlée s'apparente davantage à un dialecte arabe. On emploie aussi beaucoup le français, qui est enseigné à l'école. Jusque dans les plus petits villages, on trouve toujours quelqu'un qui parle français. Le berbère, qui se parle encore en Algérie et au Maroc, a presque disparu en Tunisie.

EXPRESSIONS UTILES

Salam aleykum	Que la paix soit avec vous
Bislaama	Au revoir
Labess	Comment allez-vous ? (signifie aussi : Très bien, merci

Naam	Oui
La	Non
Min fadlik	S'il vous plaît
Shukran	Merci
Bismillah	Au nom de Dieu (se prononce avant le repas, par exemple)
Hamdullah	Rendons grâce à Dieu
Inch'Allah	Si Dieu le veut
Malesh	C'est sans importance
Shouf	Regardez
Kaddache?	Combien ?

GLOSSAIRE

Aïn	Source
Bab	Porte
Bir	Puits
Bordj	Fort
Chott	Lac salé
Dar	Palais, maison
Djebel	Montagne
Erg	Sable, dunes
Foundouk	Auberge
Ghar	Grotte
Ghorfa	Construction en forme de tonneau, qui servait à entreposer le grain ou d'habitation
Hadith	Sermons et paroles du Prophète
Hadj	Pèlerinage à La Mecque
Hammam	Bains turcs
Imam	Chef religieux
Kef	Pierre
Kharidjite	Secte islamique apparue au Xe siècle chez les Berbères
Koubba	Tombe d'un saint homme
Ksar (pluriel : *ksour*)	Lieu fortifié
Maghreb	Littéralement : l'ouest, le Maghreb regroupe Algérie, Libye, Maroc, Mauritanie et Tunisie
Marabout	Saint homme, terme qui désigne aussi sa sépulture
Médersa	Collège islamique, souvent attaché à une mosquée
Menzel	Localité ou lieu habité
Mirhab	Niche indiquant, dans une mosquée, la direction de La Mecque
Minbar	Chaire d'où l'imam dirige la prière
Muezzin	Homme qui appelle les fidèles à la prière
Nador	Tour de guet
Oued	Rivière
Ribat	Monastères fortifiés construits au IXe siècle le long des côtes
Sebket	Marécage asséché
Tourbet	Mausolée
Zaouïa	Lieu de pratique du culte, souvent situé à proximité de la tombe du fondateur de ce culte

BIBLIOGRAPHIE

ART ET CULTURE

Abdelkafi (J.)
La Médina de Tunis, C.N.R.S., 1989
Blanchard-Lemée (M.), Slim (H. et L),
Ennaïfer (M.)
Sols de l'Afrique romaine, Imprimerie
nationale, Paris, 1995
Charles-Picard (C. et G.)
*La Vie quotidienne à Carthage au temps
d'Hanniba*l, Hachette, Paris 1982
Cluny (C.)
Dictionnaire des nouveaux cinéastes arabes,
Sinbad, Paris, 1982
Duvignaud (J.)
*Klee en Tunisi*e, Bibliothèque des Arts, Paris,
1980
*Chebika, mutations dans un village du
Maghreb*, Gallimard, Paris, 1968
Hassine (M.)
La Mosaïque en Tunisie, C.N.R.S., Paris, 1995
Lézine (A.)
Architecture de l'Ifriqiya, Klincksieck, 1966
Louis (A.)
*Nomades d'hier et d'aujourd'hui dans le Sud
tunisien*, Édisud, 1979
Revault (J.)
Palais et Demeures de Tunis, 2 vol., C.N.R.S.,
1980-1984
Tomkinson (M.)
La Tunisie en images, Michael Tomkinson,
réédition 1994

HISTOIRE

Ayari (F.)
Tunisie, Richer et Hoa-Qui, Paris, 1990
Camau (sous la direction de M.)
Tunisie au présent, C.N.R.S., Paris, 1987
Camau (M.)
La Tunisie, coll. Que sais-je ?, P.U.F., Paris,
1989
Collectif
La Tunisie, carrefour du monde antique, Faton,
Dijon, 1994
Decret (F.)
Carthage ou l'Empire de la mer, coll. Points
histoire, Seuil, Paris, 1977
Faure (E.), Poli (F.)
Tunisie, héritière de Carthage, Le Jaguar, Paris,
1995
Février (P.-A.)
Approches du Maghreb romain, 2 vol., Édisud,
Aix-en-Provence, 1990

Grimaud (N.)
La Tunisie à la recherche de sa sécurité, coll.
Perspectives internationales, P.U.F., Paris, 1995
Lacouture (J.)
Quatre Hommes et leurs peuples, Seuil, Paris,
1969
Lancel (S.)
Carthage, Fayard, Paris, 1992
Taumi (M.)
La Tunisie de Bourguiba à Ben Ali, P.U.F.,
Paris, 1989

LITTÉRATURE ET VOYAGES

Chateaubriand (F.-R. de)
Itinéraire de Paris à Jérusalem, Garnier-
Flammarion, Paris, 1968
Duhamel (G.)
Le Prince Jaffar, Mercure de France, Paris,
1949
Flaubert (G.)
Salammbô, coll. Folio, Gallimard, Paris, 1974
Galland (A.)
Histoire de l'esclavage d'un marchand, La
Bibliothèque, Paris, 1993
Gide (A.)
L'Immoraliste, la Pléiade, Gallimard, Paris,
1958
Ibn Kaldhoun
*Histoire des Berbères et des dynasties
musulmanes de l'Afrique septentrionale*,
Geuthner, 1983
Voyage d'Occident et d'Orient, Sinbad, Paris,
1991
Lorrain et Ghlamallah
Heure d'Afrique, L'Harmattan, Paris, 1994
Mac Orlan (P.)
Le Camp Domineau, Gallimard, Paris, 1937
Mellah (F.)
Élissa, la reine vagabonde, Seuil, Paris, 1988
Memmi (A.)
La Statue de sel, Gallimard, Paris, 1966
Le Scorpion, coll. Folio, Gallimard, Paris, 1969
La Terre intérieure, Gallimard, Paris, 1976
Le Désert, Gallimard, Paris, 1977
Moati (N.)
Belles de Tunis, coll. Points, Seuil, Paris, 1984
Monfreid (H. de)
Le Mystère de la tortue, Grasset, Paris, 1980
Peyssonnel (J.-A.)
Voyage dans les régences de Tunis, La
Découverte, Paris, 1987
Saïd (A.)
Le Secret, Critérion, Paris, 1994
Tite-Live
Histoire romaine (livres XVIII à XXX)
Virgile
L'Énéide (chants I ET II)

CRÉDITS PHOTOGRAPHIQUES

Illustration de couverture	Djerba, mosquée à El May Photographie de Christian Sappa, © agence C.E.D.R.I.
Associated Press	62
David Beatty	3, 9, 14-15, 16-17, 18-19, 20-21, 22, 25, 26-27, 29, 30, 34, 35, 36, 37, 38, 41, 45, 48-49, 50, 52, 55, 65, 66-67, 68-69, 70, 72, 73, 74, 75, 78-79, 80-81, 82, 84, 88, 89, 92-93, 94, 95, 96, 97, 99, 105, 108-109, 110-111, 112-113, 114-115, 120-121, 122, 123, 124, 125, 126, 129, 130, 131, 132, 133, 134, 135, 136, 137, 138, 139, 140-141, 145, 146, 148g, 148d, 149, 150, 151, 152-153, 154, 155, 156, 157, 158, 159, 160, 161, 162, 163, 164, 165, 166-167, 168, 169, 171, 172, 173, 174, 175, 176, 177, 178, 179, 180-181, 182, 183, 184, 185, 186, 187, 188, 190, 191, 192, 193, 194, 195, 196, 197, 198, 199, 200, 201, 202, 203, 204, 205, 206, 207g, 207d, 208-209, 210-211, 212, 214, 215, 216, 217, 218-219, 220-221, 222, 223, 224-225, 226-227, 228, 229, 230, 231, 232, 233, 234, 235, 236-237, 238, 239, 241, 242, 243, 244, 245, 246, 247, 248-249, 250-251, 252, 253, 254-255, 256, 257, 258, 259, 260, 261, 262, 263, 264-265, 267, 268-269, 274, 275, 277, 280, 282-283, 284-285, 286, 287, 289, 290, 291, 292, 293, 294, 295, 297, 298, 299
Bodo Bondzio	83, 85
Julian Cremona	100-101, 102, 103, 104, 106, 281
Hulton Picture Company	56-57, 60, 61, 63
Alain Le Garsmeur	42, 43, 44, 51, 53, 54, 58, 59, 64, 128, 276
Mary Evans Picture Library	28, 32, 39, 47
Neill Menneer	107
Christine Morley	266
Donald G. Murray	71, 76-77
Kim Naylor	40, 98, 270-271, 278, 300
Hans Schork	33, 86-87, 90-91, 127, 142, 143, 147, 244, 272-273, 296
Berndston & Berndston	Cartes
Klaus Geisler	Iconographie
V. Barl	Conseiller artistique

332 INFORMATIONS PRATIQUES

INDEX